英译汉
理论与实践
——跨文化视角下的英汉翻译研究
（第2版）

Theory and Practice of English-Chinese Translation:
A Cross-cultural Perspective (2nd Edition)

范先明　陈清贵　廖志勤
王　林　郭　宇　马继红　王生伟／编著

图书在版编目（CIP）数据

英译汉理论与实践：跨文化视角下的英汉翻译研究 / 范先明等编著. — 2 版. — 成都：四川大学出版社，2022.7（2025.6重印）
ISBN 978-7-5690-5626-6

Ⅰ. ①英… Ⅱ. ①范… Ⅲ. ①英语—翻译—教材 Ⅳ. ①H315.9

中国版本图书馆CIP数据核字（2022）第150109号

书　　名：	英译汉理论与实践——跨文化视角下的英汉翻译研究（第2版）
	Yingyihan Lilun yu Shijian—Kuawenhua Shijiao xia de Yinghan Fanyi Yanjiu (Di-2 Ban)
编　　著：	范先明　陈清贵　廖志勤　等

选题策划：敬铃凌
责任编辑：敬铃凌
责任校对：余　芳
装帧设计：墨创文化
责任印制：李金兰

出版发行：四川大学出版社有限责任公司
　　地址：成都市一环路南一段24号（610065）
　　电话：（028）85408311（发行部）、85400276（总编室）
　　电子邮箱：scupress@vip.163.com
　　网址：https://press.scu.edu.cn
印前制作：四川胜翔数码印务设计有限公司
印刷装订：成都金龙印务有限责任公司

成品尺寸：170 mm×240 mm
印　　张：16
字　　数：343千字

版　　次：2014年1月　第1版
　　　　　2022年8月　第2版
印　　次：2025年6月　第2次印刷
定　　价：58.00元

本社图书如有印装质量问题，请联系发行部调换

版权所有 ◆ 侵权必究

四川大学出版社
微信公众号

第二版前言

自2006年教育部批准广东外语外贸大学、复旦大学和河北师范大学三所高校设立翻译专业以来,翻译和英语一样同属"英语类"专业。时至今日,翻译专业和英语专业作为"英语类"专业,尽管有不少交叉融合,但不少学校均开设了这两大专业。目前,两大专业几乎都开设了翻译理论或翻译实践类课程。作为本科层次的课程,如何将翻译理论和翻译实践有机地结合起来,培养学生在翻译实践过程中的跨文化意识,为后续研究生阶段的学习打下良好的基础,日益成为目前急需解决的问题。黄友义曾指出:"今天的中国,更是面临企业走出去和文化对外传播的重要任务,这两大任务完成得如何意味着中国在国际经济和政治上的话语权的大小。"[①] 教育部提出了提高本科教育质量和人才培养质量的要求。在这一特定历史条件下,培养社会急需的新型外语人才,特别是既精通外语又熟知中国语言文化的复合应用型外语人才,逐渐成为我们必须要面对和解决的问题。基于此,我们在西南科技大学的大力支持下,全面修订完善了《英译汉理论与实践——跨文化视角下的英汉翻译研究》一书。

本次修订,承继了第一版的以下特点:注重翻译理论与翻译实践相结合,拓宽跨文化交际的翻译视野,加强基础翻译技能的训练,重视复合应用型翻译人才的培养。

本次修订,基于第一版的编写框架,不仅修改了上一版的不足,更新了部分内容,还重写了本书第二章"英汉翻译的过程、标准与策略"和第四章"英译汉中词的翻译",对翻译的标准和方法、英译汉中词的翻译进行了更为深入的逻辑思辨和理论探讨,在新的时代添加了新的内容,从而使本书更具时代性。

第二章打破了第一版的结构,厘清了该章的理论逻辑,阐释了英汉翻译的基本过程、基本理论和基本策略,为接下来英译汉中词的翻译、英语文化负载词的翻译、英语科技新词的翻译、英译汉中句子的翻译和英汉应用语篇翻译提供了理论基础,可以说是全书的理论指导。

---

① 黄友义:《在第五届全国应用翻译研讨会上的发言(摘要)》,《上海翻译》,2013年第3期,第1页。

第四章以英汉词汇差异为基础，从构词法和语法功能的角度，探讨了英汉两种语言中词汇的完全对应、不完全对应和零对应问题，并据此提出了增译、减译、转换、省略、语义融合、释义、音译和借用等八种译词方法，尤其是用增译、减译、省略替换了第一版中的对应、引申和替代等译法，厘清了英汉词汇差异和英译汉中词的翻译方法之间的差异，为词的翻译实践提供了行之有效的译法。

本次修订，基于第一版编写体例，所有引用文献都尽可能地做好了详细的页下注，资料翔实，引文规范，文献大多直接选自权威翻译学专著和《中国翻译》《中国科技翻译》《上海翻译》等翻译类核心期刊。正如副标题所示，本书始终关注在跨文化视角下研究中西语言，以及由此导致的中西文化差异，并在翻译过程中有意识地聚焦这些差异，且通过翻译进一步更新我们对汉语言本身的认识，从而增强语言自信和文化自信。还需指出的是，在编撰的过程中，我们引用了部分年代较为久远的文献，目的是尽最大可能引用第一手资料，从而使本书具有较高的学术水准和研究价值。在此，谨对这些文献的作者们致以最诚挚的谢意。

本书不仅具有一定的理论深度，而且实用性也很强；既有利于研究，又有利于自学，尤其适合那些懂英语，又想系统学习英汉翻译理论、英汉语言和文化差异、英译汉中词的翻译、英语文化负载词翻译、英语科技新词翻译和英汉应用文体翻译的外语类本（专）科学生、MTI及翻译方向的硕士研究生。

范先明

2022年8月

于西南科技大学

目 录

第一章 西方翻译简史 ……………………………………………… (001)
  第一节 古代西方翻译活动 ………………………………………… (002)
  第二节 文艺复兴至19世纪末翻译理论 …………………………… (005)
  第三节 20世纪西方翻译理论和翻译家 …………………………… (009)

第二章 英汉翻译的过程、标准与策略 ……………………………… (016)
  第一节 翻译概述 …………………………………………………… (016)
  第二节 翻译的过程 ………………………………………………… (019)
  第三节 翻译的标准 ………………………………………………… (035)
  第四节 翻译的策略 ………………………………………………… (044)

第三章 英汉语言和文化差异 ………………………………………… (058)
  第一节 英汉语言概述 ……………………………………………… (058)
  第二节 英汉语言差异 ……………………………………………… (060)
  第三节 英汉文化差异 ……………………………………………… (072)

第四章 英译汉中词的翻译 …………………………………………… (085)
  第一节 英汉词汇的差异 …………………………………………… (085)
  第二节 词的翻译策略 ……………………………………………… (089)
  第三节 译词八法 …………………………………………………… (091)
  第四节 虚词的翻译 ………………………………………………… (104)

第五章 英语文化负载词的翻译 ……………………………………… (112)
  第一节 文化负载词的含义 ………………………………………… (112)
  第二节 英语文化负载词的翻译策略 ……………………………… (119)

第六章 英语科技新词的翻译 ………………………………………… (131)
  第一节 英语科技新词的语言特点 ………………………………… (132)
  第二节 英语科技新词的翻译策略 ………………………………… (134)
  第三节 英语科技新词的翻译方法 ………………………………… (138)

第七章　英译汉中句子的翻译 ··（146）
第一节　英汉句型结构对比 ··（146）
第二节　分句、合句法 ···（155）
第三节　被动语态的译法 ···（161）
第四节　名词性从句的译法 ···（164）
第五节　定语从句的译法 ···（166）
第六节　状语从句的译法 ···（171）
第七节　长句的译法 ···（174）

第八章　英汉应用语篇翻译 ··（184）
第一节　英汉应用文体翻译现状、理论及策略 ············（186）
第二节　公文文体的翻译 ···（192）
第三节　广告文体翻译 ···（196）
第四节　论述文体翻译 ···（202）
第五节　新闻报刊文体的翻译 ·······································（207）

翻译实践参考译文 ··（226）

英汉译音表 ··（240）

主要参考文献 ··（241）

第一章　西方翻译简史

翻译是一种跨语言、跨文化，甚至跨社会的交流活动，这一活动至少在两种不同语言之间展开。张培基认为："翻译是运用一种语言把另一种语言所表达的思维内容准确而完整地重新表达出来的语言活动。"① 翻译的过程是语言的转换过程，但更是不同国家、不同社会下文化的交流过程。"翻译是沟通各族人民的思想，促进政治、经济、文化、科学、技术交流的重要手段，也是进行国际斗争的必要武器。翻译是学习外语的重要手段之一，也是探讨两种语言对应关系的一门学科。"②

谭载喜认为："无论在中国还是在西方，翻译都是一项极其古老的活动。"③ 在中国，翻译活动大致有两千年的历史。或者更准确的说，如曹明伦指出的那样："我国有文字记载的翻译事业约有两千年的光辉灿烂历史。"④ 它（主要是宫廷口译）早在秦汉时代就出现了。东汉和隋唐时期的佛经翻译、明朝的科技翻译和清朝末期的西方科学著作翻译分别代表了中国翻译史上的三次高潮。五四运动以后的近代翻译和 20 世纪 80 年代以来大规模的译介活动掀起了第四次翻译高潮。在西方，翻译活动与中国一样古老。或者说，"西方有文字记载的翻译活动，自古至今已有两千多年的历史了"⑤。

乔治·斯坦纳（George Steiner）认为，西方翻译理论研究大致经历了四个时期："1）古典译论至 18 世纪末泰特勒和坎贝尔翻译三原则的发表；2）从施莱尔马赫至 20 世纪中叶；3）战后至 70 年代，以翻译语言学派的兴起为标志，以维内、奈达、穆南和卡特福德为代表；4）20 世纪 70 年代至今，其标志是新兴

---

① 张培基等：《英汉翻译教程》，上海外语教育出版社，1980 年，绪论。
② 张培基等：《英汉翻译教程》，上海外语教育出版社，1980 年，绪论。
③ 谭载喜：《西方翻译简史》（增订版），商务印书馆，2004 年，第 1 页。
④ 曹明伦：《翻译之道：理论与实践》（修订版），上海外语教育出版社，2013 年，第 13 页。
⑤ 曹明伦：《翻译之道：理论与实践》（修订版），上海外语教育出版社，2013 年，第 13 页。

学派林立，跨学科研究蓬勃发展。"①

谭载喜在《西方翻译简史》中指出：翻译在西方已有两千多年的历史，出现过六次高潮②。第一，肇始阶段：公元前4世纪末，希腊文学（尤其是戏剧）被翻译成拉丁语，介绍到罗马。第二，罗马帝国后期到中世纪初期：用希伯来语和希腊语写成的《圣经》被翻译成拉丁语和各种民族语言。第三，11到12世纪，西方翻译家云集西班牙的托莱多，把大批作品从阿拉伯语翻译成拉丁语。第四，文艺复兴时期（14至16世纪）：翻译活动深入思想、政治、哲学、文学、宗教等各个领域，民族语言翻译开始兴旺。第五，17世纪下半叶至20世纪上半叶：大量古典的和近、现代译作问世。第六，第二次世界大战以来：范围扩大到科技、商业领域，规模超过以前，出现职业翻译，翻译的作用也为以往所不可企及，人们兴办高等翻译教育，成立各种翻译组织，开展机器翻译研究。目前，西方的翻译仍处在第六次高潮中。

基于以上划分，本书按照时间顺序，分述古代、文艺复兴至19世纪末和20世纪三个时期的翻译理论和翻译（理论）家。

第一节 古代西方翻译活动

廖七一在《当代西方翻译理论探索》中指出："西方翻译活动可追溯到公元前三世纪。"③ 这一时期是西方翻译的开端阶段，在本阶段，《圣经》的翻译及几位本时代主要的翻译家、翻译理论家引人注目。

一、《圣经》翻译

《圣经》翻译在西方翻译史上占有极其重要的位置。《圣经》翻译是西方翻译史的一条主线，贯穿始终。早在公元前285年至前249年，72名犹太学者就在埃及亚历山大城翻译了《圣经·旧约》，即《七十子希腊文本圣经》。该译作是从希伯来语译为希腊语。译文有的地方"完全照字面直译，措辞生硬，并有'古味'和'怪味'"④，这是该译本的一大问题。方梦之认为："《新约圣经》也早有译本，最初是用古叙利亚语和拉丁语翻译，随后为适应迅速发展的基督教徒的需要，相继用科普特语、埃塞俄比亚语、哥特语、格鲁吉亚语和亚美尼亚语来

---

① 转引自廖七一：《当代西方翻译理论探索》，译林出版社，2000年，第2页。
② 谭载喜：《西方翻译简史》（增订版），商务印书馆，2004年，第2—4页。
③ 廖七一：《当代西方翻译理论探索》，译林出版社，2000年，第3页。
④ 方梦之：《译学辞典》，上海外语教育出版社，2004年，第352页。

翻译。早期的《圣经》翻译均有'重词句、轻神理'的倾向。"① 公元384年，罗马帝国神学家哲罗姆开始主持翻译拉丁文《圣经》。在翻译过程中，他与助手对《圣经·旧约》的译文做出了修改，大约在405年，译出拉丁文《圣经》，也就是常说的《通俗拉丁文本圣经》。

哲罗姆的译本后来成为罗马天主教所承认的唯一文本，具有崇高的权威性。在翻译过程中，他的主要方法还是直译。在此之后，不断有新的《圣经》译本出现，其中最具影响力的有英王詹姆斯一世的钦定英译本和马丁·路德的译本。16世纪著名的基督教学者威廉·廷代尔首次把《圣经》译成现代英语。当代，也有不少学者研究《圣经》的翻译，其中最具影响的当属美国著名语言学家、翻译家、翻译理论家尤金·奈达（Eugene Nida）。他一生的主要学术活动都围绕《圣经》翻译展开。在《圣经》翻译的过程中，奈达从实际出发，发展出了一套自己的翻译理论，成为翻译研究的经典之一。

二、安德罗尼柯（Andronicus）

安德罗尼柯是一位著名的古罗马翻译家。因当时的罗马没有拉丁语教材，"在公元前250年，他采用意大利的粗俗的萨图尼乌斯诗体，翻译了荷马史诗《奥德赛》。由于是第一首重要的拉丁诗，也是第一部译成拉丁语的文学作品，译文对引导当时罗马青年一代了解希腊文化，起了不可低估的作用"②。此外，他还翻译和改编了希腊戏剧。他改编了希腊著名悲剧作家埃斯库罗斯（Aischulos）、索福克勒斯（Sophokles）和欧里庇得斯（Euripides）的九部悲剧作品；他还改编了著名喜剧作家米南德（Menandros）的三部喜剧作品。

三、西塞罗（Cicero）

西塞罗是古罗马著名翻译家和翻译理论家，是主张译作超过原作、译者高于作者的突出代表③。谭载喜指出："从某种意义上说，西塞罗打破了翻译只限于实践、不过问理论的局面，明确提出了自己的观点，因而是西方翻译史上的第一位理论家。"④ 西塞罗的翻译作品主要有荷马的《奥德赛》、柏拉图的《对话集》和《普罗塔格鲁斯》、色诺芬的《经济论》、阿拉图斯的《论现象》。除了译本，他对翻译理论的研究主要体现在两部著作中：《论善与恶之定义》和《论最优秀的演说家》。

---

① 方梦之：《译学辞典》，上海外语教育出版社，2004年，第352页。
② 方梦之：《译学辞典》，上海外语教育出版社，2004年，第373页。
③ 方梦之：《译学辞典》，上海外语教育出版社，2004年，第373页。
④ 谭载喜：《西方翻译简史》（增订版），商务印书馆，2004年，第19页。

谭载喜认为，西塞罗主张活译，反对直译，其翻译思想主要包括：

（一）译者在翻译中应像演说家那样，使用符合古罗马语言习惯的语言来表达外来作品的内容，以吸引和打动读者、听众的感情。

（二）直译是缺乏技巧的表现。应当避免逐词死译；翻译时应保留的是词语最内层的东西（genus omne vimque），即意思。译者的责任是给读者"称"出原词的"重量"而不是"算出"原词的"数量"。

（三）翻译也是文学创作，任何翻译狄摩西尼①的人都必须自己也是狄摩西尼式的人物。

（四）声音与意思自然相连，或者说词与词义在功能上不可分割，这是语言的普遍现象，而由于修辞手段以这种词与词义的自然联系为基础，因此各种语言的修辞手段彼此有相通之处。这就说明，翻译可以做到风格对等。②

四、哲罗姆（Jerome）

哲罗姆是古罗马著名的翻译家和翻译理论家。他主持翻译了拉丁文《圣经》，即《通俗拉丁文本圣经》。这部译作的出现使读者有了第一个"标准"的《圣经》译本，并很快成为罗马天主教所承认的唯一文本。在《当代西方翻译理论探索》中，廖七一认为，在哲罗姆翻译的过程中，他提出了自己独特的翻译思想，主要表现在以下四个方面。

第一，"强调各种语言的形式差异，主张在翻译中应避免逐字对译。翻译应忠实于原作的内容，语言形式的偏离和词汇的更改不仅是容许的，而且有时是十分必要的"。

第二，"翻译方法应随原作的文本而异"，宗教翻译应主要采取直译法，文学翻译则应主要采用意译法。

第三，"否认《圣经》翻译中存在着'上帝的感召力'。在翻译中他敢于对《七十子希腊文本圣经》进行增补、删改和修正；提出对《圣经》的正确理解应依靠广博的知识和熟练的语言能力，而不能指望上帝的感召力"。

第四，"翻译既然是一种创造，译者就完全可以具有自己的风格特征，而且优秀的译文完全可以与原作媲美"③。哲罗姆的翻译思想在当时引起了很大的争议，对后世的翻译理论与实践也产生了很大的影响。

---

① 狄摩西尼（Demosthenes，前382—前322），古希腊演说家，为西塞罗所推崇。
② 谭载喜：《西方翻译简史》（增订版），商务印书馆，2004年，第20页。
③ 廖七一：《当代西方翻译理论探索》，译林出版社，2000年，第5页。

五、奥古斯丁（Augustine）

奥古斯丁是罗马帝国末期著名的神学家和哲学家。他的著作主要有《论美与适合》《神之都》《忏悔录》《论基督教教义》。他还对《圣经·诗篇》有过论述。在这些作品中，我们都可以找到他的主要翻译观[①]：在他看来，译者必须精通两种语言，熟悉要翻译的材料并具备一定的校对修改能力。他将译文的风格，即朴素（simple）、典雅（elegant）、庄严（solemn），与译文读者结合起来，即根据不同类型的译文读者选择不同的翻译风格。奥古斯丁还利用亚里士多德的符号学理论强调了翻译中的所指、能指和判断的关系。在翻译单位上，他认为词是基本的翻译单位。与哲罗姆完全不同，他认为《圣经》翻译必须得到"上帝的感召"，也就是说译者和作者都同样受上帝的感召，《圣经》翻译才可能成功。他极力鼓吹所谓的"神的启示"实际上是为其特定的政治目的和宗教目的服务的，从翻译学的角度来看，是完全不科学的。尽管如此，奥古斯丁的翻译理论仍对后世翻译研究产生了重大的影响。

此外，在这一时期，著名的翻译家或翻译理论家还有格涅乌斯·奈维乌斯（Gnaeus Naevius）、昆图斯·恩尼乌斯（Quintus Ennius）、普劳图斯（Plautus）、泰伦斯（Terence）、卡图鲁斯（Catullus）、昆图斯·贺拉斯·弗拉乌斯（Quintus Horatius Flaccus）、马库斯·法比尤斯·昆提利安（Marcus Fabius Quintilianus，亦译为昆体良）、斐洛·犹达欧斯（Philo Judaeus）、提拉尼乌斯·鲁菲努斯（Tyrannius Rufinus）等。这一时期是西方最早对翻译理论和翻译方法进行研究的时期，每一位翻译家、翻译理论家、译者及其翻译活动、探究活动都无疑对后世翻译理论与实践的研究奠定了重要基础，产生了深远影响。

第二节　文艺复兴至 19 世纪末翻译理论

文艺复兴时期始于 14 世纪中叶，一直持续到 17 世纪初。在此期间，西方各国翻译事业得到了蓬勃发展，涌现出一大批翻译家和翻译作品。谭载喜曾指出："在文艺复兴运动的推动下，西方各国翻译在 17 至 19 世纪继续向前发展。"[②] 近代翻译即指 17 世纪至 19 世纪的翻译活动。在这一时期，翻译事业尤其是翻译理论得到了很大发展。本节按照历史顺序，从文艺复兴时期翻译和 17 世纪到 19 世纪末期翻译两个方面介绍西方的翻译理论。

---

① 谭载喜：《西方翻译简史》（增订版），商务印书馆，2004 年，第 28－31 页。
② 谭载喜：《西方翻译简史》（增订版），商务印书馆，2004 年，第 84 页。

一、文艺复兴时期翻译理论

文艺复兴是 14 世纪中叶至 17 世纪初在欧洲发生的思想文化运动。它最早在意大利的各城市兴起，后来扩展到西欧各国。这场思想文化运动带来了包括文学、美术、音乐、数学、物理学、医学、地理、建筑、心理学等在内的多个领域的伟大发展和变革。在文化科技的发展和变革过程中，翻译起到了不可小觑的作用。翻译活动深入各个领域，民族语言翻译事业开始兴旺。

谈到文艺复兴时期的翻译，不得不谈一位杰出的代表马丁·路德（Martin Luther, 1483—1546）。方梦之认为，路德是"16 世纪德国宗教改革运动的发起者，基督教（新教）路德宗的创始人"①，不仅如此，他还是一位杰出的翻译家。他先从希腊语翻译了《新约》，后来又从希伯来语翻译了《旧约》。谭载喜指出，"路德的《圣经》德译本是西方翻译史上对民族语言的发展造成巨大而直接影响的第一部翻译作品"②，对德语的发展起了很大的推动作用。除了《圣经》，他还翻译了《伊索寓言》。路德"主张用通俗、明了、能为广大民众接受的语言翻译；认为只有使用意译才能在某种程度上再现原文的形式、风格和精神实质；译者应尊重原文，深刻理解原文的精神实质，而不能轻信教会和神职人员的解释。因此译者可以采取增补的方法以把字面上没有但字里行间蕴涵的意思表达出来。"③

在此期间，西欧各国尤其是德、法、英三个主要国家在翻译理论与实践上都涌现出大量杰出的译者、翻译理论家和翻译作品，翻译事业得到了巨大的发展。在这一时期，著名的翻译家或翻译理论家还有德国的埃姆塞尔（Emser）、迪特里希·冯·普勒宁根（Dietrich von Pleningen）、塞巴斯蒂安·布兰特（Sebastian Brant）、雷欧·犹达（Leo Juda）、约翰内斯·赖希林（Johannes Reuchlin）、德西迪里厄斯·伊拉斯谟（Desiderius Erasmus），法国的雅克·阿米欧（Jacques Amyot）、艾蒂安·多雷（Etienne Dolet），英国的加文·道格拉斯（Gavin Douglas）、约翰·奇克（John Cheke）、尼古拉斯·尤德尔（Nicholas Udall）、尼古拉斯·格里马尔德（Nicholas Grimald）、托马斯·诺思（Thomas North）、约翰·弗洛里欧（John Florio）、菲尔蒙·荷兰德（Philemon Holland）、乔治·查普曼（George Chapman）、威廉·廷代尔（William Tyndale）、威廉·富尔克（William Fulke）等。

---

① 方梦之：《译学辞典》，上海外语教育出版社，2004 年，第 376 页。
② 谭载喜：《西方翻译简史》（增订版），商务印书馆，2004 年，第 64 页。
③ 孔令翠、蒙兴灿：《实用汉英翻译》，四川大学出版社，2002 年，第 34 页。

二、17 世纪到 19 世纪末期的翻译理论

这一时期是西方翻译史上一个重要的时期,西方各国的翻译事业继续发展。在这一时期,"西方涌现出了一大批优秀的翻译家和翻译理论家,出版了一大批优秀的文学和人文科学译著,翻译理论的发展进入前所未有的黄金时期"①。在此期间,法、德、英等国的翻译家和翻译理论家提出了一系列较为系统的理论框架,其中一些翻译原则和翻译策略对当代翻译理论与实践的研究都具有重要的指导和借鉴意义。

在法国,17 世纪的译论基本上是围绕佩罗·德·阿伯兰库(Perrot d'Ablancourt,1606—1664)的翻译原则和翻译方法开展的,主要焦点是古今之争和准确与自由之争②。他认为,"译文应该迎合本国读者的口味,强调文学译品的可读性"③。因此,在翻译过程中,译者可以根据原文上下文的意思进行必要的增译、省译或改写。他高度重视译品的可读性,而把忠实性放在次要的位置上。他最出名的译作是塔西陀的《编年史》。

在 18 世纪,法国皇家学院的教授夏尔·巴托(Charles Batteux)也是这一时期重要的翻译理论家。他著有《论文学原则》一书,并在此书中详细地论述了翻译问题。他认为:"在翻译活动中,译者处于从属地位,原作者是主人,译者只是仆人,只能紧跟原作者忠实地再现和反映原作的思想与风格,不能僭越仆人的身份进行创作,不得进行任何修改和增减。"④ 巴托的翻译思想可以概括为以下六点:"尽可能保留原作语序;保留原作意思表达的先后次序;译语句子长度与原语相同;再现连词;避免意译;可以修正原作但首先应强调形式对等。"⑤ 巴托的翻译思想对当时的西欧翻译界产生了重要的影响。

在这一时期,德国的翻译事业也得到了显著的发展,涌现出大批知名的翻译家和翻译理论家。其中最著名的当属约翰·沃尔夫冈·冯·歌德(Johann Wolfgang von Goethe)和弗里德里希·施莱尔马赫(Friedrich Schleiermacher)。歌德是德国杰出的诗人、作家、学者和思想家,同时也是一位著名的翻译理论家。他的译作多为文学作品,包括古希腊剧作家欧里庇得斯的剧本、法国文学家伏尔泰和狄德罗的作品以及大量的诗作。谭载喜指出,歌德的翻译思想主要有以下四点:

(一) 翻译往往是不完全的,但无论人们怎么揭短,它仍是世界事务中

---

① 孔令翠、蒙兴灿:《实用汉英翻译》,四川大学出版社,2002 年,第 34 页。
② 廖七一:《当代西方翻译理论探索》,译林出版社,2000 年,第 8 页。
③ 孔令翠、蒙兴灿:《实用汉英翻译》,四川大学出版社,2002 年,第 34 页。
④ 廖七一:《当代西方翻译理论探索》,译林出版社,2000 年,第 8 页。
⑤ 廖七一:《当代西方翻译理论探索》,译林出版社,2000 年,第 8 页。

最重要、最有价值的活动之一，译者是"人民的先知"(ein Prophet in seinen Volke)，因此人们应当重视翻译。

（二）语言形态之间存在着一种相互交织的关系，不同的语言在其意思和音韵的传译中有着彼此相通的共性，这就构成了文学作品包括诗作的可译性。

（三）朴素无华的翻译总是最适当的翻译。

（四）翻译分为三类：(1) 传递知识的翻译 (informative translation)，如路德的《圣经》的翻译；(2) 按照译语文化规范的改编性翻译 (adaptation/parodistisch)，这种译法近似创作；(3) 逐行对照翻译 (interlinear translation)，指译者逐行在原文下写出译文，通过语言上的紧扣原文以再现原文的实质，这种方法可归属于逐句直译，但不是逐词死译。①

歌德对翻译事业和文化交流与发展做出了巨大的贡献。

施莱尔马赫是德国著名的神学家、古典语言学家和翻译理论家。他撰有一篇题为《论翻译方法》的论文，并在该论文中详细阐述了自己的翻译思想，对翻译理论界产生了重大的影响。他的翻译思想主要有以下四点：

（一）翻译分笔译和口译，施莱尔马赫是西方第一个把笔译和口译明确区分，并加以阐述的人。

（二）翻译分真正的翻译和机械的翻译。

（三）翻译必须正确理解语言思维的辩证关系。

（四）翻译可有两种不同途径……一是尽可能地不扰乱原作者的安宁，让读者去接近作者；另一是尽可能地不扰乱读者的安宁，让作者去接近读者。②

在这一时期，英国的翻译事业得到了蓬勃的发展，其中一件大事就是《圣经钦定本》（Authorized Version）的翻译和出版。《圣经钦定本》的最大特点是用语简单和通俗易懂。它对英国文化的传承和语言的发展都产生了巨大的影响。在此期间，英国出现了两位著名的翻译理论家，另一位是约翰·德莱顿（John Dryden），一位是亚历山大·弗雷泽·泰特勒（Alexander Fraser Tytler）。德莱顿是英国伟大的诗人、翻译家和翻译理论家。

方梦之指出，德莱顿提出了著名的翻译三分法，认为翻译可分为三类："逐字译（metaphrase）、拟作（imitation，逐字译的另一极端，实际上是一种创作而不是翻译）和意译（paraphrase）"③。德莱顿对翻译的三分法是翻译理论研究史

---

① 谭载喜：《西方翻译简史》（增订版），商务印书馆，2004年，第105页。
② 谭载喜：《西方翻译简史》（增订版），商务印书馆，2004年，第106-108页。
③ 方梦之：《译学辞典》，上海外语教育出版社，2004年，第381页。

上的一个重大突破,它突破了长期以来学界对翻译的传统二分(即直译和意译)的局限,对当时和以后的翻译研究具有重大的启示意义。

泰特勒是英国18至19世纪最著名的翻译理论家之一。他著有《论翻译的原则》一书,在该书中,他提出了著名的翻译三原则。这三原则是:"译者应精通原作语言和题材,完全再现原作的思想;译者应具有准确判断和鉴赏原作风格手法的能力,并想象原作者如果用译语创作会如何表现自己,使译作的风格和手法与原作等同;译文应像原文一样自然流畅。"① 此外,他还认为应该用诗歌的形式来翻译诗歌,用言简意赅、通俗易懂的语言来翻译习语,译作的读者应与原作的读者产生相同或相似的感受。

在这一时期,著名的翻译家或翻译理论家还有法国的米歇尔·德·马罗尔(Michel de Marolles)、达尼埃尔·于埃(Daniel Huet)、弗朗索瓦·莫克鲁瓦(Francois Maucroix)、安娜·达西埃(Anne Dacier)、夏多布里昂(Chateaubriand)、杰拉德·德·奈瓦尔(Gérard de Nerval)、查尔斯·波德莱尔(Charles Baudelaire),德国的奥古斯特·维廉·施莱格尔(August Wilhelm Schlegel)、约翰·高特夫利特·冯·赫尔德(Johann Gottfried von Herder)、维廉·冯·洪堡(Wilhelm von Humboldt)、弗里德里希·荷尔德林(Friedrich Hölderlin),英国的托马斯·谢尔登(Thomas Shelton)、查理斯·科顿(Charles Cotton)、约翰·斯蒂文斯(John Stevens)、约翰·德纳姆(John Denham)、亚伯拉罕·考利(Abraham Cowley)、温特华斯·狄龙(Wentworth Dillon)、亚历山大·蒲伯(Alexander Pope)、约瑟夫·特拉普(Joseph Trapp)、塞缪尔·约翰逊(Samuel Johnson)、乔治·坎贝尔(George Campbell)、托马斯·卡莱尔(Thomas Carlyle)、弗朗西斯·纽曼(Francis Newman)、马休·阿诺德(Matthew Arnold)等。

第三节　20世纪西方翻译理论和翻译家

20世纪是西方翻译理论与实践空前繁荣的时代,这一时期的翻译实践与翻译研究在广度和深度上都超过以往任何时期,出现了百家争鸣、欣欣向荣的翻译实践与研究局面。谭载喜认为,本时期的翻译理论的发展有两大特点:一是翻译理论的研究被纳入了语言学的范畴,明显带有语言学的色彩;二是翻译理论的研

---

① A. F. Tytler: *Essay on the Principles of Translation*, J. M. Dent & Sons Limited, 1907, p. 9. 译文参见廖七一:《当代西方翻译理论探索》,译林出版社,2000年,第10-11页。范先明改译。

究不再像从前一样闭门造车，而是通过各种渠道互相交流①。这一时期，西方翻译研究诸多方面发生了重大变化。

英国翻译家、翻译理论家彼得·纽马克（Peter Newmark）将这一时期翻译领域的重大变化概括如下：第一，忠实读者和交际环境，强调理解的自然与流畅；第二，翻译从宗教、文学和科学著作扩大到技术、贸易、时事宣传、广告等几乎一切题材；第三，文本形式大大增加，从书籍（包括剧本和诗歌）到文章、论文、合同、条约、法令、告示、广告、宣传、处方、食谱、信函、报告、公文、文件等；第四，术语逐渐标准化；第五，翻译组织纷纷成立；第六，语言学、社会语言学等学科的翻译理论对翻译活动产生积极的推动作用；第七，翻译成为传授知识、加深不同群体和民族之间的理解和传播文化的工具②。

此外，这一时期翻译活动的组织性和系统性更加严密。以美国和英国为代表的一些国家组织出版机构系统性地翻译了大量书籍。与此同时，各国还创立不少翻译研究机构和翻译学术刊物，这也极大促进了翻译事业的发展。这时，西方翻译理论层出不穷，翻译研究呈现出百家争鸣的情景：涌现出大批著名的翻译家、翻译理论家；形成了多个翻译理论流派；提出了多种不同的翻译理论，也出现了与传统的研究视角不同的多元化跨文化跨学科的翻译研究新角度……本节着重介绍本时期西方三个主要翻译流派及其代表翻译理论家。

当然，随着科学技术的不断发展，这一时期出现了机器翻译（machine translation）和计算机辅助翻译（computer-aided translation）这一重大革新。翻译研究和翻译实践也因此发生了重大转向，引起多个学科领域的学者探讨。

一、美国翻译培训派

美国翻译培训派也称美国翻译研讨班（The American Translation Workshop），产生于20世纪60年代。在当时，全美还没有一个专门的翻译研究机构，为了引起人们对翻译研究的重视并弥补这一机构的空缺，1965年成立了美国翻译研究中心，70年代成立了全国性的职业翻译机构——美国文学翻译家协会（ALTA）。翻译培训逐渐在全美各高校开展起来了。美国翻译培训派以文学翻译的创作和研究为主。

埃兹拉·庞德（Ezra Pound）是该流派的主要代表之一。庞德是美国诗人、文艺评论家，也是著名的翻译家和评论家。他的主要译作有《中国》《孔子：稳定的枢轴和伟大的纲要》《论语》《古典作品选集》。方梦之指出，"他反对任何理论的束缚，片面强调实践……翻译……强调节奏、选词和词语的上下文意义和

---

① 谭载喜：《西方翻译简史》（增订版），商务印书馆，2004年，第192页。

② Peter Newmark: *A Textbook of Translation*, Prentice Hall International Ltd., 1988, pp. 9-10.
译文参见廖七一：《当代西方翻译理论探索》，译林出版社，2000年，第13-14页。

互文意义"①，而非文本的意义或个别词语的意义。廖七一认为，庞德的翻译目标是："1）英语译文中地道的表达；2）意义和氛围上对原文的忠实。"② 这里的"氛围"指的就是上下文，再一次印证了他的翻译中词语理解必须取决于上下文的观点。

二、翻译科学派

翻译科学派（School of the Science of Translation）也称语言学派，将翻译过程中涉及的语言现象当作研究对象，即从语言学的角度来解释和研究翻译。这一学派包括布拉格学派、伦敦学派、美国结构学派等多个分支学派，但都认为翻译在本质上是一门科学。这一学派的主要代表人物有 J. C. 卡特福德（John Cunnison Catford）、奈达和沃尔弗拉姆·威尔斯（Wolfram Wilss）等。本节着重介绍奈达及其翻译思想。

奈达是美国著名的语言学家、翻译家和翻译理论家，他终生从事《圣经》翻译及其研究，也是当代西方翻译研究领域最杰出的代表之一。奈达翻译思想的核心是功能对等（functional equivalence），即强调翻译的交际功能，在翻译时不求文字表面的死板对应（即语言形式上的对应），而要在两种语言间达成功能上的对应。围绕功能对等，奈达建立起了一系列翻译模式和翻译原则。如果意义和文化不能同时兼顾，译者只有舍弃形式对等，通过在译文中改变原文的形式达到再现原文语义和文化的目的。英语成语"spring up like mushroom"中"mushroom"原义为"蘑菇"，但译为汉语多为"雨后春笋"，而不是"雨后蘑菇"，因为中国文化中，人们更为熟悉的成语和理解的意象是"雨后春笋"。叶子南认为，奈达从几个方面科学地描写了功能对等的具体内容，概括成三个部分就是："第一，抛弃传统的词性概念；第二，采用核心句（kernel sentence）的概念以及句子转换的概念克服句法对译者的束缚；第三，用同构体的理论（isomorphism）来克服社会文化差异所造成的障碍。"③ 奈达对翻译的著名论断与"功能对等"理论相呼应："翻译就是要在译入语中以最自然的方式再现原文的信息，首先是意义，然后是风格。"④

三、翻译研究派

翻译研究派（School of Translation Studies）形成于 20 世纪 70 年代。主要创

---

① 方梦之：《译学辞典》，上海外语教育出版社，2004 年，第 391 页。
② 廖七一：《当代西方翻译理论探索》，译林出版社，2000 年，第 30 页。
③ 叶子南：《高级英汉翻译理论与实践》（第二版），清华大学出版社，2008 年，第 169 页。
④ Eugene A. Nida, Charles R. Taber: *The Theory and Practice of Translation*, E. J. Brill, 1982, p. 12.

始人有美国诗人、翻译家詹姆斯·霍姆斯（James Holmes），比利时学者安德烈·勒菲弗尔（André Lefevere），英国学者巴斯内特（Susan Bassnett）等。"该学派主要采用译入文化文学研究手段，侧重直观法和文学翻译。它以文学作品为对象，以'文学性'的转移为中心，重点描绘特定时期的翻译活动模式，同时又在研究中融入历史因素。"①

霍姆斯是美国诗人和翻译家，也是翻译研究派的奠基者。他于1972年在哥本哈根第三届国际应用语言学会议上发表《翻译研究的名与实》（"The Name and Nature of Translation Studies"）一文，首次提出了以"Translation Studies"作为学科名称。霍姆斯描绘出翻译研究涉及的范围和结构。翻译研究分为两大类，即纯翻译研究（Pure Translation Studies）和应用翻译研究（Applied Translation Studies）。而纯翻译研究又可以分为理论翻译研究（Theoretical Translation Studies）和描写翻译研究（Descriptive Translation Studies）。在此基础上，他又继续进行了细分，如图1.1所示②。

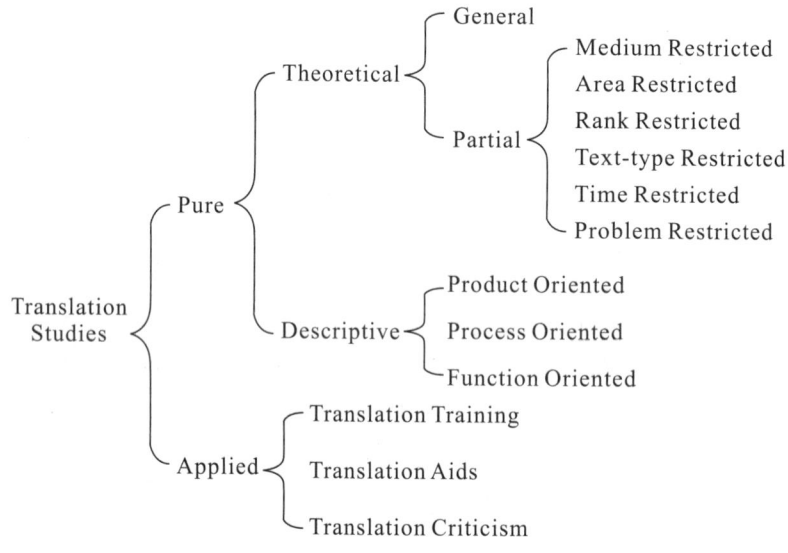

图1.1　翻译研究涉及的范围和结构

勒菲弗尔是著名的比较文学家和翻译理论家。他论著颇丰，主要有《诗歌翻译：七项策略及方案》（*Translating Poetry: Seven Strategies and a Blueprint*）、《文学翻译：比较文学语境中的实践与理论》（*Translating Literature—Practice and Theory in a Comparative Literature Context*）、《翻译、改写以及对文学名声的制控》

---

① 孔令翠、蒙兴灿：《实用汉英翻译》，四川大学出版社，2002年，第52页。
② 转引自方梦之：《译学辞典》，上海外语教育出版社，2004年，第399页。

(*Translation*, *Rewriting*, *and the Manipulation of Literary Fame*)、《翻译、历史与文化论集》(*Translation/History/Culture: A Source Book*) 等。勒菲弗尔认为,应该把翻译建立在元科学的发展观上,不要急于得出翻译理论,首先要对翻译过程有更多的了解。他指出翻译研究的目的之一是建立翻译理论,这个理论不是静止的,而是不断发展变化的①。

巴斯内特是著名的翻译理论家、翻译家,她精通多种语言,译作和翻译论著颇丰。谭载喜将她的翻译思想概括为以下三点:

> 翻译研究的性质……翻译研究并不是比较文学的分支,也不隶属于语言学,而是一门……跨语言、跨文化研究特点的独立学科。
>
> 翻译研究的范围……翻译研究作为一门独立学科……可以涵盖四个方面……翻译史学研究……翻译与目标语文化之间关系的研究……翻译的语言学研究……翻译的诗学研究……
>
> 翻译研究的文化视线……翻译绝不是纯粹的语言行为,而是植根于有关文化深处的一种行为;翻译就是文化内部的和文化之间的交流;翻译对等就是源语与目标语在文化功能上的对等。②

四、多元体系学派

多元体系学派(School of Polysystem Theory)的"翻译理论发源于早期翻译研究派,是翻译研究派合乎逻辑的延伸与发展"③。该学派是由以色列学者伊塔玛·埃文-佐哈尔(Itamar Even-Zohar)和吉迪恩·图里(Gideon Toury)创立。该学派认为:"翻译的理论概念应置于更大的文学、社会和文化的框架中考察。必须在翻译研究中引进文化符号学。翻译既为目标文化带来新的信息和陌生的形式,又因文化标准的改变使原文结构发生迁移。翻译理论的主要任务不是评定译文,而是阐述译文形成的过程,发现目标文化系统的文学趋向对译文的影响。"④

方梦之认为,佐哈尔"借用前苏联后期形式主义学派的多层次文学体系说,创造'多元体系'(Polysystem)一词,涵盖文学大系(从高级诗、韵文到儿童文学、通俗小说),探讨译作和文学大系之间的关系,阐述译入文化既决定作品是否翻译,又规范遣词用语"⑤。

图里是以色列特拉维夫大学的翻译教授,其译学著作颇丰,主要包括《翻

---

① 廖七一:《当代西方翻译理论探索》,译林出版社,2000年,第56页。
② 谭载喜:《西方翻译简史》(增订版),商务印书馆,2004年,第220-221页。
③ 廖七一:《当代西方翻译理论探索》,译林出版社,2000年,第59页。
④ 孔令翠、蒙兴灿:《实用汉英翻译》,四川大学出版社,2002年,第56页。
⑤ 方梦之:《译学辞典》,上海外语教育出版社,2004年,第35页。

译规范与希伯来语文学翻译（1930—1945）》（*Normol shel tirgum ve-ha-tirgum ha-sifruti le-ivrit ba-shanim 1930 - 1945*，1977）、《翻译理论探索》（*In Search of a Theory of Translation*，1980）、《描写翻译研究及其他》（*Descriptive Translation Studies and Beyond*，1995/2001）、《翻译理论选读》（*Translation Theory：A Reader*，1980）、《跨文化翻译》（*Translation Across Cultures*，1987）、《翻译理论文选》（*Introducing Translation Theory：Selected Articles*，1991），以及与埃文－佐哈尔合编的《翻译理论与跨文化关系》（*Translation Theory and Intercultural Relations*，1981）①。图里认为，任何翻译都不可能与原文完全契合，翻译实际上是一个相对的概念。他提出了"翻译规范"（translation norm）概念，具体可以分为预先规范、初始规范和操作规范（preliminary，initial，and operational）三类。在此，三种规范"分别指涉及译语文化的翻译政策、译者的文化依附和翻译过程中的各种现实抉择，强调了译语文化规范对翻译策略选择的影响"②。

五、解构主义学派

解构主义学派（Deconsructional School）产生于20世纪60年代后期的法国，其代表人物主要有法国哲学家米歇尔·福柯（Michel Foucault）、雅克·德里达（Jacques Derrida），德国哲学家马丁·海德格尔（Martin Heidegger）等。解构学派认为，"文本中并没有什么深层结构或预先决定的意义"③。解构主义学派系统地消解了历史上一直存在的逻各斯中心主义（logocentrism）的影响，它抨击了逻各斯中心主义，主张"用一种辩证的、动态的和发展的哲学观来看待翻译"④。解构主义学派认为原文不是一个稳定的封闭的系统，"由于能指与所指之间存在着差异，原文意义不可能固定不变，只是在上下文中暂时被确定下来。由于原文意义不能确定，译者应充分发挥主观能动性来寻找原文意义，发掘出能使原文存活的因素，利用语言间的转换，使原文得以发展并走向成熟，使译文和原文之间形成一种共生关系，而不是传统理论中的模仿与被模仿的关系"⑤。

福柯著名的权力话语（Power Discourse）理论给文学界和翻译理论界带来了重大的影响。福柯的权力话语将纷繁的权力关系和话语功能作为其理论的核心。与传统的中心性权力观相反，福柯提出的权力是弥散于人类社会的复杂网络。福柯理论的权力机制被赋予了丰富的内涵，即：权力的广泛存在性、权力的分散性和无中心

---

① 谭载喜：《西方翻译简史》（增订版），商务印书馆，2004年，第271页。
② 方梦之：《译学辞典》，上海外语教育出版社，2004年，第401页。
③ 方梦之：《译学辞典》，上海外语教育出版社，2004年，第38页。
④ 廖七一：《当代西方翻译理论探索》，译林出版社，2000年，第73页。
⑤ 廖七一：《当代西方翻译理论探索》，译林出版社，2000年，第73页。

性、权力的流动性、权力与抵制的共存性①。福柯认为,人类社会的真理和知识均不是绝对的。他指出:"权力关系网下的真理和知识会受到一定权力机制的制约。一定的真理和知识即是权力控制下、权力接受下或权力否决下的产物。作为人类社会的一种语言与文化的交际及转化行为,翻译自然不在例外。翻译活动不是存在于真空的,正如人类社会其他社会活动一样,它是处于一定社会历史时期的现实背景之中的。就翻译而言,它涉及到至少两种语言和两种文化的交际和转化,不可能对其孤立分析,它包含了下列多种复杂因素:对源语文本的选择、翻译的过程、对翻译策略和技巧的选择、译本的接受、译本的发行和评介。上述因素均会因不同时间不同空间下权力机制的不同而产生差异。"② 福柯的理论改变了长时期以来原文和原文作者高高在上的地位,从而更新了读者对权力关系下翻译研究的认识。可以看出,"权力关系下的翻译研究突破了传统的以文本为导向和以原作作者为导向的研究,而把这两种导向都纳于权力机制影响之下"③。

德里达则认为,"文本是开放的、不完整的体系"④,它是处于一种未完成的状态之中的。因此,"对原文的理解和翻译不可能穷尽其可能的全部意义,即使权威或完美的译本也不可能因穷尽原文的意义而使原文封闭起来"⑤。因此,"德里达这种大语言的观念不仅改变了翻译的标准和翻译的概念,也改变了原文和译文之间的关系。……原文的发展离不开译文,传统的原文决定译文的关系被倒了过来,原来的原文作者和译者之间的主次地位也大为改变。"⑥

翻译实践

简要回答以下问题。
1. 谈谈你对翻译概念的理解。
2. 为什么说《圣经》翻译是西方翻译史的一条主线?
3. 简述20世纪以来西方翻译的流派及主要理论。

---

① 王林:《论权力话语对翻译的影响——以严复译作〈天演论〉为例》,《山东文学》,2010年第4期,第173页。
② 转引自王林:《多元化权力因素下的译文产出——以严复译作〈天演论〉为例》,《作家》,2012年第9期,第185页。
③ 转引自王林:《多元化权力因素下的译文产出——以严复译作〈天演论〉为例》,《作家》,2012年第9期,第185页。
④ 孔令翠、蒙兴灿:《实用汉英翻译》,四川大学出版社,2002年,第59页。
⑤ 孔令翠、蒙兴灿:《实用汉英翻译》,四川大学出版社,2002年,第59页。
⑥ 廖七一:《当代西方翻译理论探索》,南京:译林出版社,2000年,第78页。

第二章　英汉翻译的过程、标准与策略

要学习与研究翻译,首先就要对翻译的概念进行界定,并了解其性质。在给翻译下定义之前,我们先要理解"翻译"(translation)这个词的意思。汉语"翻译"和英语"translation"一词都具有多义性,在不同的语境下具有不同的所指。汉语"翻译"一词,第一可以表示一种活动,表示进行翻译的过程,如"小王在搞翻译";第二可以表示这种翻译活动的结果,即译文,如"读者很喜欢这篇文章的翻译";第三表示一个抽象概念,如"我上学期选修了翻译理论与实践这门课";第四表示翻译活动的主体,即译者,如"张先生当了十年翻译"。同样,英语"translation"这个词在不同的语境下也具有不同的内涵。

第一节　翻译概述

罗杰·贝尔(Roger Bell)在其专著《翻译与翻译过程:理论与实践》(*Translation and Translating: Theory and Practice*)中提出,"translation"一词具有三种不同的意义。

(1) translating(翻译过程): the process (to translate; the activity rather than the tangible object)(进行翻译的过程,是活动而不是有形的物体);

(2) a translation(译本): the product of the process of translating (i. e. the translated text)(翻译过程的终端产品,即译文、译作或译本);

(3) translation(翻译): the abstract concept which encompasses both the process of translating and the product of that process(一个抽象概念,包括翻译过程和该过程的产品).①

因此,汉语的"翻译"与英文的"translation"一词所涵盖的几种意义基本是一致的。古今中外不同的学派从不同的角度对翻译下了不同的定义,说法不

---

① R. T. Bell: *Translation and Translating: Theory and Practice*, Longman Group UK Limited, 1991, p. 13.

一。如语言学派认为翻译是两种语言的话语转换；文艺学派认为翻译是作品文体风格的转换，是译者的再创作；交际学派认为翻译是信息的转换；符号学派认为翻译是符号信息传递；社会符号学派则认为翻译是社会文化的转换。下面我们来看不同时代的中西方学者是怎样给翻译下定义的。

一、中国代表性的翻译定义

（1）唐代贾公彦（618—907）在《义疏》中指出："译即易，谓换易言语使相解也。"[①]

（2）张培基将翻译界定为："翻译是运用一种语言把另一种语言所表达的思维内容准确而完整地重新表达出来的语言活动。"[②]

（3）刘宓庆认为："翻译的实质是语际的意义转换。"[③]

（4）许均提出："翻译是以符号转换为手段、意义再生为任务的一项跨文化的交际活动。"[④]

（5）王克非认为："翻译是译者将一种语言文字所蕴含的意思用另一种语言文字表述出来的文化活动。"[⑤]

（6）曹明伦指出："翻译是把一套语言符号或非语言符号所负载的信息用另一套语言符号或非语言符号表达出来的创造性文化活动，它包括语际翻译、语内翻译和符际翻译。"[⑥]

（7）黄忠廉认为："翻译是译者将原语文化信息转换成译语文化信息并求得二者相似的思维活动和语言活动。"[⑦]

（8）孙致礼指出："翻译是把一种语言表达的意义用另一种语言传达出来，以达到沟通思想情感、传达文化知识、促进社会文明，特别是推动译语文化兴旺昌盛的目的。"[⑧]

二、西方代表性的翻译定义

（1）《圣经》翻译家阿弗雷德·波拉德（Alfred Pollard）用打比方的形式

[①] 转引自曹明伦：《翻译之道：理论与实践》（修订版），上海外语教育出版社，2013年，第101页。
[②] 张培基、喻云根、李宗杰等：《英汉翻译教程》，上海外语教育出版社，1980年，绪论。
[③] 刘宓庆：《当代翻译理论》，中国对外翻译出版公司，2005年，第51页。
[④] 许钧：《法汉翻译教程》，上海外语教育出版社，2007年，第4页。
[⑤] 转引自黄忠廉：《翻译本质论》，华中师范大学出版社，2000年，第227页。
[⑥] 曹明伦：《翻译之道：理论与实践》（修订版），上海外语教育出版社，2013年，第163页。
[⑦] 黄忠廉：《翻译本质论》，华中师范大学出版社，2000年，第220页。
[⑧] 孙致礼：《新编英汉翻译教程》，上海外语教育出版社，2013年，第6页。

对翻译做出了界定。他认为,翻译就是把窗户打开,让光线进入房间;翻译就是把贝壳撬开,这样我们便于品尝里面的肉核;翻译就是撩开窗帘,这样我们便能窥见最圣洁的地方;翻译就是打开井盖,这样我们便可获得水源。(Translation it is that openeth the window, to let in the light; that breaketh the shell, that we may eat the kernel; that putteth aside the curtain, that we may look into the most Holy place; that removeth the cover of the well, that we may come by the water...)

(2) 18世纪英国作家、文学评论家、诗人和《英语大辞典》编纂者塞缪尔·约翰逊(Samuel Johnson)将翻译界定为:翻译就是将原文改变成另一种语言,并尽可能地保留原文的意义。(To translate is to change into another language, retaining as much of the sense as one can.)

(3) 俄裔美国语言学家、文学理论家罗曼·雅各布逊(Roman Jakobson)的定义为:翻译是用另一种语言符号来阐释源语的语言符号(Translation is an interpretation of verbal signs by means of some other language.①)

(4) 英国语言学家和翻译理论家卡特福德将翻译界定为:把一种语言(源语)中篇章材料用另一种语言(目标语)中的篇章材料来加以替代。[Translation may be defined as the replacement of textual material in one language (the source language) by equivalent textual material in another language (the target language).②]

(5) 美国翻译理论家尤金·奈达认为:翻译是指从语义到语体在译入语中用最贴近而又最自然的对等语再现源语信息。(Translating consists in reproducing in the receptor language the closest natural equivalence of the source-language message, first in terms of meaning and secondly in terms of style.③) 他提出的"动态对等"(dynamic equivalence)理论是指译文接受者和译文信息之间的关系,应该与原文接受者和原文信息之间的关系基本上相同。他还认为,对于真正成功的翻译来说,熟悉两种文化甚至比精通两种语言更为重要,因为词汇只有在其所处的文化中才有意义。(For truly successful translating, biculturalism is even more important than bilingualism, since words only have meanings in term of the cultures in which they

---

① R. Schulte, J. Biguenet: *Theories of Translation: An Anthology of Essays from Dryden to Derrida*, University of Chicago Press, 1992, p. 145.

② J. Catford: *A Linguistic Theory of Translation*, Oxford University Press, 1965, p. 12.

③ Eugene A. Nida, C. Taber: *The Theory and Practice of Translation*, E. J. Brill, 1969, p. 12.

function.①

（6）英国翻译理论家彼得·纽马克认为：翻译就是把一个文本的意义按作者所想的方式移译入另一种语言。（Translation is rendering the meaning of a text into another language in the way that the author intended the text.②）

（7）马尔科姆·考利（Malcolm Cowley）对翻译的定义是：翻译是一种艺术，是用另一门语言为不懂原文的读者重新创作一部作品。（Translation is an art that involves the recreation of a work in another language for readers with a different background.）

（8）吉迪恩·图里（Gideon Toury）认为：在任何情况下，译文都表现为或被认为是目的语文化中的一种目的与文本。（A translation is taken to be any target-language utterance which is presented or regarded as such within the target culture, on whatever grounds.）

综合以上中外学者对翻译的定义，可以看出，翻译既是科学，又是艺术，它有着自身的理论体系和规律。翻译学科是一门跨语言、跨文化的综合性学科，同语言学、语义学、社会语言学、语用学、文体学、跨文化交际、心理学等多学科有着密切的联系。当代翻译研究正不断汲取人文学科和自然学科的最新成果，丰富、扩大其研究范围和领域。

第二节　翻译的过程

翻译过程是理解原文和创造性地运用另一种语言再现原文的过程，是一个非常复杂的过程。曹明伦认为："翻译过程由理解、比较、分析、联想、解构、重组、综合、表达等一系列具体行为构成。"③ 对于翻译过程的研究，中外的翻译理论家提出了各种解释。

一、国外学者提出的翻译过程

国外学者对翻译过程提出了不同的观点，其中有代表性的主要包括奈达、斯坦纳和罗杰·贝尔（Roger Bell）的翻译过程观。

---

① Eugene A. Nida: *Language and Cultural: Context in Translating*, Shanghai Foreign Language Education Press, 2001, p. 82.
② Peter Newmark: *A Textbook of Translation*, Shanghai Foreign Language Education Press, 2001, p. 5.
③ 曹明伦：《英汉翻译实践与评析》，四川人民出版社，2007年，第122页。

(一) 奈达提出的翻译过程

奈达在他的专著《翻译理论与实践》(*The Theory and Practice of Translation*) 和《语言、文化与翻译》(*Language, Culture, and Translating*) 中都指出翻译的过程由"分析、传译、重组、检验"这四个基本步骤组成。他指出：

> The four basic processes in translating consist of (1) analysis of the source text; (2) transfer from source to target language; (3) restructuring in the target language, and (4) testing of the translated text with persons who represent the intended audience.[①]

在这四个基本步骤中，"分析"(analysis) 是最为复杂也最为关键的步骤。"分析"就是译者从语法和语义两个方面对原文的表层结构、原文的信息和内涵之意进行分析，决定源语文本意义（词汇、句法和修辞意义）的阶段。整个分析过程又必须经过三个步骤：(1) 确定词和词组之间有意义的关系；(2) 确定词和特殊词组（例如习语）的指称意义；(3) 确定词语的内涵意义。

"传译"(transfer) 就是在译者脑子里把经过分析的信息从源语传译成目标语；"重组"(restructuring) 指的是结构重组，即重新组织译文中的词汇、句法、语篇特征等，从而使读者能够最大限度地理解和领会译文；"检验"(testing) 与分析、传译和重组这三个步骤有所不同，通过检验能迅速暴露译文中存在的问题。在"检验"阶段，译者应检测译文的准确性、可理解性、文体对等。译者还应注重译文与原文之间的动态对等，注重译文潜在接受者对译文的反应如何，而不是译文与原文字面意义上的对等。

(二) 斯坦纳提出的翻译过程

美国翻译理论家乔治·斯坦纳将阐释学直接引入翻译领域，他在1975年出版的专著《通天塔之后：语言与翻译面面观》(*After Babel: Aspects of Language and Translation*) 中，提出了"理解即翻译"的阐释学思想，并因此提出了基于阐释学的阐释翻译的四个步骤，即：

(1) 信赖/信任 (initiative trust or faith)；
(2) 侵入/理解 (aggression or penetration)；
(3) 吸收/吸纳 (incorporation or embodiment)；
(4) 补偿/恢复 (compensation or restitution)。

其中第一步"信赖/信任"，指的是"一种信任投资" (an investment of

[①] Eugene A. Nida: *Language and Cultural: Context in Translating*, Shanghai Foreign Language Education Press, 2001, p. 108.

belief)①。也就是说，译者相信文本中一定有内容，值得翻译；"信赖/信任"之后紧接着就是第二步"侵入/理解"的过程。斯坦纳将理解的过程看作一种不断趋近原文意义并加以挪用的行为。译者入侵、掠夺并把它们带回家，他认为只有侵占之后才能肯定它的真实存在。斯坦纳认为翻译是一个非常残酷的过程，他将此比作"一个露天矿，矿产资源被开采完后，留下的是一个巨大的'疤痕'，因此翻译是具有掠夺性的"②，既包括对原文完全归化和吸收，又可能指向完全的异化。不论偏向归化还是异化，吸收的过程都会给目的语带来一定程度的改变。因此，在翻译行为中，为了恢复原有的平衡，"补偿/恢复"是必不可少的重要环节。斯坦纳认为，通过翻译，原文还是被提升了，原有的隐含意义被挖掘，在新的地区和文化领域内获得了新生③。斯坦纳进而指出，只有译者努力恢复由于其他侵略性的理解所带来的不平衡时，才能保持对原文的忠实。补偿是"一种道德义务"，译者必须乐意对译文进行补偿，进而才有可能突出其主体性。补偿最终得以实现，要靠译者自身的道德水准和精神境界，极端的"归化"或"异化"都是不可取的。译者首先要持有异化的态度或心理，要保持源语的文化特征，还要通过不断地翻译，使目的语读者逐渐认识并接受源语的民族文化，这样才有助于丰富和扩充目的语文化。在这个意义上，目的语通过翻译得到了应有的补偿。斯坦纳的阐释学的观点给我们提供了一个研究翻译过程的崭新视角。

（三）贝尔提出的翻译过程

罗杰·贝尔在1991年出版的《翻译与翻译过程：理论与实践》（*Translation and Translating: Theory and Practice*）一书中，将翻译分为两个阶段：分析阶段和综合阶段。

（1）分析阶段（analysis phase）。在这个阶段，译者将一个特殊语言的文本（源语文本）转换为一个非特殊语言的语义表达。

（2）综合阶段（synthesis phase）。在这个阶段，译者将此种语义表达综合成第二特殊语言的文本（即译语文本）。在分析阶段，贝尔认为，"In the analysis phrase, the translator first reads the source language text. The stage of reading and inputting is very important, for it is not unusual for a reader to be able to parse a clause

---

① G. Steiner: *After Babel: Aspects of Language and Translation*, Shanghai Foreign Language Education Press, 2001, p. 312.

② G. Steiner: *After Babel: Aspects of Language and Translation*, Shanghai Foreign Language Education Press, 2001, p. 314.

③ G. Steiner: *After Babel: Aspects of Language and Translation*, Shanghai Foreign Language Education Press, 2001, p. 416.

without understanding the meaning of the words in it."①

在综合阶段，贝尔指出，"In the synthesis phrase, the translating process approaches the point where the source language text clause has been converted into a semantic representation and the translator has made the decision to translate the semantic representation into the target language text."②

可见，分析阶段即是译者理解"the source language clause text"（源语文本）的过程，综合阶段即是译者将源语文本转换并译成目标语文本的过程。

（3）翻译过程的模式化描述。

贝尔认为，翻译过程涵盖以下内容：

①翻译是人类信息处理这个普遍现象中的特例。

②翻译过程模式应属于翻译信息加工的心理领域。

③翻译过程发生在短期记忆和长期记忆中，途径是对源语语篇进行解码，经由不属于任何特定语言的语义表征（semantic representation），将语篇编码为目的语。

④不论是在对输入信号的分析过程中，还是对输出信号的合成过程中，翻译过程都是在从句的语言层次上进行的。

⑤以自下而上（bottom-up）和自上而下（top-down）的方法处理语篇，这两种处理方法通过串联（cascaded）和交互作用（interactive）这两种运作方式得以整合。也就是说，不必在一个阶段的分析或综合完成之后才激活下一阶段，如有允许也需要进行修改。

贝尔从心理学的角度对翻译过程做了模式化的描述，分析了翻译时的阅读过程和写作过程，指出知识和技能在译者处理语篇时的重要作用，译者的阅读过程是分析过程，而写作过程则是综合过程。

二、国内学者提出的翻译过程

我国也有很多学者对翻译过程进行了研究与探索，如张培基在《英汉翻译教程》中把翻译过程概括成三个阶段：理解、表达和校核。思果在《翻译研究》中谈到翻译过程时说："理想的译法是这样的：先把原文看懂，照原文译出来，看看念不念得下去，试删掉几个不一定用得着的字，看看是否有损文义和文气。如果有损，再补回来。试把不可少的字加进去，看看是否超出原文范围，增减以

---

① R. T. Bell: *Translation and Translating: Theory and Practice*, Longman Group UK Limited, 1991, p. 49.

② R. T. Bell: *Translation and Translating: Theory and Practice*, Longman Group UK Limited, 1991, p. 58.

后和原文再校对一次……原文的意思要消化;译文的文字要推敲。"① 他还告诫译者:"先看全句全文——没有看完一句不要动手译;没有看完整段不要动手译;没有看完全文不要动手译。译文所用的许多字、句法,都和全文、整段、整句有关,而且一句意思要到看完全句才能明了,长句尤其有这种情形。"②

综合以上所述,翻译过程主要包括理解、表达和审校三个阶段。理解与表达是翻译过程中两个至关重要的因素。正确理解原文是基础,是表达的前提条件,而充分的表达则是正确理解的"归宿"。但有时理解正确并不一定会表达好,因为在翻译实践中经常会出现"只能意会不能言传"的情况。在翻译中表达的内容要充分、恰当、自如,就要求译者不仅对原文的内容有透彻的理解,而且要有很好的外语和母语驾驭能力。最后是审校、润色加工,使译文更加完美。

三、实例分析翻译过程中的三个常用步骤

基于以上分析,下面通过翻译例句来具体分析翻译过程中的三个常用步骤。

(一) 理解阶段

正确而透彻地理解原文,是译文恰当而充分地表达原文的先决条件。没有理解,就无从说起翻译,就是"瞎译""乱译"。理解阶段包括:根据上下文理解词汇含义,理解句法结构,理解逻辑关系,理解原文所涉及的背景知识或典故。

1. 理解词汇含义

著名的英国语言学家 J. R. 弗斯(J. R. Firth) 曾说: "Each word, when used in a new context, is a new word."③ 弗斯的意思是,同一个词在不同的语言环境中有不同的含义。一词多义(polysemy)的现象在英语中比比皆是,而且有些词在句中的意思是该词的引申意义,而不是字面意义。因此,在翻译的过程中除了注意词的一般意义,还要注意词在具体语言环境中的意义,一定要根据上下文准确理解英语词汇的含义。正如纽马克所述:"我们在翻译时尤其要注意一些常见的词句,因为这些地方往往是翻译时最容易出错的地方。"④ 例如:

On this day a year ago, we lost one of America's most beloved basketball players.

注意本句画线部分,里面没有一个生词,但我们在翻译的时候,往往按照惯性思维,译为:一年前的今天,我们痛失了美国最受爱戴的篮球球员之一科比·布莱恩特。"one of..."一般会译为"……之一",以表示"数峰并峙",而非

---

① 思果:《翻译研究》,中国对外翻译出版公司,2001年,第16页。
② 思果:《翻译研究》,中国对外翻译出版公司,2001年,第17页。
③ J. R. Firth: "Modes of Meaning", *Essays and Studies*, Oxford University Press, 1951, p. 118.
④ 转引自何江波:《英汉翻译理论与实践教程》,湖南大学出版社,2010年,第28页。

"一峰突起"。但我们发现，英语中本来可以用不定冠词"a"的时候，英美人似乎倾向于用"one of..."，好像这样说话更安全，不对谁偏重。其实也就是表示"一个"或"一位"。而汉语表达习惯上用"一个"或"一位"的时候更多，除非是表示强调，如"他只是……之一"。因此，把"we lost one of America's most beloved basketball players"译为"我们失去了一位很受爱戴的美国篮球运动员"，而不必译为"……篮球运动员之一"。"a most..."中的"most"并不是最高级，而只是"非常"的意思。"beloved"既可以表示"喜爱"，也可以表示"爱戴"。根据上下文，这里翻译为"爱戴"似乎更恰切。整句译为：一年前的今天，我们失去了一位很受爱戴的美国篮球运动员——科比·布莱恩特。

His untimely passing shocked the world at the top of a very strange year in 2020.

画线单词"strange"是本句中翻译的一个难点，该词最常用的意思就是"奇怪"。但根据上下文看，在本句中含有"世事难料""令人难以捉摸"的意思。正因如此，科比之死才出人意料，令世界感到震惊。因此本句可译为：2020年真让人难以捉摸。这年年初，科比猝然离世，震惊了世界。

If we view the history of science through the lens of mathematics or, more precisely, through quantification, then we want the region to have a great number of scientists, we want a great many Nobel Prizes, and we mainly want the international scientific community to mention to use the scientific works of Latin American scientists.

本句中画线单词"lens"基本意思是"透镜，镜头；隐形眼镜"，如果不根据具体的语境，照搬词典给出的意义，译为："如果我们的历史科学的看法通过数学的镜头，或者更准确地说，通过量化，那么我们希望该地区有大量的科学家，我们要很多诺贝尔奖，我们主要是想让国际科学界提出使用拉丁美洲科学家的科学出版物。"这样的中文表达不符合汉语的行文习惯，读起来有点拗口。通过上下文，不难看出此处的"lens"是指看问题的"角度"，即"视角"，改译为"如果我们从数学的角度来看待科学史，或者更准确地说，通过量化，那么我们希望该地区拥有大量的科学家，我们要获很多诺贝尔奖，我们主要是想让国际科学界提出使用拉丁美洲科学家的科学出版物。"修改后的译文读起来就顺口多了。

2. 理解句法结构

由于英语属于印欧语系（Indo-European language family），汉语属于汉藏语系（Sino-Tibetan language family），再加上英汉两民族在思维模式上的不同，英汉句子结构有很大的差异。在很多情况下，英汉语在表达同一意思时会采用不同的句法结构，而且英语中还有许多特有的句型和表达形式，因此，译者在翻译时对句法结构的理解是非常重要的。

She moves a hand back and forth on a slat of the seat she is seating on, her fingers caressing the smooth timber, the texture different where the paint has worn away.

分析：理清句子的结构脉络是关键。原文是一个较长的复合句，全句由一个主句（主句带一个定语从句）和两个独立结构组成。主句传递主要信息，第一个独立结构与主句意义上有隶属关系，表伴随动作；第二个独立结构还带一个状语从句，且在形式上与第一个独立结构并列，但意义上隶属于第一独立结构，说明第一个独立结构"timber"的状态。

译文：她用手在座椅的一条横木上来回摩挲着，手指爱抚地摸着光滑的木头，油漆磨损的地方木料的质感不同。

Whether he be a great scientist, proving by his discovery of a sweeping physical law that he has some such constructive sense as that which guides the universe, or whether he be a poet beholding trees as "imperfect men", who "seem to bemoan their imprisonment, rooted in the ground", he is being brought into his own by perceiving "the virtue and pungency of the influence on the mind of material objects, whether inorganized or organized".

分析：翻译该句的关键在于正确理解句子结构。整个句子的框架是"Whether he be a great scientist... or whether he be a poet... he is being brought into his own by perceiving"。这个句子的核心是"he is being brought into his own"，这里的"he"是句子的主语。"whether... or..."是主语"he"的同位语，后面的"by"引导方式状语，方式状语里又包括了一些定语从句。

译文：无论是通过发现普遍自然规律来证明其拥有可驾驭宇宙之创造意识的科学家，还是将树木视为"尚未完善之人"，并认为它们"似乎在哀叹其被囚禁于土地的命运"的诗人会因为感知到"有机或无机的世间万物对心灵之巨大而深刻的影响"而回归自我。

3. 理解逻辑关系

翻译是一种逻辑思维活动，翻译的全过程时刻都离不开逻辑。语法分析可以帮助我们解决很多对原文的语言结构理解的问题，但有些问题仅靠语法分析是不行的，还必须借助逻辑分析。逻辑分析能够帮助我们理解很多语法分析不能解决的问题。因此，不仅在理解原文的过程中需要运用逻辑分析这一重要手段，而且语言的表达也要符合逻辑。如果一种表达仅仅是语法形式上的正确，但不符合逻辑，这样的表达就是错误的，不能让人接受。

After all, all living creatures live by feeding on something else, whether it be plant or animal, dead or alive.

原译：因为，毕竟所有活着的生物，不论是植物还是动物，死的还是活的都靠吃某种别的东西生存。

分析：根据纽马克对翻译过程的分析，翻译的过程涉及对所指层次（referential level）的理解。此句的原译对句中代词"it"的所指理解错了，把"it"视为指代"all living creatures"，结果出现了"死的生物也吃某种别的东西"这样逻辑上行不通、令人匪夷所思的译文。实际上，根据句子结构分析和逻辑推理，代词"it"应指代句中的"something else"，译出来的句子逻辑上就顺了。

改译：所有活着的动物毕竟都是靠吃别的东西生存，而不管它是死的还是活的植物或动物。

The engine didn't stop because the fuel was finished.

原译：因为燃料用完了，引擎没有停止下来。

分析：很明显，原译是不符合逻辑的。按常理，燃料用完了，引擎就应停止运转。"not... because..."是一个有歧义的结构，究竟"not"是用来否定谓语动词，还是否定"because"引导的从句，这就要看翻译的句子是否符合常理和逻辑了。不符合逻辑的译文肯定是理解错误的译文。这里，句中的"not"直接否定的是"because"而不是谓语动词"stop"。

改译：引擎并不是因为燃料耗尽而停止运转的。

A beautiful form is better than a beautiful face; a beautiful behavior than beautiful form.

原译：美丽的外形胜过美丽的脸蛋，美丽的行为胜过美丽的外形。

分析：众所周知，脸蛋美是人外表美的一个不可或缺的部分，但原译把脸蛋看成是人的外形以外的部分，令人不解，原译文逻辑上不通。此句中的"form"应指"body"，即形体。

改译：形体美胜于容貌美，行为美胜于形体美。

4. 理解原文所涉及的背景知识或典故

翻译是不同文化的移植，是把一种语言转化为另一种语言的行为，是两种文化的交流。王佐良认为："翻译者必须是一个真正意义的文化人"[①]。在此，"文化人"的含义"就是要尽可能多地了解源语民族的文化，不仅精通其语言，还要具备相关的政治、经济、历史、地理、文学、宗教、风俗习惯等背景知识以及了解一些词语的典故"[②]。要做到这些，译者就"要充分考虑目的语文化和源语文化对翻译的影响和作用，要准确无误地捕捉到源语中的文化信息，恰当地处理好两种文化的转换，尽量做到'意义等值'，把原文信息准确地传达给译文读

---

① 王佐良：《翻译中的文化比较》，《翻译通讯》，1984 年第 1 期，第 2 页。
② 何江波：《英汉翻译理论与实践教程》，湖南大学出版社，2010 年，第 32 页。

者"①。请看如下几例:

John can be relied on, he eats no fish and plays the games.

原译:约翰值得信赖,他不吃鱼并玩游戏。

分析:本句是一个有历史渊源的用法。英国历史上宗教斗争激烈,旧教规定在斋日教徒可以吃鱼。新教推翻旧教后,新教教徒拒绝吃鱼表示忠于新教。所以"eats no fish"就应转译为"忠诚"。玩游戏当然要遵守规则,因此"plays the game"就应转译为"守规矩"。

改译:约翰值得信赖,他忠诚而守规矩。

He is always buying you expensive clothes, I'm afraid they are Greek gifts for you.

原译:他总给你买很昂贵的衣服,恐怕它们是给你的希腊礼物。

分析:因为对原句的文化背景及典故不甚了解,原译将"Greek gifts"误译为"希腊礼物"。其实这句话出自希腊神话。相传几千年前,特洛伊王子帕里斯拐走希腊的斯巴达王国王墨涅拉奥斯的爱妻海伦,于是两国恶战十年,不分胜负。后来希腊人想出"木马计",木马里藏着希腊的精锐部队,特洛伊国王上当,将木马作为战利品拉入城中。深夜勇士出动,攻克特洛伊城,并夺回了海伦。从此"Greek gift"便有了"图谋害人;阴谋害人的礼物;黄鼠狼拜年,不安好心"之意。

改译:他总给你买很昂贵的衣服,我怀疑他没安好心。

Last night, an uninvited guest turned up to make five for bridge. I had the kind of paperbook at hand to make being the fifth at bridge a joy.

原译:昨天晚上,来了一位未被邀请的客人,凑成五个人玩桥牌。我手头有一种平装书,使牌桌上的第五人很高兴。

分析:要正确翻译该句,译者首先就要了解有关桥牌的文化背景等相关知识。译者须知道桥牌是由四个人玩的。因此原译"凑成五个人玩桥牌"是大错特错。

改译:昨天晚上,来了一位不速之客,桥牌桌上多了一个人。我手头正好有一本平装书,我尽管没打成桥牌,却也过得很愉快。

(二)表达阶段

表达是翻译中十分重要的一个环节,是理解的升华和体现。表达须以对原文的正确理解为前提,以对译语的纯熟掌握为条件,以对原作的忠实再现为原则。鲁迅(1935)曾在《且介亭杂文二集》中写道:"极平常的豫想,也往往会给实验打破。我向来总以为翻译比创作容易,因为至少是无须构想。但到真的一译,

---

① 何江波:《英汉翻译理论与实践教程》,湖南大学出版社,2010年,第32页。

就会遇着难关，譬如一个名词或动词，写不出，创作时候可以回避，翻译上却不成，也还得想，一直弄到头昏眼花，好像在脑子里摸一个急于要开箱子的钥匙，却没有。"① 对此，何江波指出："从鲁迅先生的话中，我们可体会到翻译中的表达不是一件容易的事，非下苦功不可。因此在表达阶段，译者要了解源语与目的语在表达方式上和文化上的差异，使译文既忠实于原作又符合译入语的语法和表达习惯，尽量避免翻译腔的出现。同时，译文还要恰到好处地再现原文的思想内容和文体色彩。要做到这一点，译者就要有扎实的语言基本功，善于运用各种翻译技巧。"② 译者在表达阶段应该特别注意以下四个方面。

1. 译文的准确措辞

英语中的一个常用词往往有很多释义，使人眼花缭乱。译者在表达阶段如果只会对号入座势必会处处碰壁，因此翻译中必须充分利用上下文信息，确定英语和汉语的词汇在语义上的对应关系，理解词语的字面意义和内含意义，以此来进行正确的选词用字，来进行准确的措辞。

Memory, Violence, Queues: Lu Xun Interprets China

原译：《记忆、暴力、排队：鲁迅对中国的解读》

分析：原文是书名，要译好该书名，一定要结合该词的语境意义。整个题目是讲鲁迅对中国的解读，这里的中国是指旧中国，旧中国是一个半封建半殖民地社会。在这个社会里充满了各种旧风俗，譬如男人留辫子，女人要裹脚，这就是鲁迅对旧中国的记忆、对旧中国的解读。因此，如果将"queue"译成其基本含义"排队"，跟前面的"记忆、暴力"没有任何语义上的联系，此处应结合语境和时代背景译为"辫子"。

改译：《记忆、暴力、辫子：鲁迅对中国的解读》

He put forward some new ideas to challenge the interest of all concerned.

原译：他提出许多新见解，挑战了有关人士的兴趣。

分析：要译好一句话，准确的措辞是十分重要的。原句的"challenge"一词的基本含义是"挑战"。但如果望文生义把"challenge the interest"译成"挑战兴趣"，则不符合汉语的搭配规则。此处应译出其深层含义"引起"。

改译：他提出许多新见解，引起了有关人士的兴趣。

And no wonder if, as she said, she lived untouched these last twelve years.

分析：根据词典，"untouched"的字面意思为"未触摸过的、处于原始状态的、未受影响的"，但如果按照该词的字面意思去翻译，译文就不能把该句的真正含义充分表达出来。"untouched"在这里的意思为"not involved in any

---

① 鲁迅：《鲁迅全集》（第六卷），人民文学出版社，2005年，第362页。
② 何江波：《英汉翻译理论与实践教程》，湖南大学出版社，2010年，第35页。

relationship with men"。因此,译文"守身如玉"非常具有表达力,而且也合乎汉语的措辞习惯。

译文:无怪乎她在这十二年来,如她自己所说的,一直守身如玉呢。(周煦良译)

2. 译文的自然流畅

纽马克在谈到翻译过程时认为,"自然层次(level of naturalness)是翻译过程不可缺少的一个部分。每一种语言在长期的使用过程中都形成了一套约定俗成的为人们共同接受的表达习惯。如果译文不符合汉语的表达习惯,就会显得不自然流畅,就会生硬、别扭,使人难以接受。"①

How often do we reflect on the joy of breathing easily, of swallowing without effort and discomfort, of walking without pain, of a complete and peaceful night's sleep?

原译:我们多久会思考轻松地呼吸的乐趣,不费劲地自在吞食的乐趣,没有痛苦地行走的乐趣和一个完整的夜晚安静睡眠的乐趣?

分析:原译照原文亦步亦趋,读起来十分别扭,表达不自然,晦涩难懂,丧失了原文美感。

改译:平日呼吸轻松,吞食自如,走路毫不费劲,一夜安寝到天明,我们几曾回味过其中的乐趣?

The study found that non-smoking wives of men who smoke cigarettes face a much greater than normal danger of developing lung cancer. The more cigarettes smoked by the husband, the greater the threat faced by his non-smoking wife.

原译:这项研究表明,抽烟男子的不抽烟妻子患肺癌的危险比一般人大得多,丈夫抽烟越多,其不抽烟的妻子面临的威胁越大。

分析:原译过分拘泥于原文形式和句子结构,译文虽然能看得懂,但不自然、不流畅,读起来生硬、别扭。

改译:这项研究表明,妻子不抽烟而丈夫抽烟,妻子得肺癌的危险性比一般人大得多,丈夫抽烟越多,妻子受到的威胁也就越大。

The idea that the life cut short is unfulfilled is illogical because lives are measured by impressions they leave on the world and by their intensity and virtue.

原译:被削短的生命就是一事无成的观点是不合逻辑的,因为人生的价值是由它们留给世界的印象和它们的强度及美德度量的。

分析:原译拘泥于英语结构,译文生硬牵强,不自然地道,佶屈聱牙。

改译:生命短暂即不圆满,这种观点荒谬无理。生命的价值在其影响,在其

---

① 转引自何江波:《英汉翻译理论与实践教程》,湖南大学出版社,2010年,第36页。

勃发，在其立德于世。

改译突出了句子的两层含义，断句合理，句子结构脉络清楚，行文符合汉语表达习惯，译文自然流畅。

3. 译文的衔接与连贯

衔接是语篇特征的一个不容忽视的方面。胡壮麟指出："当语篇中一个成分的含义依赖于另一个成分的解释时，便产生衔接关系。"① 一篇译文行文是否清晰流畅关键在于"衔接"，而"衔接"就是运用适当的语句形式进行"连接"。虽然英汉两种语言的语篇中都有衔接手段，但由于英汉思维模式存在很大差异，两种语言的语篇衔接方式有着各自的特点。英语重形合，强调形连，注重表层语言结构成分的前后照应；而汉语重意合，在行文时多以意相连，许多句子没有明确的主语和代词，而是注重句子成分之间的逻辑关系，因此在翻译的表达阶段，译者应加强衔接意识，整体把握语篇的意义，透彻理解语篇的信息，要对源语的衔接方式进行必要的转换、变通，使之顺应译语的衔接规范，使译文达到语篇上的衔接和连贯。

His quick expression of disapproval told me he didn't agree with the practical approach. He never did work out the solution.

原译：他脸上迅速出现的不赞成的表情告诉我，他并不同意这种切实可行的做法。他一直没有研究出这个答案。

分析：这个句子的原译在单个的句子内部不存在翻译问题，但句子间的衔接不自然。译文没有译出这两个句子之间的转折关系，翻译时应考虑整个段落意群的衔接和通顺流畅，而不应该把句子割裂开来。

改译：他马上露出不赞成的表情，我想他并不同意这种切实可行的做法，而后来他也一直没有研究出答案。

The breeze had risen steadily and was blowing strongly now. It was quiet in the harbor though. (Hemingway: *The Old Man and the Sea*)

原译：风渐刮渐大，此刻已经相当强劲了。港口静悄悄的。

分析：原文中的连接词"though"不但起着衔接前后句的作用，还表明两句之间的转折关系。表示此时虽然港外是风大浪猛，但港内风平浪静，这一内一外形成了强烈的对比。原译没有将原文前后句之间的转折译出，并且将"quiet"译成了"静悄悄"，这样这两句之间就失去了衔接与连贯。

改译：风势不断地加强，现在已经刮得很厉害。可是港内却很平静。

改译既译出了"though"的转折关系，又把握住了它的语义提示，将"quiet"译成"平静"，既道出了港内的风平浪静，又点出了老人此刻平静的心

---

① 胡壮麟、朱永生、张德录：《系统功能语法概论》，湖南教育出版社，1989 年，第 151 页。

境,原著的思想内容得以成功地传译。

> Some fishing boats were becalmed just in front of us. Their shadows slept, or almost slept, upon the water, a gentle quivering alone showing that it was not complete sleep, or if sleep, that, it was sleep with dreams.

分析:原句中用了连接词"or"和"if"来实现衔接。在翻译时,译文虽省略了这些连接词,但根据汉语意合的特点,仍然达到了衔接的效果。而且原句中的"sleep(slept)"重复了五次,如果将它们逐个译成"睡",不仅起不到衔接或强调的作用,反而使人觉得啰唆,所以译文根据原文的意蕴,只译出了其中起主要作用的三个,另外两个则予以隐去,译文显得更加简洁、明快。

译文:眼前不远,渔舟三五,凝滞不前,樯影斜映水上,仿佛睡去。偶尔微微颤动,似又未曾熟睡,恍若惊梦。①

4. 译文与原文文体风格的对等

美国翻译理论家奈达认为翻译就是要在目的语(TL)中重构与源语(SL)语言信息的自然对等,这种自然对等首先是在意义方面,其次是在风格方面②。在翻译标准方面,有泰特勒的翻译三原则,严复的"信、达、雅",鲁迅的"保存着原作的风姿",傅雷的"神似"和钱钟书的"化境",如此等等,不一而足。这些标准都强调了传达原作风格的重要性。因此,在翻译的表述过程中,译者应努力再现或表现源语文本的风格。

> The sun is warm now, the water of the river undisturbed.

原译:暖洋洋的阳光下,河中的水静静地淌着。

分析:原句加在一起只有11个字,体现了作者简约的语言风格。原译虽然表达了原句的意思,但从简洁程度看,对原文的语言风格忠实不够,用词较多。改译后的译文用词朴实,字数、结构与原文基本吻合,与原文的风格对等。

改译:阳光正暖,江面水波不兴。

> We do what we say we'll do; we show up when we say we'll show up; we deliver when we say we'll deliver; and we pay when we say we'll pay.

原译:言必行,行必果。

分析:原文重复了很多次"we",表达的风格并不精炼。但原译过于精炼简洁,与原文的语言风格迥异,而且译文的内容也不太忠实于原文。

---

① 方梦之:《应用翻译研究:原理、策略与技巧》,上海外语教育出版社,2013年,第62页。
② Eugene A. Nida, Charles R. Taber: *The Theory and Practice of Translation*, E. J. Brill, 1982, p. 12.

改译：我们说了做的事一定会做，我们说来就一定会来，我们说送货就一定会送货，我们说付款就一定会付款。

Studies serve for delight, for ornament, and for ability. Their chief use for delight, is in privateness and retiring; for ornament, is in discourse; and for ability, is in the judgment and disposition of business. (Francis Bacon: "Of Study")

分析：原文作者培根是文艺复兴时期的作家，其作颇有古雅之风。原作的风格通过整齐修整的句式、典雅的语汇表现出来，翻译时如能再现原作的语汇、句式特点，也就再现了原作的风格。

译文：读书足以怡情，足以博采，足以长才。其怡情也，最见于独处幽居之时；其博采也，最见于高谈阔论之中；其长才也，最见于处世判断之际。（王佐良译）

（三）审校阶段

孙致礼曾指出："天下绝不存在完美无缺的译作，即使再好的译文也难免会有这样那样的缺陷。"① 因此，审校是翻译过程中不可或缺的一部分，也是避免翻译腔的一个很好的方法。奈达（2004）认为审校或验证可采取书面完形填空、口头完形填空、读者高声朗读、读者默读后讲解所读内容等方法，看译文是否做到了动态对等（dynamic equivalent）或功能对等（functional equivalence）。奈达的这种检验方法也为我们的审校工作提供了一种有效的、可操作的途径。一般来讲，审校时应注意以下四个方面。

（1）人名、地名、时间、方位、数字或倍数等是否有错译或漏译，同时还要审校原文的大小写、单复数是否译错。

如人名"Charles"既可以翻译成"查尔斯"，又可以译成"夏尔"，如果是英汉翻译，应译成前者，若是法汉翻译，应选择后者；又如，"Georgia"既可指美国的"佐治亚州"，又是"格鲁吉亚"的国家名，翻译时应视上下文而定。再如，

South Africa (南非) / south Africa (非洲南部)

securities (证券，股票) / security (安全)

damage (损害，损坏) / damages (损害赔偿金，损害赔偿额)

再看以下例句：

The beauty of our country (Britain)—or at least all of it south of the Highlands—is as hard to define as it is easy to enjoy.

原译：我们国家的美丽（至少是高原以南的地带），有目共赏而难以描绘。

---

① 孙致礼：《翻译：理论与实践探索》，译林出版社，1999年，第74页。

原文中"Highlands"的第一个字母为大写,指的是"the Highlands of Scotland",它与作为普通名词小写的"highland"意思不同。因此审校时也要注意单词的大小写是否有不同的意思。

审校后的译文:我们国家的美丽(至少是苏格兰高地以南的地带),有目共赏而难以描绘。

The import of oil into that country has more than quadrupled during the past ten years.

原译:在过去的十年里,那个国家进口的石油增加了四倍。

分析:在科技英语和经贸英语中,数字或倍数出现频繁,审校时应特别留心。该句中的"quadruple"是"(使)成四倍"的意思,原译的倍数弄错了。

审校后的译文:在过去的十年里,那个国家进口的石油增加了三倍。或:在过去的十年里,那个国家进口的石油是原来的四倍。

(2) 译文的段落、句子、词语、惯用法或词组是否错译或漏译,是否将原文中容易混淆的单词看错。例如:

out of question (毫无问题) / out of the question (绝不可能)

25% of invoice value (发票金额的25%) / 25% off invoice value (发票金额减去25%)

uniformed (统一的,一致的) / uninformed (未被通知的)

尤其要注意英汉语中字面、词面意义相同而实际意义不同,貌合神离的"假朋友"(false friend),"假朋友"是翻译中的一大陷阱。例如:

restroom 洗手间 (不是"休息室")

American beauty 红蔷薇 (不是"美国美女")

a wet blanket 令人扫兴 (不是"一条湿毛毯")

dog ear 书的卷角 (不是"a dog's ear 狗耳朵")

English disease 软骨病 (不是"英国病")

French chalk 滑石粉 (不是"法国粉笔")

morning glory 牵牛花 (不是"晨光")

pull one's leg 开某人的玩笑 (不是"拉后腿")

再看以下两例:

He likes to pay attentions to a lady.

原译:他喜欢注意女士。

分析:原译误将词组"pay attentions to"(向……献殷勤)看成了"pay attention to"(注意),这也是粗心的结果。

审校后的译文:他喜欢向女士献殷勤。

If the skin has become thoroughly wet or one has perspired a great deal, sunscreens should be applied as often as every 30 to 60 minutes to maintain a reasonably high degree of effectiveness.

原译：如皮肤已完全潮湿，或大量排汗，则应每隔30分钟或60分钟使用遮阳屏幕，以保证适当的高效。

分析：这里译者望文生义，不查字典就将"sunscreen"译成"遮阳屏幕"，使得译文不合逻辑，令人难以理解。经查字典审校就可得知"sunscreen"是"防晒油"一类的护肤品。

审校后的译文：如果浑身湿透，或者大量排汗，应每隔30到60分钟涂用一次防晒油，以达到较好的防晒效果。

（3）译文是否符合目的语的表达习惯，有没有晦涩生硬、翻译腔严重的句子。

A luxuriant tan speaks health and glamour.

原译：丰润的棕色诉说着健康和魅力。

分析：原译的表达不通顺，也不符合汉语的表达习惯，这种译文在审校时肯定是要改的。

审校后的译文：丰润的棕色皮肤是健康和魅力的标志。

（4）译文的逻辑关系是否清晰，是否处理好了忠实与通顺的关系，译文风格是否与原文的风格一致。

Anyone with eyes can take delight in a face or a flower.

原译：人只要有眼睛就会从脸蛋和鲜花中得到愉悦。

分析：原译似乎在理解原文和表达上没什么问题，但这个句子来自当代美国作家司各特·罗素·桑德斯（Scott Russell Sanders）的散文"Beauty"。这是一篇充满抒情和浓郁文采的散文，原译把一篇优美的散文译得毫无文采可言。译者在审校时要仔细推敲，对译文进行润色，使译文的风格与原文保持一致。

审校后的译文：凡眼见于俏脸、鲜花，无人不觉赏心悦目。[①]

译者在翻译完之后，不要急着交稿，至少要校对两遍，第一遍要注重内容的审校，第二遍注重文字的修饰润色，使译文的表达更加流畅、自如、地道，具有文采。在审校的过程中同时还要注意不要将原文容易混淆的单词看错，这样译得再好也是徒劳。曾经就有一位翻译名家在翻译一部小说时将句中出现的"cows"一词误看成了"crows"，因而译成"乌鸦"，以至于造成了以讹传讹的影响。如果两遍审校完后还有时间，可按照奈达提供的检验模式再检查一遍，这样可能会发现一些新的问题。总之，审校阶段做得越仔细、越认真，译文中出现的错误就越少，就越能译出上乘佳品。

[①] 何江波：《英汉翻译理论与实践教程》，湖南大学出版社，2010年，第44页。

第三节 翻译的标准

翻译标准历来是中外翻译界探讨的热点话题,尤其是在我国,翻译标准一直是翻译理论界讨论并十分关注的重要问题,也是翻译理论研究和探讨的中心课题之一。那么何为标准?

一、翻译的标准

关于翻译的标准,《译学辞典》给出的定义是:"翻译标准指翻译活动必须遵循的准绳,是衡量译文质量的尺度,是翻译工作者不断努力以期达到的目标。"[①]

既然翻译标准是衡量译文质量的尺度,有了一个好的翻译标准,译者就知道什么样的译文是好的,什么样的译文是不合格的,这样译者就知道努力的方向,更能确保翻译的质量。

由于译者在社会背景、语言背景、认知水平和认识翻译视角方面均存在差异,就形成了多种不同的翻译标准。下面我们将对国内外翻译家、翻译学者提出的翻译标准进行具体讨论。

二、国内外有代表性的翻译标准

国内外翻译界有许许多多的翻译家、翻译学者参与了翻译标准的讨论,就翻译的标准提出了自己的真知灼见。本书从众多标准中摘取有代表性的部分,和大家一起分享。

(一) 国内有代表性的翻译标准

1. 支谦(约3世纪):因循本旨,不加文饰

三国时期,当时有这样一种说法"天下博知,不出三支"(支谶、支亮、支谦)。三国时佛经翻译家支谦基于大量的佛经翻译实践,提出了"因循本旨,不加文饰"(following the original meaning without any embroidery)的翻译原则[②]。

2. 道安(312—385):案本而传,不令有损言游字

东晋时的释道安根据自己的佛经翻译实践,提出"案本而传,不令有损言游字"(preaching according to the original without any deduction or addition),"时改

[①] 方梦之:《译学辞典》,上海外语教育出版社,2004年,第23页。
[②] 转引自陈福康:《中国译学理论史稿》(修订本),上海外语教育出版社,2000年,第6页。

倒句，余尽实录也"①。

3. 鸠摩罗什（343—413）：依实出华

东晋十六国时期后秦高僧，中国汉传佛教四大佛经翻译家之一鸠摩罗什（Kumarajiva），博通大乘小乘。他提出"依实出华"（elegance based on the original）的翻译原则。按梁启超的观点，即"什公所译，对于原本，或增或削，务在达旨"②。

4. 玄奘（600—664）：既须求真，又须喻俗；五不译/翻

唐代高僧玄奘是中国四大佛经翻译家之一，被称为我国佛经翻译的巨星。他去印度取经，并翻译了经书75卷，在此基础上提出了一系列翻译标准。

第一，"既须求真，又须喻俗"③（to be both true and coherent/must be both truthful and intelligible to the populace）。"求真"是为了存"信"，而"喻俗"则是向读者靠拢，增加可读性。这条原则力求忠实与易懂并重，这与现代译论的重心移向译语及译文读者是一致的。玄奘既重"信"，又重文体风格，实为直译和意译的完美结合。

第二，"五不译/翻"④（Five Don'ts）：秘密故（What is mysterious），含多义故（What is poly-semantic），此无故（What is too alien to be accepted），顺古故（What is hereditary），生善故（What is philanthropic）。

五不译/翻的具体原因不难理解，在此顺便举例如下：

(1) 秘密故，如"陀罗尼"；
(2) 含多义故，如"薄伽"，梵具六义；
(3) 此无故，如"阎浮"树，中夏实无此木；
(4) 顺古故，如"阿耨菩提"，非不可翻，而摩腾以来，常存梵音；
(5) 生善故，如"般若"尊重，"智慧"轻浅。

玄奘所说的"不翻并不是不翻译"，而是指"音译"。由此，他列举了五种应该采取"不译/翻"的情况并举例说明：第一种是佛经密语须音译，即具有神秘色彩的词应该音译，如表示咒语的"陀罗尼"若意译则会失去其独特意义；第二种是佛典中的多义词需音译；第三种是在汉语文化中不存在相应概念的词只能音译；第四种是已经约定俗成的古音译应该保留；第五种是具有特殊意义或功能的词语为避免其语义失真要采用音译，如"般若"一词显得庄重，如意译为"智慧"就显

---

① 道安：《鞞婆沙序》，载罗新璋、陈应年《翻译论集》，商务印书馆，2009年，第27页。
② 转引自陈福康：《中国译学理论史稿》（修订本），上海外语教育出版社，2000年，第17页。
③ 陈福康：《中国译学理论史稿》（修订本），上海外语教育出版社，2000年，第32页。
④ 陈福康：《中国译学理论史稿》（修订本），上海外语教育出版社，2000年，第33页。

得轻浅了。"彩迦牟尼"如意译为"能仁",其特殊意义或功能将受到损害,其地位便似乎不及中国的周公与孔子了。"五不译/翻"原则总结了音译法,对保留原文的意义和效果、填补文化和语言差异造成的词义空缺以及引进外来词汇都具有重要意义,对后世的翻译活动起到了重要的指导作用。

5. 严复(1854—1921):信、达、雅

清代极具影响力的资产阶级启蒙思想家,著名的翻译家、教育家严复在总结前人翻译思想的理论基础上,于1898年提出了著名的三字翻译标准——"信、达、雅"(faithfulness, expressiveness and elegance),至今已沿用一百多年,对后世的翻译工作产生了深远影响。在《天演论·译例言》中,严复指出:"译事三难:信、达、雅。求其信,已大难矣!顾信矣不达,虽译犹不译也,则达尚焉……故信达而外,求其尔雅。"① 虽然其间对它不乏争论,如有人认为"雅"有局限性,实践上不一定能达到,并试图用"贴切"来代替,但至今人们还是不忍割舍,可见其生命力。我国著名诗人、翻译家屠岸认为这三者中,"信"是根本,"达"和"雅"是两个侧面。"信"就是要忠实于原文的内容、精神,并尽力忠实于原文的形式;"达"就是通顺畅达,使读者能够听懂看懂;至于"雅",按照严复原来的意思,是要用"汉以前字法句法"。而屠岸认为对"雅"的理解应该灵活一些。在他看来,"雅"就是要在译文中体现原文的风格。总之,在新的时代,我们要灵活理解"雅",可以赋予它新的阐释。②

6. 鲁迅(1881—1936):兼顾两面论,信顺说

鲁迅是中国近现代最伟大的文学家、思想家、革命家、翻译家。对翻译标准,他主张"信顺"兼顾。他认为"凡是翻译,必须兼顾两面,一则当然是力求其易解,一则是保存原作的丰姿"③。针对当时过分意译而"牛头不对马嘴"的胡译、乱译,他提出了"宁信而不顺"的原则。他认为既然是对异国语言文化的翻译,翻译就要有异国情调,就是所谓的洋气。

7. 林语堂(1895—1976):忠实、通顺、美

学贯中西的翻译家林语堂在其《论翻译》中提出了"忠实、通顺、美"④(faithfulness, fluency, beautifulness)的标准。这一提法实质上是将严复的标准进行了继承与拓展,用"美"的标准代替了严复"雅"的标准。他认为译者不但要

---

① 严复:《天演论·译例言》,载罗新璋、陈应年《翻译论集》,商务印书馆,2009年,第202页。
② 丁振琴:《英诗汉译的原则、策略及其他——诗人翻译家屠岸先生访谈录》,《中国翻译》,2017年第3期,第56-57页。
③ 鲁迅:《"题未定"草》,载罗新璋《翻译论集》,商务印书馆,1984年,第301页。
④ 林语堂:《论翻译》,载罗新璋《翻译论集》,商务印书馆,1984年,第418页。

求达义,并且要以传神为目的,译文必须忠实于原文之字神句气与言外之意。

8. 傅雷(1908—1966):神似论

20世纪50年代初,著名翻译家傅雷在《〈高老头〉重译本序》中提出"神似"论(spiritual similarity),表现了翻译的最高艺术境界。傅雷认为,"翻译应当像临画一样,所求的不在形似,而在神似。(As to the effect, translation ought to be like imitating a picture; the ultimate aim lies in the resemblance in spirit rather than that in appearance.)"① 其实,对于翻译来说,形神兼备才最为理想,形神不能求全方可弃形求神,取得最大限度的信(忠实原文)。他还认为任何作品,不精读四五遍绝不动笔,这是译事基本法门。第一要将原作(连同思想、感情、气氛、情调等)化为我有,方能谈到逐译。

9. 钱钟书(1910—1998):化境说

20世纪60年代初,钱钟书在《林纾的翻译》中提出了"化境"(sublimation; transmigration)之说。他指出:"文学翻译的最高理想可以说是'化'。把作品从一国文字转变成另一国文字,既能不因语文习惯的差异而露出生硬牵强的痕迹,又能完全保存原作的风味,那就算得入'化境'。(The highest standard of literary translation is "transmigration". On the one hand, there should be no trace of unnaturalness and stiffness of language resulting from the differences between the two languages and, on the other, the flavor of the original is retained.)"②

"境"即把原作翻译过来时,文字换了,可原文的思想、感情、风格都不留痕迹地由译入语传达出来,译文读者读来就如在读原作一样。钱钟书将"化境"比为原作的"投胎转世"(the transmigration of soul),躯体换了一个,而精魂依然故我。可见"化境"比"神似"的要求更高,钱钟书的"化境说"与其说是翻译的最高标准,毋宁说是翻译的最高境界,是我们翻译工作者的努力方向。请看钱钟书的译文是怎样做到"化境"的:

Get a livelihood, and then practise virtue. 先谋生而后修生。

分析:这里钱钟书将"get a livelihood"译为"谋生","practise virtue"译为"修生","修生"与"谋生"形成递进的关系,原文意思传达得贴合而圆满,可谓脱胎换骨的翻译。

10. 贺麟(1902—1992):"艺术工力"说

作为20世纪中国哲学界的泰斗,贺麟是"近代第一个把黑格尔的哲学系统地翻译引进中国的学者,素有'东方黑格尔之父'的美称,其哲学翻译对近现

---

① 傅雷:《〈高老头〉重译本序》,载《翻译通讯》编辑部《翻译研究论文集(1949—1983)》,外语教学与研究出版社,1984年,第80页。
② 钱钟书:《林纾的翻译》,载《七级集》,上海古籍出版社,2001年,第89页。

代中国哲学产生了深远的影响。其著述之多、学术思想之深以及研究精神之佳使后学者可能终其一生也难望其项背"①。贺麟的一生，不仅与哲学同在，还与翻译共生。"值得注意的是，他60余载的翻译生涯，不仅仅只是一个翻译'工匠'，还对翻译理论有非常深入的研究。"② 尤其是在翻译标准方面，其在严复"信、达、雅"的基础上，创新地提出了"艺术工力"说。他认为："翻译应打破直译意译的界限，而以能信能达且有艺术工力为归"③。贺麟对严复"信""达"标准是赞同的，其对"雅"的理解，是对严复"雅"之意的批判性继承与发展。他认为"信""达"之外，需"融会原作之意，体贴原作之神，使己之译文如出自己之口，如宣自己之意，而非呆板地奴隶式地徒作原作者之传话机而已。"④ 由此可见，贺麟的"艺术工力"的侧重点在于译文的创造性⑤。正因为贺麟对严复的深入研究，难怪陈福康在《中国译学理论史稿》一书中指出，贺麟《严复的翻译》一文"是严复逝世后最早的一篇全面评述他的翻译成绩与理论贡献的论文"⑥。

11. 许渊冲（1921—2021）：意美、音美、形美"三美论"

曾获得中国翻译协会"翻译文化终身成就奖"（2010年）和国际翻译界"北极光杰出文学翻译奖"（2014年）的许渊冲认为，翻译不但要译意，还要译音、译形，争取意美、音美、形美⑦。许渊冲总结的"译经"对翻译工作有很好的指导作用，其内容是："常可译，非常译；显其形，得其意。得意，理解之初；忘形，表达之母。故应得意，以求其同；故可忘形，以存其意。两者同出，异名同谓；得意忘形求同存异，翻译之门。"可以说许渊冲提出的"三美论"——意美、音美、形美，也是在"信""达""雅"基础上对传统翻译标准的具体化。

2021年，许渊冲即将付梓出版的翻译新作是亨利·詹姆斯的 *The Portrait of a Lady*。前人译作《一位女士的画像》，译文看似忠实原题目，实则并没有唤起读者的阅读欲望，读者读后只能了解这样一个事实：该书可能讲的是一个与一位女

---

① 范先明：《译林驰骋六十载 翻译理论创新高》，《天府边城·五凤溪》，2019年1月20日，第3版。
② 范先明：《译林驰骋六十载 翻译理论创新高》，《天府边城·五凤溪》，2019年1月20日，第3版。
③ 贺麟：《鲁一士〈黑格尔学述〉译序》，《国风》，1933年第5期，第17页。
④ 贺麟：《鲁一士〈黑格尔学述〉译序》，《国风》，1933年第5期，第17页。
⑤ 范先明：《近代哲学翻译家贺麟：理论、实践及影响》，《上海翻译》，2016年第3期，第11页。
⑥ 陈福康：《中国译学理论史稿》，上海外语教育出版社，1992年，第340页。
⑦ 许渊冲：《翻译的艺术》（增订本），五洲传播出版社，2006，第73页。

士有关的故事。我们说文学语言一定要具有文学性,许渊冲将其译为《伊人倩影》,题目不仅传达出了原文的意思,语言表达很美,即意美;同时"人"和"影"读起来朗朗上口,表现为音美;从形式上看,"伊人"对"倩影",构成对称结构,形也美了。能做到这一点,跟许渊冲渊博的知识分不开,他将"lady"译为"伊人",是根据诗经来的,"蒹葭苍苍,白露为霜,所谓伊人,在水一方",这多美妙啊。"portrait"可以是画像,也可以不是,美丽的影子、倩影比画像好得多。

12. 辜正坤(1951—):翻译标准多元互补论

关于翻译标准的争论,几千年来,古今中外不少翻译家总是在苦苦地寻求。然而事实上,这一标准压根就不存在。正如辜正坤在《翻译标准多元互补论》中提出,应当以一种宽容的态度承认多个翻译标准同时存在,这些标准具有不同的侧重点和功能,可以相互补充①。由于翻译的功能、目的,译者的审美趣味,读者的多层次、翻译策略、翻译手法和翻译途径之间的差异,翻译不可能单纯地以某一个或几个标准衡量好坏,所以应当是一个相对的概念。基于此,辜正坤提出了一个"标准系统",即"绝对标准——最高标准——具体标准"。其中,"绝对标准"指原作本身,虽然原作是永远不可能达到的标准,但却可以尽量地接近;"最高标准"指"最佳近似度",也就是"译作模拟原作内容与形式(深层结构与表层结构)的最理想的逼真程度";"具体标准"即是多元化的标准,是指读者在有限的认知范围内所能发现的判定特定译文优劣的具体标准。②而这些多元标准的互补性则体现在一个翻译标准所具有的优点,可能正是别的翻译标准所具有的缺点③。尽管具体的翻译标准是多元的,但不可否认,翻译的标准的确是存在的。同时,由于文本类型的不同,尤其是面对不同的读者对象,译者无疑需考虑读者的"理解成本"(关于这一点,请参看本书第六章第二节)。

(二)国外有代表性的翻译标准

1. 艾蒂安·多雷(Etienne Dolet,1509—1546):翻译五原则

多雷是最早制定翻译标准的学者之一。在1540年,法国翻译家多雷在他发表的论文"La manière de bien traduire d'une langue en aultre"("The Way of Translating Well from One Language into Another")中根据翻译的重要性列出了翻

---

① 辜正坤:《翻译标准多元化互补论》,载杨自俭、刘学云《翻译新论》,湖北教育出版社,1994年,第465页。
② 辜正坤:《翻译标准多元互补论》,《中国翻译》,1989年第1期,第16-20页。
③ 辜正坤:《中西诗比较鉴赏与翻译理论》,清华大学出版社,2003年,第339页。

译的五原则。多雷的五原则依重要性排列如下①。

（1）译者必须随时澄清晦涩难懂的地方，完全理解所译作品的意义和内容。（The translator must perfectly understand the sense and material of the original or although he/she should feel free to clarify obscurities.）

（2）译者应通晓源语言和所译语言，以在译语中再现源语之美。（The translator should have a perfect knowledge of both SL and TL, so as not to lessen the majesty of the language.）

（3）译者应该避免逐词对译。（The translator should avoid word-for-word renderings.）

（4）译者应避免采用拉丁语和不寻常的语言形式。（The translator should avoid Latinate and unusual forms.）

（5）译者应娴熟搭配和运用词语，以避免译文笨拙晦涩。（The translator should assemble and liaise words eloquently to avoid clumsiness.）

2. 乔治·坎贝尔（George Campbell, 1719—1796）：翻译三原则

坎贝尔在翻译理论上取得了巨大突破，主要表现在：

（1）对翻译的作用和目的进行了说明；

（2）对翻译的实际过程与技巧进行了描写和分析；

（3）对目的和技巧之间的关系进行了评论②。

坎贝尔对翻译理论研究的贡献在英国译论史上具有划时代的重要意义。他在1789年也提出了翻译的三原则。

（1）译作应准确地再现原作的思想。（To give a just representation of the sense of the original.）

（2）在符合译作语言特征的前提下，尽可能地移植原作者的精神与风格。（To convey into his version, as much as possible, in a consistency with the genius of the language with which he writes, the author's spirit and manners.）

（3）使译作像原作那样自然、流畅。（To take care that the version has at least the quality of an original performance so as to appear natural and easy.）

3. 亚历山大·弗雷泽·泰特勒（Alexander Fraser Tytler, 1747—1814）："好的翻译"的总原则和翻译的三条基本原则

18世纪末，英国爱丁堡大学教授泰特勒在《论翻译的原则》（*Essay on the Principles of Translation*, 1791）一书中给出了"好的翻译"（a good translation）

---

① Jeremy Munday: *Introducing Translation Studies: Theories and Applications*, Shanghai Foreign Language Education Press, 2001, p. 27.

② 谭载喜：《西方翻译简史》，商务印书馆，1991年，第162页。

的总原则：

  我因此描述好的翻译应该是，把原作的长处完全地移注到另一种语言，以使译入语所属国家的本地人能明白地领悟、强烈地感受，如同使用原作语言的人所领悟、所感受的一样。(I would therefore describe a good translation to be, that, in which the merit of the original work is so completely transfused into another language, as to be as distinctly apprehended, and as strongly felt, by a native of the country to which that language belongs, as it is by those who speak the language of the original work.①)

泰特勒在该书中还系统地提出了进行翻译和评判翻译的三条基本原则。

（1）译文应完全传达原文的思想。（A translation should give a complete transcript of the ideas of the original work.）

（2）译文的风格和笔调应与原文一致。（The style of the manner of writing should be of the same character as that of the original.）

（3）译文应像原文一样自然流畅。（A translation should have all the ease of the original composition.）②

不难看出，泰特勒的观点与坎贝尔提出的观点有相似之处，但相较于坎贝尔的翻译思想，泰特勒研究的领域所涉及的范围更广而且其影响更加深远。泰特勒提出的三原则成为后来诸多翻译家所遵循的信条，并对19至20世纪西方的翻译理论产生了积极影响。

4. 尤金·奈达（Eugene Nida，1914—2011）：形式对等和动态对等

1964年，美国著名翻译理论家奈达在《翻译科学探索》（*Towards a Science of Translating*）一书中从语言和翻译的基本原理出发提出了形式对等（formal equivalence）和动态对等（dynamic equivalence）理论。前者在形式和内容上强调语言信息本身，因而能够体现"原语形式特征机械地得以复制的接受语译文的质量"；后者则体现另一种译文质量，即"原文信息在接受语中得以传递，以至译文接受者的反应与原文接受者的反应基本相同"③。奈达指出，两种语言之间有时不存在对等成分，采用形式对等可能会带来问题，如译文读者看不懂译文。此外，形式对等还可能使源语的语法以及文体风格发生扭曲，从而使信息理解出现误差。动态对等注重的是原文意义的再现。奈达对"动态对等"的定义是：

---

① A. F. Tytler：*Essay on the Principles of Translation*，J. M. Dent & Sons Limited，1907，pp. 8-9.

② A. F. Tytler：*Essay on the Principles of Translation*，J. M. Dent & Sons Limited，1907，p. 9.

③ Eugene A. Nida：*Towards a Science of Translating*，E. J. Brill，1964，pp. 165-167.

Dynamic equivalence is defined as a translation principle according to which a translator seeks to translate the meaning of the original in such a way that the TL wording will trigger the same impact on the TL audience as the original wording did upon the SL audience.[1]

在《翻译科学探索》一书中，奈达也指出：

A translation which attempts to produce a dynamic rather than a formal equivalence is based upon the principle of equivalent effect. In such a translation one is not so concerned with matching the receptor-language message with the source-language message, but with the dynamic relationship, that the relationship between receptor and message should be substantially the same as that which existed between the original receptors and the message.[2]

奈达本人对动态对等理论作了如下的解释："所谓动态对等，是指译语接受者与原语接受者能获得大致相同的反应，是'和源语信息最接近的、自然的对等'"。奈达认为，在翻译过程中，译者必须尊重接受语的特征，不要随意创造语言，要不断思考该怎样才能更好地表达接受语。在与查尔斯·泰伯（Charles Taber）合著的《翻译理论与实践》（1969）一书中，奈达将"动态对等"换成"功能对等"（functional equivalence），认为翻译意味着交流，取决于听或看译文的人能了解到什么。按照他的观点，判断译文的优劣不能停留在对应的词义、语法结构和修辞手段的对比上，重要的是接触译文的人有哪种程度的正确理解。总之，奈达的"动态对等"或"功能对等"论，强调读者反应，即译文读者读译文所做出的反应和感受应与原文读者对原文所做出的反应和感受基本一致。换言之，译文对译文接受者所起的作用，应与原文对原文接受者所起的作用大体相同。

5. 彼得·纽马克（Peter Newmark，1916—2011）：文本中心论

英国翻译家和翻译理论家纽马克提出了"文本中心论"。他把要翻译的对象看成文本，并根据语言的功能把文本分为表达型（expressive function）、信息型（informative function）和呼唤型（evocative function）三大类。表达型包括严肃的文学作品、声明和信件等，信息型包括书籍、报告、论文、备忘录等，呼唤型包括各种宣传品、说明书、通俗小说等。纽马克把翻译方法分为语义翻译（semantic translation）和交际翻译（communicative translation）两种，前者强调忠实于"原作者"，后者强调忠实于"读者"。他认为不同的文本应采用不同的翻

---

[1] E. A. Nida, C. Taber: *The Theory and Practice of Translation*, E. J. Brill, 1982, p. 4.
[2] Eugene A. Nida: *Towards a Science of Translating*, E. J. Brill, 1964, p. 159.

译方法,不同的评价标准,不同的"等效"要求。① 表达型文本宜采用"语义翻译",强调译文要接近原文的形式;而信息型和呼唤型文本则主要采取"交际翻译",强调重组语言结构,突出信息产生的效果。

综上所述,翻译的标准提法很多,可以说是各抒己见,百家争鸣。我国现在作为翻译实践的准绳和衡量译文好坏尺度通用的翻译标准是"忠实"(faithfulness)和"通顺"(smoothness)。"忠实"是翻译中最重要的原则,指译文应在内容与风格上忠实于原文,译者应忠实而确切地传达作者的思想,译者没有权利为了满足自己的喜好而随意改变原文的意思;"通顺"则要求译文与原文一样流畅、自然,同时要求译文的语言清晰、地道。忠实与通顺是相辅相成的。忠而不顺,读者读不懂,也就谈不上忠;顺而不忠,失去原作风格、内容,通顺也就毫无意义。因此,译者必须对原作有透彻的理解,然后把所理解的东西用译语加以确切表达。翻译要在忠实于原作内容的前提下,力求译文的通顺,又要在译文通顺的前提下,尽可能做到忠实于原作的形式。

第四节 翻译的策略

在我国乃至世界翻译界,长期以来一直存在着关于不同翻译策略(方法)②的论争,其中最有代表性,也是论争最为激烈、最为持久的就是直译与意译之争。之所以出现争论,原因十分复杂,其中既有技术层面上的优劣之辩,也有文化意义上的长短之较,甚或还有形而上的对翻译使命的不同思考。此外,论争还有一个根源,也是我们不能忽视的,那便是不同学术背景的人对翻译策略(方法)的概念往往有不同的认识,因而导致讨论的前提就不一致。不言而喻,其结论就难以令人信服了。因此对翻译策略(方法)的讨论,首先必须界定不同的概念,对其内涵有清楚的、科学的说明。

一、直译与意译

英语、汉语分属于不同语系,是两门完全不同的语言,有着各自独立的系统,在形态和句法方面存在很大差异。然而,两种语言之间又存在一些相似性,譬如在主谓词序和动宾词序上是一致的。正是由于英汉两种语言既有共同点又有

---

① 冯伟年:《新编实用英汉翻译实例评析》,清华大学出版社,2006年,第26页。
② 本节所讲的翻译策略,指的是翻译过程中总的指导原则。从狭义的角度,也可以看成是翻译方法。实际上,直译、意译、归化、异化,抑或是语义翻译和交际翻译,不仅可以看作广义的翻译策略,也可以作为具体的翻译方法。

差异性,因而在翻译实践中,我们不能千篇一律地机械照搬一种方法进行翻译。直译与意译是重要的翻译理论和基本的研究主题。直译与意译相互关联、互为补充,同时它们互相协调、互相渗透、不可分割、互不排斥。只有正确了解了直译与意译之间的关系,我们才能更好地知晓应在什么情况下采用直译,又应在什么时候采用意译。下面就来介绍直译和意译。

(一) 直译(literal translation)

许渊冲曾指出,"既忠实于原文内容,又忠实于原文形式的译文是'直译'"①。即是说,既保留了原文的语言形式,又传达原文思想内容的翻译就是直译。刘重德(1914—2008)在他的专著《文学翻译十讲》中曾提到茅盾对直译的定义:

> Superficially speaking literal translation means "not to alter the original words and sentences"; strictly speaking it strives "to keep the sentiments and style of the original".②

刘重德认为直译有如下特点:

(1) Literal translation takes sentences as its basic units and the whole text into consideration at the same time in the course of translating.

(2) Literal translation strives to reproduce both the ideological content and style of the entire literary work and retain as much as possible the figures of speech and such main sentence structures or patterns.③

金堤和奈达在合著的《论翻译》(*On Translation*)一书中,列出了人们对直译的几种不同理解,分别是:

(1) Following the word order of the original.

(2) Trying to reproduce the syntactic clauses of the source languages. (e.g. translating nouns by nouns and verbs by verbs.)

(3) Trying to match all the syntactic constructions, actives, passives, relative clauses, conditions contrary to fact, etc.

(4) Trying to follow a strict concordance of lexical items, that is always translating one word in the source language by one and the same corresponding word in the target language.

---

① 许渊冲:《翻译的艺术》(增订本),五洲传播出版社,2006年,第56页。
② 刘重德:《文学翻译十讲》,中国对外翻译出版公司,1991年,第49页。
③ 刘重德:《文学翻译十讲》,中国对外翻译出版公司,1991年,第52页。

(5) Matching rhetorical features (e.g. parallelism, hyperbole, understatement etc.).①

英国翻译理论家纽马克认为，在保证翻译效果的前提下，词对词的直译不仅是最好的，而且是唯一有效的翻译方法。在这种情况下，无论何种类型的翻译，都没有理由去采用不必要的近义词，更无须用意译的方法。(... provide that equivalent effect is secured, the literal word-for-word translation is not only the best, it is the only valid method of translation. There is no excuse for unnecessary 'synonyms', let alone paraphrases, in any type of translation.②)

从上述几种论述可以看出，直译就是在不违背目标语语言规范以及不引起错误联想的前提下，在译文中既保留原文内容又保留原文形式，特别指保持原文的比喻、形象、民族地方色彩等。但直译并非死译或硬译，而是在目标语语言条件许可时，在翻译中既保持原文的内容，又保持原作的风姿。英语中有很多成语和词组在结构和表达上与汉语一致，因此可采用直译法来翻译。例如：

the open door policy 开放政策

the cold war 冷战

to fish in troubled waters 浑水摸鱼

strike while the iron is hot 趁热打铁

at sixes and sevens 乱七八糟

an eye for an eye 以眼还眼

a tooth for a tooth 以牙还牙

Pour oil on fire. 火上浇油。

Walls have ears. 隔墙有耳。

Near than a brother far off. 远亲不如近邻。

You can't clap hands with one palm. 孤掌难鸣。

请再看下面一些用直译方法翻译的例句分析。

The winter morning was clear as crystal. The sunrise burned red in a pure sky, the shadow on the rim of the wood-lot were darkly blue, and beyond the white and scintillating fields patches of far-off forest hung like smoke.③

译文：冬天的早晨如水晶般明澈。纯净的东边天上朝日烧得通红，林子边上

---

① Jin Di, Eugene A. Nida: *On Translation*, China Translation & Publishing Corporation, 1984, p. 80.

② Peter Newmark: *Approaches to Translation*, Shanghai Foreign Language Education Press, 2001, p. 39.

③ 张今：《文学翻译原理》，河南大学出版社，1987 年，第 77 页。

的影子暗蓝色,隔着那耀眼的白茫茫的田野,远处的森林像挂在半空中的烟云。

分析:这段译文虽然用的是直译,但没有因为英汉习惯的差异而露出生硬牵强的痕迹,译文再现了原文的风格,完全保存了原作的丰姿,传形传神。

He walked at the head of the funeral procession, and every now and then wiped his crocodile tears with a big handkerchief.

译文:他走在送葬队伍的前头,还不时地用一条大手绢抹去他那鳄鱼的眼泪。

分析:"wiped his crocodile tears"直译为"抹去他那鳄鱼的眼泪",形象生动,如果意译为"猫哭耗子假慈悲"或"假惺惺的泪水"反而语气减弱,失去了原文的形象。

Numerous states, in fact, have enacted laws allowing damages for "alienating of affections".

译文:实际上,许多州都颁布法令,允许索取"情感转让"赔偿金。

分析:此处直接用直译的方法将"alienation of affections"译为"情感转让",可以简单明了地传达原文所要表达的含义,即批评有人拿感情当商品一样对待,随便转让、出卖,含有诙谐、冷幽默的语气。

(二)意译(liberal translation or free translation)

许渊冲认为:"只忠实于原文内容而不忠实于原文形式的译文是'意译',只忠实于原文形式而不忠实于原文内容的译文却是'硬译'。"[①] 刘重德也给意译下了如下的定义:"Free translation may be defined as a supplementary means to mainly convey the meaning and spirit of the original without trying to reproduce the sentence patterns or figures of speech. And it is adopted only when it is really impossible for translators to do literal translation."[②]

由此可见,意译是指译文为了完整而准确地把意思表达出来,不拘泥于原文的语言形式,按目标语的表达习惯重新遣词造句。意译重在表达其内容,是不同于乱译的重要翻译方法之一。刘重德认为,意译使用的前提是"it is adopted only when it is really impossible for translators to do literal translation"[③]。当按照原文字面意思进行翻译译不通、目标语读者也不能理解,且不能有效地表达原文深层意蕴时,就应透过原文的字面意思,打破原文的语言形式,采用意译法来翻译。看下面的例句:

She was born with a silver spoon in her mouth. 她长生在富贵之家。

---

① 许渊冲:《翻译的艺术》(增订本),五洲传播出版社,2006年,第56-57页。
② 刘重德:《文学翻译十讲》,中国对外翻译出版公司,1991年,第53页。
③ 刘重德:《文学翻译十讲》,中国对外翻译出版公司,1991年,第53页。

You're talking through your head /hat again. 你又在胡说八道了。

You should keep your nose out of here. 你别管闲事。

比较下面的译文：

In the age of information, we are open books.

直译：在信息时代，我们都是开放的书本。

意译：在信息时代，我们每个人都没有秘密可言了。

分析：按照直译的方法来翻译，译文让人不知所云，达不到交流的目的；采用意译的方法译出的译文，清楚明了，让读者一目了然。

Don't cough more than you can help.

直译：不要比你能忍的咳得更多/不要咳得多于你能干咳的。

意译：能不咳，就不咳。

分析：该句如果按照直译译出来的译文，不但读起来怪怪的，恐怕不懂英文的普通读者更不明其意。因此换为意译法将其内涵译出来，读者一下就能明白其意。

再用一例来比较直译、意译两种方法翻译出来的译文。

We are here today and gone tomorrow.

译文1：我们今天在这里，明天就到别处去了。（直译程度最大，只翻出字面意思。）

译文2：今日在世，明日辞世。（直译的程度减少，意译的程度增加。）

译文3：人生朝露。（意译的程度最大，将真正的意思译出。）

到底是选择直译还是意译，要由具体情况来确定。有的句子需要直译，有的需要意译。在同一句子里，有的单词或词组直译效果好就直译，效果不好就意译。即使直译，也必须做到用词准确。

二、异化翻译与归化翻译

异化翻译（foreignizing translation）和归化翻译（domesticating translation）是美国学者劳伦斯·韦努蒂（Lawrence Venuti）在1995年出版的专著《译者的隐身——一部翻译史》（*Translator's Invisibility: A History of Translation*）中首次提出的两个翻译术语。异化以源语或者原文作者为归宿，归化以目的语或者译文读者为归宿[1]。异化翻译主张保留源语中与目的语相异的要素，并保持原有的"异国情调"，译文要传达出原文的原汁原味；而归化翻译则倾向于用目的语本身的要素替代源语中那些相异的要素，从而使得译文通俗易懂。其实这一对术语的源

---

[1] Lawrence Venuti: *The Translator's Invisibility: A History of Translation*, Routledge, 1995, p. 20.

头,可以追溯到1813年德国哲学家施莱尔马赫在《论翻译的方法》("On the Different Methods of Translating")中提到的两种策略:一是译者不打扰作者,尽可能让读者靠近作者;另一种就是译者尽量不打扰读者,让作者靠近读者。下面就具体来讲讲异化翻译与归化翻译。

(一)异化翻译

异化以源语文化为归宿点,提倡译文尽量去适应源语的文化及原作者的表达习惯,即要求译者在向作者靠拢时,着眼于民族文化的差异性,坚持文化的真实性,旨在保存和反映异域民族特性和语言风格特色,为译文读者保留异国情调,让读者感受不同的民族情感,体会民族文化、语言传统的差异性。异化翻译有利于文化的交流,能丰富译文语言的表现力。

韦努蒂是异化翻译理论的代表人物,他主张用异化翻译表现外国文本在语言和文化上的差异,这样译者就从原来支配他们写作的规范中解放出来了。在译文中保持外国文本的独特性,不仅有效地传达了源语文本的意义,也忠实地再现了源语的语言特色。从读者的角度,异化翻译满足了读者阅读外国作品时那种猎奇求异的心理;而从文化交流的角度,异化翻译有利于不同的民族之间加深对彼此的了解与认识,异化翻译通过彰显各民族在语言和文化独特性上的不平等,使翻译真正成为不同文化之间的对话与交流。在此基础之上,弱势文化将被更广泛地传播、接受、吸纳,从而由弱变强,有效抵抗强势文化的霸权地位,真正成为世界文化大花园中不可或缺的组成部分。韦努蒂认为:

> Translation is a process that involves looking for similarities between languages and cultures—particularly similar messages and formal techniques—but it does this only because it is constantly confronting dissimilarities. It can never and should never aim to remove these dissimilarities entirely. A translated text should be the site where a different culture emerges, where a reader gets a glimpse of a cultural other, and resistancy, a translation strategy based on an aesthetic of discontinuity, can best preserve that difference, that otherness, by reminding the reader of the gains and losses in the translation process and the unbridgeable gaps between cultures.[①]

由此可见,翻译永远要面对文化差异,我们不能设法去抹杀这些差异。译文是不同文化出现的地方,异化翻译能保留这种差异,能保持译文对译入语读者的陌生和新奇感,给读者一种全新的视野。虽然不同的文化存在差异,但人类本身就存在着许多共性,正是这种共性,才使不同民族文化之间实现了沟通、交流。

---

① Lawrence Venuti: *The Translator's Invisibility*: *A History of Translation*, Routledge, 1995, p. 80.

随着现代科技的发展，国家间、民族间的文化交流越来越广泛，也越来越频繁。异化的翻译丰富了各自语言的语汇，促进了文化的交流与融合，因此翻译中采用异化翻译策略能够被人们理解和接受。中西文化和语言中有许多不谋而合的经典妙句，两者在内容和结构上几乎完全一致，典型地反映了不同文化和语言之间的相通性。例如：

  to be on the thin ice 如履薄冰

  like a bolt from the blue 晴天霹雳

  to kill two birds with one stone 一石二鸟

  由此可见，异化翻译可以保持源语的语言特色和文化内涵，可以让目的语读者了解源语文化的精髓。这也是文化交流的一方面，尤其在文学作品的翻译中，每个译者都应尽量保持源语的文学性和文化特点。再看下面的例句。

  It gives me great pleasure to see Chinese children shooting up like beansprouts, full of vitality and energy.

  译文：我非常高兴地看到华裔小孩像豆芽一样冒出来，充满生机和活力。

  分析：译文把读者带入异国情景。原文用"像豆芽一样冒出来"形容英国华人社区华裔下一代越来越多这一事实，很新颖，很传神，用异化译法不落俗套。

  I still think it's too risky; I think these "lightning marriages" will end up in "lightning divorces".

  译文：我还是觉得这样太草率了，闪婚将会以闪离收场。

  总之，异化翻译就是译者在翻译时故意保留原文本中的某些异质性（foreignness），以此打破译入语的种种规范。异化翻译其实是一种"抵抗式"（resistant）翻译，即故意采取一种不流畅的（non-fluent）或陌生化的翻译风格，意在凸显与文本的异质性，摆脱目标语文化从意识形态上对它的控制，从而显示译者的存在。

（二）归化翻译

  归化翻译以目的语文化为归宿点，把译文读者置于首位，采取目的语读者所习惯的表达方式来传达原文的内容，并用目的语读者熟悉的语言和文化来表达源语的语言和文化，使译文表达的内容和形式在读者对现实世界了解的知识范围之内，使译文更透明、通顺、易懂，为两种语言更有效的交流扫除了语言和文化上的障碍。

  对于赞成归化翻译的译者而言，翻译作品时应排除语言和文化两方面的障碍，认清自己的翻译责任就是消除语言和文化障碍，让目的语读者接受译作。因此，只追求词汇上的对等是不够的，翻译最终的目的还应是通过将深层结构转换成表层结构或翻译"文章内涵"来获得"文化"对等。世界各民族文化之间的确存在许多共性，但生活环境、发展历程的具体特征又决定了各民族所使用的语言符号存在许多差异。因此，如果用异化翻译策略译出的短语或句子不能被目标语读者理解或接受，就只能采取归化翻译策略来翻译。例如：

to grow like mushrooms 雨后春笋

teach a fish how to swim 班门弄斧

to laugh off one's head 笑掉大牙

It rains cats and dogs. 倾盆大雨/大雨滂沱。

再看下面的例句：

You seem almost like a coquette, upon my life you do—They blow hot and cold, just as you do.

译文：你几乎就像一个卖弄风情的女人，说真的，你就像——他们也正像你一样，朝三暮四。

分析："blow hot and cold"来自《伊索寓言》里的一句话，用来描绘一个人对爱人不忠实、很善变。如果用异化法直接按字面翻译为"既吹热又吹冷"，译语读者将会难以理解该短语表达的意思。但是如上文用归化翻译策略，用汉语的成语"朝三暮四"来表达的话，那么译语读者就能更好地理解整个句子的意思了。

The same principle often applies in the settlement of lawsuits, a very large percentage of which end in what may be called a drawn game.

译文：同样的原则也常常被用在诉讼裁决中，绝大多数诉讼都以"和气"收场。

分析：本来"a drawn game"是"和局"的意思，虽然"和局"在汉语中也有，而这里却用归化法译成"和气"，就更具有中国文化的特色，读者更容易理解。

（三）异化翻译与归化翻译的辩证统一

异化与归化是相辅相成、辩证统一的。采用异化还是归化的翻译策略，并非一成不变，而应针对相应的源语文本、作者意图、翻译目的和读者要求，灵活运用这两种策略，将二者融合起来，从而实现不同文化之间的成功交流。

1. 语言层面

语言层面是文本的具体语言构造，主要包括语音、词汇、句法、修辞和语体等具体层面。下面从词汇、句法、修辞三个层面谈谈异化、归化在翻译中的具体运用。

（1）词汇层面。

email, internet

异化译法：伊妹儿，因特网

归化译法：电子邮件，互联网

bottleneck

异化译法：瓶颈地段

归化译法：卡脖子地段

U-shaped

异化译法：U 形的

归化译法：马蹄形的

以上词语无论是异化译法还是归化译法都是准确得体的，且已经为读者大众所接受。

（2）句法层面。

Farmers worked in their fields with great enthusiasm because they will have a good harvest again this year.

异化译法：农夫们之所以在田里干得热火朝天，是因为他们看到今年又有好收成。

归化译法：农夫们因为看到今年又有好收成，所以他们在田里干得热火朝天。

分析：汉语句法中因果关系句强调先因后果，英语句法中的因果关系句没有先后之分，可前可后。异化译法中的"之所以……是因为"虽不符合汉语的表达习惯，但也无伤大雅，完全能被汉语吸收，并成为汉语句法的组成部分。

（3）修辞层面。

To kill two birds with one stone.

异化译法：一石二鸟。

归化译法：一箭双雕。

There is no smoke without fire.

异化译法：无火不起烟。

归化译法：无风不起浪。

Among the blind the one-eyed man is king.

异化译法：瞎子王国，独眼为王。

归化译法：山中无老虎，猴子称霸王。

以上三例中的异化译法是按照原文的表层意义进行翻译的，虽然读起来让人有生疏之感，但读者不难理解，同时读者对异域文化也有所涉猎。归化译法虽然和原文的表层含义有点出入，但其深层含义是等同的，广大读者能轻易理解。可见，在以上例句中异化与归化都能很好地再现原文的内涵与外延。

2. 文化层面

在对文化信息进行处理时，有时无论归化还是异化都不能尽善尽美，但若将归化与异化结合起来，却能柳暗花明，既保留了文化异质，给读者提供了了解异域文化的机会，又使译文通俗易懂。例如：

It is true that the enemy won the battle, but theirs is but a Pyrrhic victory.

异化译法：敌人确实赢得了战斗，但他们的胜利只是皮洛士式的胜利。

归化译法：敌人确实赢得了战斗，但他们的胜利是得不偿失。

异化+归化译法：敌人确实赢得了战斗，但他们的胜利只是皮洛士式的胜利——得不偿失。

分析：皮洛士（Pyrrus）是古希腊伊庇鲁斯国王，曾率兵至意大利与罗马交战，虽打败罗马军队，但付出惨重代价。由此，人们常用"皮洛士式的胜利"来借喻以惨痛代价获取的胜利——得不偿失。

The crafty enemy was ready to launch a new attack while holding out the olive branch.

异化译法：狡猾的敌人，一边伸出橄榄枝，一边准备发动新的进攻。

归化译法：狡猾的敌人，一边表示愿意讲和，一边准备发动新的进攻。

异化+归化译法：狡猾的敌人，一边抛出橄榄枝，表示愿意讲和，一边准备发动新的进攻。

分析：此例中，"olive branch"字面意义上指橄榄的树枝，在圣经故事中，它是大地复苏的标志，在西方文化中是和平的象征。采用异化和归化相结合的方法，形神兼备，让目的语读者更容易接受和了解源语所负载的文化信息。

The stork visited the Howard Johnstons yesterday.

异化译法：昨天，鹳鸟来到了霍华德·约翰斯顿家。

归化译法：霍华德·约翰斯顿家昨天添了一个小孩。

异化+归化译法：昨天，传说中能带来小孩的鹳鸟来到了霍华德·约翰斯顿家。

分析：英语神话故事中，小孩是由鹳鸟带来的。

以上三例中的归化译法虽然把原文的意义再现出来了，读者能轻易读懂，但以牺牲源语文化中的文化异质为代价；异化译法虽然再现了源语文化的文化异质，但不懂得这些文化的读者就很难理解。因此，无论采用哪一种策略都不完全妥当，但如果把归化译法与异化译法结合起来进行翻译，则能解决这一矛盾。这样既保住了源语文化中的文化异质，有利于促进文化传播与融合，又增加了译文的可读性。

三、语义翻译与交际翻译

语义翻译（semantic translation）与交际翻译（communicative translation）是纽马克在1981年出版的专著《翻译问题探讨》（*Approaches to Translation*）中提出的。纽马克继承了前人的研究成果，并结合理论思考予以创造性发挥，从不同角度对翻译类别、翻译原则，以及翻译方法和技巧诸方面较全面地从理论的高度做了系统的阐述。纽马克认为，对于是否忠于原文，强调源语还是重视译语的问题是横在翻译理论和翻译实践之间不可逾越的鸿沟。纽马克提出要想解决其中的矛盾，办法之一就是不要再继续强调等效这个不可能实现的翻译效果，转而把"语义翻译"或者"交际翻译"作为指导翻译实践的规则。纽马克最重要的贡献就在于他提出了"语义翻译"和"交际翻译"的新概念，令人耳目一新，开拓了翻译理论研究的新途径。

（一）语义翻译

纽马克对语义翻译的定义为在译语语义和句法结构允许的前提下，尽可能准确地再现原文上下文意义。（Semantic translation attempts to render, as closely as the semantic and syntactic structures of the second language allow, the exact contextual meaning of the original.①）

语义翻译要求译文以原文的词汇和句法结构为中心，译者不仅不容许对原文进行修饰和修正，而且必须尽可能以词、短语和分句作为基本翻译单位。换言之，译文要接近原文形式。因此语义翻译仍限于源语文化内，强调译文的形式，在结构和词序安排上力求贴近原文。语义翻译重视的是原文的形式和原作者的原义，而不是目的语语境、目的语表达方式及原文信息的传递，能帮助读者了解原文的内涵意义。

（二）交际翻译

纽马克对交际翻译的定义是：交际翻译是指译作对译文读者产生的效果应尽量等同于原文对原文读者产生的效果。（Communicative translation attempts to produce on its readers an effect as close as possible to that obtained on the readers of the original.②）

交际翻译注重接受者的理解和反应，即信息传递的效果，也就是说注重功能的传达，它要求译者重新组织语言结构，以使译文地道、流畅。

交际翻译的核心是译语读者，他们在阅读译文时，不希望遇到任何困难或模糊不清的现象，而是希望将异国风味充分地传译到自己的文化和语言中。翻译是一个交际的过程，译者要尽可能地将源语文化转换成译语文化。译者在把一种文本移植到另一文化中时，要力求使译语读者理解源语作者的思想，使译语读者和源语作者享有共同的思想意识。

---

① Peter Newmark: *Approaches to Translation*, Shanghai Foreign Language Education Press, 2001, p. 39.

② Peter Newmark: *Approaches to Translation*, Shanghai Foreign Language Education Press, 2001, p. 39.

（三）语义翻译与交际翻译在实际中的运用

在日常翻译工作中，许多译者都倾向于采用交际翻译策略，这些文本包括新闻报道、科技文献、公文信函、宣传资料、广告、公共场所的通知标语、通俗小说等。在某些具体的文本中，权威的语录，生动活泼、新颖的比喻，适用语义翻译；相反，一些约定俗成的交际用语，已经众所周知的比喻则适用交际翻译。看下面的例句：

Wet Paint!

语义翻译：湿油漆！

交际翻译：油漆未干，请勿触摸！

分析：语义翻译虽传达了信息内容，但效果显然未达到。而交际翻译不仅传达出了原文的内容意义和语用意义，而且传递了此告示的功能，达到了语用等效。

In case of fire, use stairs. Don't use the elevator.

语义翻译：如遇火灾，请用楼梯，勿用电梯。

交际翻译：如遇火灾，请走楼梯，勿乘电梯。

分析：语义翻译没有注意语言之间存在的语言差异；而交际翻译具有较强的号召力和鼓动力，使人更易于接受。

When East Meets West

交际翻译：入乡随俗的洋快餐

分析：这是一篇关于外商在中国经营饮食业的文章的标题。若是按语义翻译的话，应译为"当东西方相遇"，但这样的翻译只是忠实地将字面意思译出，读者却从这样的标题中获取不了任何有效信息，不知所云。所以为达到交际的目的，使译文读者获得与原文读者相同的感受，此处采用交际翻译，将之译为"入乡随俗的洋快餐"，使读者一看就明白文章将要讲什么。

翻译实践

一、用所学的翻译方法翻译下面的短语和句子。

1. hot line
2. chain stores
3. round-table conference
4. baptism of war
5. to show ones cards
6. to be armed to the teeth
7. to shed crocodile tears
8. gentleman's agreement
9. cold war
10. hot dog
11. bird flu
12. gene therapy
13. dark horse
14. a lion in the way
15. lick one's boots
16. a flash in a pan

17. lazy Susan
18. Diamond cuts diamond.
19. Dear John letters
20. to grow like mushrooms
21. to have one foot in the grave
22. Jack of all trades
23. He is like a toad trying to swallow a swan.
24. One boy is a boy, two boys half a boy, three boys nobody.

二、翻译下面的句子。

1. When you are down, you are not necessarily out.
2. Ill-success failed to crush us: the mere effort to succeed had given a wonderful zest to existence; it must be pursued. ①
3. A mix of arrogance and continued fear of Iraqi intention colors Kuwaiti reactions (to no fly zones).
4. Eight years ago they (a black woman and a white man) were married. They have survived their families' shock and disapproval and the stares and unwelcome comments of strangers.
5. Writers cannot bear the fact that poet John Keats died at 26, and only half playfully judge their own lives as failures when they pass that year.
6. The toll from heavy rain and strong winds lashing the south coast and Wales yesterday include a school girl swept to her death, two men missing in heavy seas....
7. Established in the 1960s when federal money flowed, the clinics are now a shadow of their former selves. Patients wait hours while the undermanned and sometimes short-tempered staff struggle to meet the demand.
8. The invention of machinery has brought into the world a new era—the industrial age. Money had become king.
9. In a chapter written for the newly released paperback of his book on Diana, Andrew Morton states that the couple made a friendly agreement between themselves to separate. That pact did not survive stormy sessions with Charles's parents.
10. Never did the sun go down with a brighter glory on the quiet corner in Soho, than one memorable evening when Doctor and his daughter sat under the plane-tree together.
11. Then the fish came alive, with his death in him, and rose high out of the water showing all his great length and width and all his power and beauty.
12. He did not do this because there were not any proofreaders, but because he

---

① 刘炳善:《英国经典散文选》,外语教学与研究出版社,2020 年,第 168 页。

did not want any mistakes to slip into the newspapers.
13. If there is anyone out there who still doubts that America is a place where all things are possible, who still wonders if the dream of our founders is alive in our time, who still questions the power of our democracy, tonight is your answer. (Barack Obama)

第三章 英汉语言和文化差异

语言是人类表达思想和传递感情的交际工具。在人类生活中，语言几乎无时无处不在。"语言以不同地区，不同民族，不同社会集团的社会成员的共同认可为前提，以约定俗成的方式，形成各种语言符号和书写符号，加上各种组合规则和表现形式，反映出使用该语言的民族的地域特征、经济发展、风土人情和社会习俗。"[①] 英语和汉语都是世界上使用最广泛、表达方式最丰富、文化传统最灿烂的语言，但这两种语言之间有着巨大的差异，无论是在语言方面还是文化方面。对于语言学习者或者翻译专业的学生而言，必须准确了解并把握英汉两种语言的差异和特点，才能进行有效的英汉翻译和跨文化交际。

第一节 英汉语言概述

世界上流通的语言有五千多种，其中英语是使用最广泛的语言，而汉语则是使用人口最多的语言，这就奠定了英汉翻译蓬勃的生命力和持续发展的市场需求。通过上一章的内容我们已经知道，中文与英文产生的历史渊源和地理环境千差万别，中英两种语言所承载的两种民族文化也是大相径庭。虽然人类具有相对统一的物质生活基础和意识形态，这是英汉互译可行性的根本依据，但终究两种语言从形态和结构上都有诸多的不同。因此要学好英汉翻译，做好英汉翻译，首先就要明白中文与英文的差别。

按照语法结构，世界上的语言可以分为四种类型：孤立语、黏着语、屈折语和复综语[②]。英语属于屈折语，而汉语则是孤立语的代表语言之一。从语言的远近关系分类，世界上的语言可以分为印欧语系、汉藏语系、乌拉尔语系、阿尔泰语系、闪-含语系、高加索语系、达罗毗荼语系、马来-波利尼西亚语系和南亚语系等。英语属于印欧语系，汉语则属于汉藏语系。同语系的语言之间，词的形

---

① 平洪、张国扬：《英语习语与英美文化》，外语教学与研究出版社，2000年，前言。
② 张岱年、方克力：《中国文化概论》，北京师范大学出版社，2008年，第111页。

态、句法上差别较小，语际翻译较容易；不同语系的语言之间，由于构词、组句的法则完全不同，翻译的难度便大大增加。英语是屈折语（inflectional language），韦氏词典对"inflection"有如下定义："the change of form that words undergo to mark such distinctions as those of case, gender number, tense, person, mood, or voice."[1]

将这个定义应用到"inflectional language"这个定义当中，可推断英语是用词尾变化表示语法关系，即在不同的用法和语境中，单词的形态是会发生变化的。根据我们多年学习英语的经验不难发现，英语词语需要通过其本身的形态变化来表达适当的语法和丰富的词汇含义。作为一种屈折语言，英语词的变化有性（gender）、数（number）、格（case）等变化，句子有时（tense）、体（aspect）、语态（voice）、语气（mood）的区分[2]，各种不同的变化可以表达不同的具体含义。例如英语单词"roof"和"roofing"："roof"为名词，意为"屋顶"，如"the roof of the house"；而加上了后缀"-ing"后，则变成了形容词，表示"像屋顶一样的"，如"the roofing sky"。汉语自身则没有这样的功能，不能通过本身的字形变化达到这个效果，只能通过其他词语"像……一样"的帮助才能表达相同的意思。

汉语属于孤立语（isolating language），即非屈折语言（non-inflectional language），汉语词汇本身并没有类似英语的动词时态或名词单复数的结构变化。词典对孤立语有如下定义："词内没有专门表示语法意义的附加成分，缺少形态变化，词与词的语法关系主要依靠词序和虚词来表示。"[3]

汉语的词汇本身并不能通过形态的变化表示不同的语法意义，因此要表达某些语法关系时，需要借助虚词、助词等其他词。例如单独一个"人"字，听者并不能分辨出来到底是一个人还是几个人，若讲者需要强调"人"的单复数，只能通过添加量词、代词等来表达，如"一个人""那个人""几个人""人们"。同样，词之间的逻辑关系和语法结构需要通过虚词和词序来支撑，因此汉语句子的词序比较严格，不能随意调换。

汉字有声调，声调是汉语构词的一个重要手段。如古代汉语有"平、上、去、入"四种声调，现代汉语也有"阴平、阳平、上声、去声"的区分，一个字发不同的读音时，不仅意义会发生改变，它的词性也可能完全不同[4]。例如：

---

[1] Merriam Webster: *Merriam-Webster's Collegiate Dictionary* (11th Edition), Merriam-Webster, Inc., 2003, p. 641.
[2] 刘宓庆：《翻译基础》，华东师范大学出版社，2008年，第19页。
[3] 辞海编辑委员会：《辞海》，上海辞书出版社，2020年，第1410页。
[4] 张岱年、方克力：《中国文化概论》，北京师范大学出版社，2008年，第111页。

"把"在作动词的时候念"bǎ",如"把握""把持";作名词的时候念"bà",如"车把""刀把"。

汉字读音的不同,还可能表示书面语和口语的差别。例如:"薄",口语单用的时候念"báo",如"这张纸很薄";书面组词时则念"bó",如"薄海""日薄西山"。

英文则没有这样的变化,一个词,不管读升调还是降调,基本的词义都是不变的,只是在语境中所带的言外之意可能会有所差别。

另外,汉语的一个重要特征是一个音对应多个字或者词,单凭听读音有时候会造成理解上的误差或困难。如赵元任在《语言问题》中举例的故事:

> 漪姨倚椅,悒悒,疑异疫,宜诣医,医以宜以蚁胰医姨。医以亿弋弋亿蚁。亿蚁殪,蚁胰溢。医以亿蚁溢胰医姨,姨疫以医。姨怡怡,以夷衣贻医。医衣夷衣,亦怡怡。噫!医以蚁胰医姨疫,亦异矣;姨以夷衣贻医,亦益异已矣!①

全文通篇的汉字读音都是"yi",只是声调有所变化。如果不写出来,几乎没有人能够明白这则故事的内容。在这一点上,英文一个读音对应的单词相对较少,基本不会出现这样的情况。

第二节 英汉语言差异

全世界共有几千种语言,各民族的语言都有其自身的特点。根据它们的发音特点、语法结构等特征,可以归并成类,即语系(language family)。语系是指"具有共同来源的亲属语言","每个语系包含由不复存在的同一始源语繁衍出来的一些语言。同一语系的各个成员,在最古老的、表示基本概念的词和基本语法结构方面都有对应关系"②。比如汉语属于汉藏语系(Sino-Tibetan Family),而英语则属于印欧语系(Indo-European Family)。

陈炎认为:"与印欧语系相比,属于汉藏语系的汉语在词汇上具有多义性、模糊性的特点,在语法上具有灵活性、随意性的特点,在语音上具有平仄声调的音乐性特点。"③ 主要表现在,"词序和虚词是主要的语法手段;大多数语言中量词丰富;能自由运用的单音节词根占绝大多数"④。把一些相关联的语意表达片

---

① 赵元任:《语言问题》,商务印书馆,1980年,第149-150页。
② 方梦之:《译学辞典》,上海外语教育出版社,2004年,第158页。
③ 陈炎:《中国"诗性文化"的五大特征》,《理论学刊》,2000年第6期,第117页。
④ 方梦之:《译学辞典》,上海外语教育出版社,2004年,第159页。

断黏合在一起而很少用关联词，就构成了句子，因此汉语的句子没有固定的模式和句型。相比较而言，属于印欧语系的英语则是一种拼音文字，靠词尾、前后缀（用一定的字母组合）、连接词等来产生语法形式，表示各种语言关系，非常重视结构上的完整和表达的科学性、逻辑性。英语的最基本表达结构是句子，并遵循严格的结构模式——句型。简而言之，英语强调的是形式上紧密结合，汉语强调的则是意义上紧密结合。这一切使得英语更适合逻辑性的表述和科学性的思维，而汉语则更擅长形象性的表述和艺术性的思维。例如，中国古诗词充分利用了汉语的意合手法，寥寥数语，不着一个动词，仅仅简单罗列几个意象，便使一幅意境深远的画面跃然纸上，语句的简练更达到了极致。马致远《天净沙·秋思》中的名句便是一例："枯藤老树昏鸦，小桥流水人家，古道西风瘦马。"

一、英汉句法差异：形合与意合

在句子层面上，英文与中文之间最显著的差异可以概括为形合（hypotaxis）与意合（parataxis）之分。英语的句子以动词的时态变化为中心，由此表达不同的语法关系和逻辑关系。例如：

I **came** to the room to see him.

我来过这屋子看他。

I **will come** to the room to see him.

我会来这屋子看他。

I **have come** to the room to see him.

我已经来过这屋子看过他了。

这一组句子当中变化的只有动词"come"的时态，但表达的含义各异，翻译到中文的时候则需要添加其他的虚词才能够把英文的意思表达出来。这是由于在汉语当中，动词本身不能通过词形上的变化来表达时态信息，需要借助虚词才可以。例如：

我要出国了。

I am going abroad.

我出过国了。

I have been abroad.

我出国了。

I am abroad.

在上面三个句子当中，实词"我""出国"没有变，加上不同的虚词"要""过""了"后，表达的意思则发生了变化，分别表示了一般将来时、现在完成时和一般现在时。除了虚词外，汉语表示语法关系的另外一个重要手段是词序。汉语句子当中的词序较为严格，不同的词序表达不同的意思，因此句子内部各成分之间的顺序不能随便改动。请看以下这副对联：

>人过大佛寺，寺佛大过人
>
>僧游云隐寺，寺隐云游僧

在这副对联当中，上联和下联前后两个半句里的字完全一样，只是字序排列不同。上联前半句记叙游人游览了大佛寺，后半句则描述大佛寺的大佛气势宏大，俯视苍生；下联对仗工整，也采用了一样的结构——前半句记叙云游僧人来到云隐寺，后半句则描述僧人的身影隐没在寺庙中。这副对联的上半句都是在强调动作，而后半句则侧重描写。可见，汉语的词序对意思的表达是至关重要的。

关于形合和意合，《美国传统词典》（*American Heritage Dictionary*）对这两个概念做过解释。对此，方梦之在《译学辞典》中解释如下：形合（Hypotaxis）指"句子内部的连接或句子间的连接采用句法手段（syntactic devices）或词汇手段（lexical equivalence）"（the dependent or subordinate construction or relationship of clauses with connectives）①；而与此相对的是意合（Parataxis），即"句子内部的连接或句子间的连接采用语义手段（semantic connection）"（the juxtaposition of clauses or phrases without the use of coordinating or subordinating conjunctions）②。

通过以上两组简单的句子对比，结合"形合""意合"的具体内涵，不难发现：英语重形合，汉语重意合。所谓的"形"，即词语、句子的形态结构，英语必须借形表意，所以词法句法严密，结构严谨，句子内部的连接及句子间的连接是通过"句法手段"或"词汇手段"实现的。除此以外，只要有实在的结构意义、词汇意义，各句子成分一般不能省略。概括来说，英语句子结构讲究环环相扣，逻辑丝丝入扣。而所谓的"意"表示词语、句子所承载的信息或内容，汉语依靠字、词的组合表意，汉语句子内部各成分之间主要通过"语义手段"进行连接，连词用得相对较少。与英语相比，汉语的句子结构比较松散，句子中的许多成分，只要约定俗成，便都可以省略。③ 王力在《中国文法学初探》中指出："子句与子句的关系，在中国语里，往往让对话人意会，而不用连词……说得浅些，就是体会中国人的心理。"④ 换句话说，汉语表达灵活巧妙，讲究"知之不言，言之不尽"，人们需要根据自己的思维模式或逻辑结构来意会汉语句子的意思。这样的句法特征在文言文或诗词当中最为显著，如马致远著名的小令《天净沙·秋思》：

>枯藤老树昏鸦，小桥流水人家，古道西风瘦马。

---

① 方梦之：《译学辞典》，上海外语教育出版社，2004年，第4页。
② 方梦之：《译学辞典》，上海外语教育出版社，2004年，第5页。
③ 方梦之：《中国译学大辞典》，上海外语教育出版社，2011年，第3页。
④ 王力：《中国文法学初探》，商务印书馆，2000年，第332页。

夕阳西下，断肠人在天涯。

前三个分句由18个字9个名词并列而成，中间没有任何动词或连词，却描绘出了一幅生动哀伤的秋郊夕照图：孤独的游子飘零天涯，骑着瘦马出现在一派凄凉之中，正在苦苦思念远方的家园。而完整的英语语句则基本不可能只有如此简单的词并列，就算是简练如恺撒的豪言"I came, I saw, I conquer."，也需要有完整的主谓结构（SV）：

I came, I saw, I conquer.
S V   S V   S V

英文句子的组合方式则完全不同。下面的句子摘自海伦·凯勒（Helen Keller）的《假如给我三天光明》（*Three Days to See*），我们可以对英语长句的结构有进一步的了解：

We should live each day with a gentleness, a vigor, **and** a keenness of appreciation **which** are often lost **when** time stretches **before** us in the constant panorama of more days **and** months **and** years to come.①

用黑体表示的都是句子当中有连接作用的成分，如连词"and"，关系代词"which""when""before"，这些成分不可省略。但在翻译的时候，如果把这些连接成分按照原样翻译出来，译文就会显得晦涩难懂或冗繁拖沓，因此有必要用意合的形式来处理译文，以免出现不地道的"西式中文"，也就是英汉翻译中应当尽量避免的所谓"翻译腔"（translationese）或"翻译症"（translationese syndrome）②：

我们应该以优雅、精力充沛、善知乐趣的方式过好每一天。而当岁月推移，在经常瞻观未来之时日、未来之年月中，这些又常常失去。③

对比英文原文，可以发现连词"and"在译文当中几乎都被省略了，关系代词"which"翻译为了"这些"，指代前面提及的"优雅、精力充沛、善知乐趣的方式"。

1997年，思果在《翻译新究》④中提出了一个模型，可以明显地对比英汉两种语言之间形合与意合的差别。下面一段话摘自查理斯·狄更斯（Charles Dickens）的经典历史小说《双城记》（*A Tale of Two Cities*），原文如下：

Mrs. Southcott had recently attained her five-and-twentieth blessed birthday, of whom a prophetic private in the Life Guards had heralded the sublime

---

① Helen Keller: *Three Days to See*, Sino-Culture Press, 2010, p. 12.
② 方梦之：《中国译学大辞典》，上海外语教育出版社，2011年，第168页。
③ 姚宗立：《经典散文欣赏》，武汉测绘科技大学出版社，1997年，第279页。
④ 思果：《翻译新究》，大地出版社，1997年，第23页。

appearance by announcing that arrangements were made for the swallowing up of London and Westminster.①

如果我们把句中所有的关系代词、连词、人称代词、系动词、冠词等表示语法结构的成分放入圆圈中，具有实际词义的名词和形容词放入方块中，整个句子变成了：

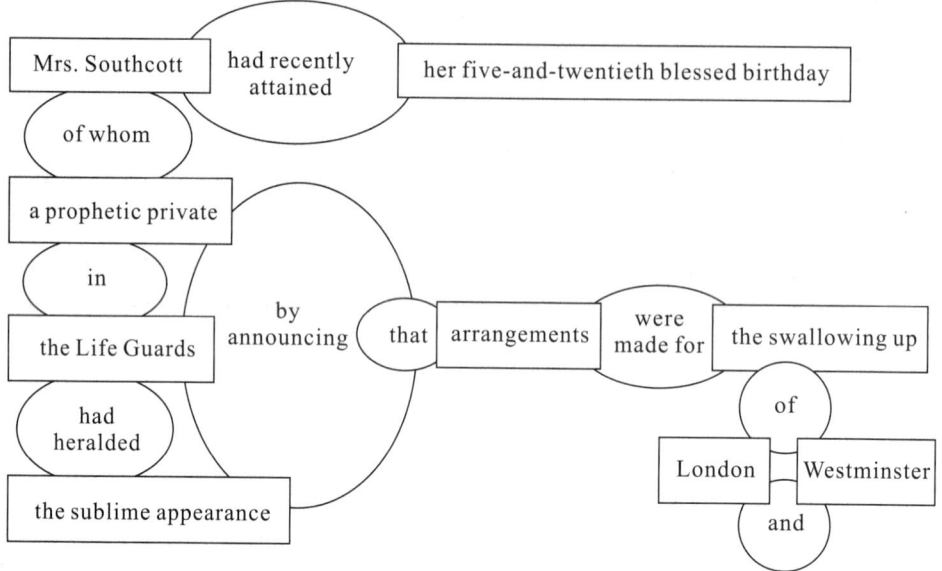

现代著名翻译家宋兆霖是这样翻译的："骚斯柯特太太刚满了她幸福的二十五岁，王室卫队一个先知的士兵已宣布这位太太早已做好安排，要使伦敦城和西敏寺陆沉，从而为她崇高形象的出现开辟道路。"②

用同样的方法，名词和形容词放入方框，其余成分放入圆圈，整个汉语句子则变成了：

---

① Charles Dickens：*A Tale of Two Cities*，Penguin Classics，2003，p. 5.
② 宋兆霖：《双城记》，浙江文学艺术出版社，1992年，第1页。

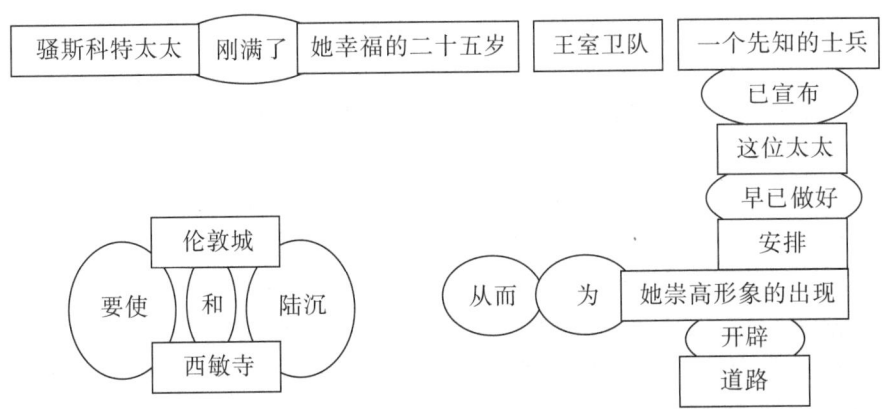

有人曾就这两个形态迥异的模型图做出过生动的比喻：英语句子的模型犹如"九连环"，环环相扣；汉语句子则如"大珠小珠落玉盘"，形散而神不散。也有人更加形象地描述英文和中文句子的区别："英语句子好比一串葡萄，一串珍珠，井然相系，读者顺枝攀藤，即能领会；而汉语则似一盘散珠，一泓溪涧，全凭读者慧眼慧心，细看其中妙相。"①

由此可见，翻译并不是单纯地知道两种语言便可以胜任的。1894年，马建忠（1845—1900）就在其《拟设翻译书院议》中提出了"善译"的标准，他认为，"译之为事难"，它需要的是译者的匠心与智慧，在进行英汉翻译的时候，能够做到"确知其意旨之所在，而又摹写其神情，仿佛其语气"，写出来的译文既不丢失英文神气精魄，又能让读者读得酣畅淋漓，能够"使阅者所得之益，与观原文无异"②。

在《翻译意义》（Translating Meaning，1982）一书中，奈达指出，形合与意合的差别或许是英语和汉语最重要的语言区别之一③。在1984年出版的《中国语法理论》中，王力先生在谈到汉语"联合成分的欧化"问题时，针对汉语和英语复合句里分句之间的连接方式及一些连接性词语的使用，也提到了形合和意合的问题④。

汉语和英语语言组织和表达方式的本质差别在于汉语以意合为主，英语以形合为主。这种差异根源于东西方思维模式的不同，即东方重综合，西方重分析。

---

① 刘宓庆：《翻译基础》，华东师范大学出版社，2008年，第113页。
② 马建忠：《拟设翻译书院议》，载罗新璋、陈应年《翻译论集》，商务印书馆，2009年，第192页。
③ 转引自邵志洪：《翻译理论、实践与评析》，华东理工大学出版社，2003年，第52页。经范先明查证，《翻译意义》一书的出版时间为1982年而不是1983年。
④ 王力：《王力文集第1卷：中国语法理论》，山东教育出版社，1984年，第468-472页。

东西方的这两种思维方式反映在语言上,就会有以下表现:汉民族的综合型思维倾向于把一个物体或观念的各个分散的部分合为一个整体,从整体上把握对象。由这种思维方式所制约的语言系统则表现出以下特点:遵循语义连接,注重整体统一,缺乏严格的逻辑性,属语义型语言,句子简短而结构松散。这在古典诗歌中表现得淋漓尽致,中国古诗词更加注重考虑意境创造的美感,而并不注重考虑意义和逻辑关系。汉字没有时态、语态、性、数的字形变化,尤其在诗词中,因此,中文诗词不必像英语诗歌那样,一定要有主语、谓语、代词、介词等。比如,晚唐诗人韩偓的名篇《两处》:"楼上淡山横,楼前沟水清;怜山又怜水,两处总牵情。"又如,明朝章美中的《暮相思》:"征帆日已远,回波不相待。暝色孤峰来,故乡何处在。日淡墟里烟,云尽天边海。如何暮相思,坐令鬓容改。"这两首诗都省略了许多句子成分,也没有时态和语态的变化,甚至没有明确的时空关系,令读者不禁思考诗人是在描写谁思念谁。相反,西方的分析型思维则倾向于把一个整体分成细小的部分,从个体上把握对象,通过逻辑分析达到对事物的认识和了解。而逻辑分析是以形式的完备为前提的,因此西方语言组织形式习惯用结构复杂而严密的长句,其具体表现为:重视形式和理性,句式构架严整,逻辑尤为严密,语言大多客观理性。而且英语中使用大量连接手段连接句子,更多使用代词使句子指代明确。这里以莎士比亚(William Shakespeare,1564—1616)最有名的代表作《十四行诗》(第18首)(Sonnet 18)为例。

> Shall I compare thee to a summer's day?
> Thou art more lovely and more temperate;
> Rough winds do shake the darling buds of May,
> And summer's lease has all too short a date.
>
> Sometimes too hot the eye of heaven shines,
> And often is his gold complexion dimm'd;
> And every fair from fair sometimes declines,
> By chance or nature's changing course untrimmed.
>
> But thy eternal summer shall not fade,
> Nor lose possession of that fair thou ow'st;
> Nor shall death brag thou wander'st in his shade,
> When in eternal lines to time thou grow'st;
>
> So long as men can breathe or eyes can see,
> So long lives this, and this gives life to thee.

十四行诗是欧洲一种格律严谨的抒情诗体，最初流行于意大利，即意大利体（Italian Sonnet），又称彼特拉克体（Petrarchan Sonnet）。而这首诗则属于十四行诗中的英国体（British Sonnet），又称莎士比亚体（Shakespearean Sonnet），即全诗分为四节，由三节四行诗和两行对句（couplet）组成，分别对应起承转合的逻辑关系，押韵方式为交韵（alternate rhyme），韵式为 ABAB CDCD EFEF GG。这首诗展现了英语诗歌对语法、句型和时态的严格要求与遵从。

因此，方梦之认为英语"句中各成分的相互结合常用适当的连接词语，以表示其结构关系"，而汉语"句中各成分的相互结合多依靠语义的贯通、语境的映衬，而少用连接词语"①。因此，英语"注重时态变化、词形变化（包括分词与不定式），注重运用'逻辑语法连接词语'（logical-grammatical connectors，包括连词、介词、副词、关系词以及起承上启下作用的各种短语），来说明句子内部、句子之间乃至段落之间的逻辑关系"。而汉语"主要靠词序变化、上下文语境及言外事实逻辑来达到明晰思路的目的"②。英国诗人雪莱的名句"If winter comes, can spring be far behind?"被译为"冬天来了，春天还会远么？"英语中的连词"if"在汉语中进行了省略处理。同样的道理，英语中常起连接作用的关系代词和关系副词，如"what, that, which, who, when, where, how, however, whenever, wherever"，在汉语中却常没有与之相应的词，因此在英译汉时经常用意合的形式转换，这也能更好地突显汉语的句法结构特点，即短小精悍、灵活多变。

下面可以从电影片名和文学作品的翻译上来进一步认识英汉语言的这种差异。比如国人熟知的好莱坞电影 *The Bridges of Madison County*，片名本身用词普通，组合简单，但在国内上映时被译为《廊桥遗梦》，四字词组，朗朗上口，"廊桥"对应了故事发生的地点，而"遗梦"则准确表达出那种想爱却不能爱，只能化作记忆深处的梦背后的唏嘘和遗憾。试想一下，如果将其直译为《麦迪逊郡之桥》，将会是一个多么空洞苍白的片名，也许根本无法吸引观众前往电影院去欣赏。再如，玛格丽特·米切尔（Margaret Mitchell）的名作 *Gone with the Wind*，中译本有三种：《飘》《乱世佳人》《随风而逝》。"飘"是最早的译文，简洁、含蓄、凝练、引人遐思，已被广大中文读者接受，但根据原著内容和书名含义，似乎过于空泛玄乎；"乱世佳人"是四字词组，既暗示了故事发生的时代背景——美国内战（南北战争），又暗合了小说的女主人公斯嘉丽和她丰富曲折的人生经历；"随风而逝"也与原名同为四个音节，信息等量，语意相等，同时，"随""风""逝"三个字分别对应"with""wind""gone"。三种译文孰优

---

① 方梦之：《译学辞典》，上海外语教育出版社，2004 年，第 4 页。
② 魏志成：《英汉语比较导论》，上海外语教育出版社，2010 年，第 231 页。

孰劣，见仁见智，最终要由读者来决定。又如，林语堂先生的名作 Moment in Peking 曾被译为《北京时刻》和《瞬息京华》，都与原著的内涵和韵味相去甚远，而最终受到翻译界和读者广泛接受和喜欢是台湾学者张振玉的译本《京华烟云》。其中，"京"和"华"分别对应故事发生地"北京"（京城）及其所代表的"繁华"；"烟云"二字既采用了修辞手法"押头韵"（alliteration），又借用了成语"过眼云烟"并进行了倒装，暗示任何表面的物质的繁荣往往有可能只是暂时的，是人力所无法掌控的，也暗合了林语堂先生所深受的道家尤其是庄子思想的影响。

需要特别指出的是，英汉间的形合与意合只是相对而言的一种使用范围与程度的不同而已。据统计，《孙子》一书中，各句子成分之间，以及各分句之间的连接，采用不依赖连词的意合法的占92.6%，而采用连词来连接的仅占7.4%。对照《红楼梦》及其英译本（杨宪益、戴乃迭译）的第四回，针对其中以偏正关系配列的形合句及意合句做出统计分析的结果表明：原文72%为意合句，28%为形合句；译文97%为形合句，3%为意合句。[①] 这些统计数据明确表明，意合句在汉语，而形合句在英语中分别占数量上的绝对优势，但也分别有少量的形合句与意合句作为补充。就是说，英汉语中形合与意合手段的使用是量的而非质的差别。

二、英汉语法差异

中西方思维方式的差异必然会造成英汉两种语言的差异，具体主要表现在两个方面。

（一）书写与表达方面

首先，在汉语中，汉字没有大小写之说，而英语的字母则有大小写之分。因此，以汉语为母语的学习者很容易在此方面出错。英语中一个句子的首字母是必须要大写的，还有一些专有名词，如地名、人名、书名等也需要大写。其次，英语和汉语在标点符号上也有差异。比如句号，英语是一个实心的圆点，而汉语是一个小圆圈。汉语中用书名号的地方，英语中常用引号或斜体不加标点表示。又如在相同的位置上，英汉语的标点使用也不相同，如书信的称呼后，英语里多用逗号，汉语中用冒号。除此以外，英语在叙述和说明事物时，句子的表达习惯是从小到大，从特殊到一般，从个体到整体；而汉语则与此相反。比如，"四川省乐山市滨河路778号"这个地点在英语中对应的表述应当是"No. 778, Binhe Road, Leshan, Sichuan"。

[①] 宋志平：《英汉语形合与意合对比研究综观》，《东北师大学报》（哲学社会科学版），2003年第2期，第96页。

（二）语法方面

1. 名词可数性对比

所谓名词就是表示事物名称的词，汉语的名词没有可数与否的问题，而英语中，可数与不可数是名词至关重要的一种属性。因此，在区分名词的可数性时，以汉语为母语的学习者往往会受母语的干扰。如汉语中可以说"一件行李""几件行李""一张纸""一个面包"，这些都可以加上不同的数词和相同的量词；而在英语中"luggage""paper""bread"都是不可数名词。同时，英语中并没有量词这个概念。因此，在英语语言学习中，学习者要突破固有思维，打破汉语名词的固有属性，建立起新的知识框架。

2. 动词及物性对比

英汉语言的最大差异之一就体现在对动词的运用上。汉语动词灵活多变，而英语动词受人称、时态等限制，词形也随之发生变化。英语中的实义动词分为及物动词和不及物动词，它们在用法上是有差异的。及物动词可以直接跟名词或代词做宾语，而不及物动词后要加上介词后才能跟宾语；只有及物动词才有被动语态，而不及物动词是不能转换成被动语态的。这是学习者在学习英语实义动词时要牢记的语法。而汉语中的动词都是可以直接跟宾语的。如"我等他"，"等"在汉语中是及物属性的动词，可以直接跟宾语"你"。英语中的对等词"wait"则是不及物动词，如果想表达同样的意思，需要在宾语"you"前加上介词"for"，即"I wait for you"。

3. 形容词和副词等级的对比

英语中形容词和副词的比较级和最高级的构成有两种情况，一是单音节和双音节形容词的构成，在词后加"er"和"est"；二是两个音节以上的多音节形容词的构成，在形容词前加"more"和"most"。而汉语则没有音节的概念，所以比较级和最高级都是在形容词和副词的前面加"更"和"最"。同时，有些形容词在汉语中是有比较级和最高级的，如"更优秀""最优秀"；而在英语中，对等词"excellent"没有比较级和最高级。对这些词学习者需要加深记忆，而不要被汉语的习惯性思维影响。

4. 代词的使用

代词（主要是人称代词和物主代词）在汉语中的使用远比英语少。在汉语的句子段落或短小篇章中，难得用到一两个代词，甚至可以一个代词都不用。但是英语使用代词的地方很多。每个句子（包括分句）都需要主语，而这个主语常常是人称代词。同时，英语语法要求明确指出所属关系，因此也常使用物主代词。例如："As we discuss our differences, neither of us will compromise our principles. But while we cannot close the gulf between us, we can try to bridge it so that we may be able to talk across it."这句话中用了四个主格代词"we"，两个宾格代词"us"和两个物主代词"our",但是在翻译成汉语时,需要减少代词的使用,使之更符合汉语的语言习惯并且更简练流畅:"在讨论我们的分歧时,哪一方面都不会在原则上妥协。但是,虽然不能弥合我们之间的鸿沟,我们却能搭一座桥,以便越过它进行会谈。"①

5. 冠词的使用

  冠词是用于名词之前的限定词。汉语没有冠词,而英语有大量的冠词。英语的冠词分为不定冠词(a/an)和定冠词(the)两类。不定冠词表示泛指,定冠词则特指某人或某事,但定冠词有时也可用于泛指。在英语中,有时用不定冠词,有时用定冠词,有时不用冠词;何时用,何时不用,如何准确使用,这些都要根据上下文而定。英汉互译时须进行必要的增删。例如:"The earth moves around the sun."(地球绕着太阳转。)

6. 主谓一致

  英语要求在构成句子时,谓语动词必须和主语保持单复数的一致性,比如,主语是第三人称单数时,一般现在时的谓语动词通常会加"s"或"es"。而汉语中,主语无论是单数还是复数,句中的谓语动词都是一样的,如"他打球"和"他们打球",这两句从谓语动词"打"来看,是看不出主语有差异的。英语中动词后面的人称代词要求用宾格,如"help her"中的人称代词就不能用主格"she",在汉语中则没有这方面的要求。因此一定要学会把英语中的数和格与汉语的使用习惯区分开,并且要特别考虑这些差异并通过对比进行掌握。

7. 语序差异

  就语序而言,汉语和英语都属于分析性语言,都采用线性排列顺序,即"主语+谓语+宾语"结构,但是构成句子的各种成分在两种语言中的位置却不尽相同,主要表现在以下方面。一是英语的修饰语位置比较灵活,可出现在被修饰成分之前或之后(如果修饰语是短语或分句,则须放在被修饰成分之后),而汉语一般是把修饰语放在被修饰成分之前。例如:"This is the place where I worked several years ago."(这是我几年前工作过的地方。)二是为了句子结构平衡,避免出现头重脚轻的情况,或者为了强调某一成分,英语往往采用倒装结构,而汉语则不然。例如:"Only then did I know the importance of English."三是汉语和英语都有固定次序的并列结构词语,翻译时须根据语言习惯进行相应调整。例如:"southwest"(西南)、"northwest"(西北)、"Xiao Li and I"(我和小李),等等。

8. 定语的功能和使用

  英语中充当定语的"除去单词(包括形容词、代词、数词、名词、分词)

---

① 范仲英:《实用翻译教程》,外语教学与研究出版社,1994年,第150页。

外,还有短语(包括分词短语、不定式短语、介词短语)及定语从句"。在英语中,"以单词作定语一般前置,以短语、从句作定语则应后置,而且往往字数较多,尤其是定语从句,因为从句里还可能含有从句和短语"①。与此相反的是,汉语没有定语从句,也不习惯使用长定语。因此在英译汉时,为了符合汉语表达习惯,往往会把原文的长定语进行拆译。例如:"Baby boomers who warned decades ago that their out-of-touch parents couldn't be trusted now sometimes find themselves raising children who—thanks to the Internet and the cellphone—consider Mom and Dad to be clueless, too." 这个句子有两个由"who"引导的定语从句,并且在第二个从句中还有一个插入语成分,因此在汉译过程中需要把它一分为二,并且调整结构,几乎不再有定语的痕迹,可译为:"婴儿潮中诞生的人几十年前曾警告说,他们的父母脱离现实,不能信任。现在他们自己也有了孩子,这些孩子由于互联网和手机的缘故,也认为自己的父母一无所知。"

9. 语态的选择

传统上,中国思维认为主体自身是宇宙的中心,人是万物的尺度,认识了自我就认识了客观世界及其规律。道家的"万物与我为一",儒家的"万物皆备于我"是在直观经验的基础上直接返回自身。因此,汉语往往围绕主题展开句子,而执行动作的主体是人,所以动作往往以人为中心进行。英美民族强调主体和客体分离,表现在英语行文中多用非人称句和被动句,主语往往是物、抽象名词等,以凸显其客观和公正性。在英语中,特别是科技文体中,被动句使用频率很高,几乎所有的及物动词和部分由"不及物动词+介词"构成的短语都可用于被动结构;而这在汉语中使用较少,即使使用,也大多在形式上是隐含的。因此,英语被动句在进行汉译时需做适当调整,如"There will be a meeting at 2:30 p.m. tomorrow. All the faculty is expected to attend."应当译为"明天下午两点半召开会议,全体员工务必参加"。英语使用被动语态的情况主要有以下四点:(1)不知道或不必说明行为者;(2)着重关注行为对象而非行为者本身;(3)为了某个原因不愿意指明行为者;(4)为了上下文连贯和篇章的结构安排。②

10. 关于汉语中量词的使用

汉语的量词分为两大类:物量词和动量词。"物量词是表示人、事、物数量单位的量词",如(一)张、(一)头、(一)杯、(一)颗等;而"动量词是表示动作行为单位的量词",如(一)次、(一)遍、(一)下、(一)阵等。这些量词在英语中大多无法找到对应的表达,因为"英语中不刻意划分出量词类,限定名词数量的词一般附在名词类中顺带处理",而这种处理,"从本质上来讲,

---

① 范仲英:《实用翻译教程》,外语教学与研究出版社,1994年,第151页。
② 范仲英:《实用翻译教程》,外语教学与研究出版社,1994年,第152页。

与汉语是一致的,即量词的名词性"①。这一点在英译汉中需要特别注意并作相应的补译。

正如吕叔湘(2005)所说:"我相信,对于中国学生最有用的帮助是让他认识英语和汉语的差别。"② 我们在学习英语的时候一定要注意区分英语和汉语在词形、语法和句子结构上的差别,在对照对比中学习,这对于我们写作和翻译水平的提高都将有很好的促进作用。在英汉比较和互译时,我们应自觉遵守两种语言各自的规律,以及注意两种语言各自迥异的外在特征:英语句子的结构脉络清晰、层次分明;而汉语则自然流畅,没有固定的形态。只有透彻了解中西方在哲学观及思维方式上的差异,才能更好地尊重英汉语言的客观规律,深入细致地理解和运用各自的语言。

第三节 英汉文化差异

语言源于文化,并且和文化紧密相连。早在20世纪20年代,美国著名语言学家爱德华·萨丕尔(Edward Sapir, 1884—1939)在《语言论:言语研究导论》(*Language: An Introduction to the Study of Speech*, 1921)一书中就指出:语言不能脱离文化而存在,不能脱离社会流传下来的传统和信念而存在。③ 由此可见,语言的背后蕴含着丰富的文化内容,语言不能离开文化而存在。语言和文化这种相互依存、相互影响的关系在具有不同文化背景的人们进行交际时表现得尤为明显。

一、文化的定义

关于文化(culture)的定义,最早由英国人类学家爱德华·伯内特·泰勒(Edward Burnett Tylor, 1832—1917)提出。在《原始文化》(*Primitive Culture*, 1871)一书的第一章《关于文化的科学》中,他指出:"文化是一个复合的整体,其中包括知识、信仰、艺术、法律、道德、风俗以及人作为社会成员而获得的任何其他的能力和习惯。"④ (Culture is that complex whole which includes knowledge, belief, art, morals, law, customs and any other capabilities and habits

---

① 魏志成:《英汉语比较导论》,上海外语教育出版社,2010年,第205页。
② 吕叔湘:《中国人学英语》,中国社会科学出版社,2005年,修订本序。
③ Edward Sapir: *Language: An Introduction to Study of Speech*, Foreign Language Teaching and Research Press, 2001, p. 171.
④ 方梦之:《译学辞典》,上海外语教育出版社,2004年,第305页。

acquired by man as a member of society.①）萨丕尔则认为："文化就是社会遗传下来的习惯和信仰的总和，它可以决定我们的生活组织。"②《辞海》认为文化是一个非常广泛的概念，在广义上可以指"人类在社会历史发展过程中所创造的物质财富和精神财富的总和"，而在狭义上指"人类的精神生产能力和精神创造成果，包括一切社会意识形式：自然科学、技术科学、社会意识形态"③。外语教学所研究的文化，相对来说是一种狭义文化。《中国翻译词典》则指出："现代文化人类学家们一般把文化分为技术/经济、社会、观念和语言四个系统。"④ 按照以上定义，文化的本质特征可以概括为："第一，文化是经由社会习得的，而非遗传获得的；第二，文化是一个社团成员所共有的，而非某一个人所独有的；第三，文化具有象征性，语言是文化中最重要的象征系统；第四，文化是一个统一的整体，文化中的每一个方面都和其他方面相互关联。"⑤ 简而言之，文化是一个复杂的综合体，是一个社会的整个生活方式，正如王克非所指出的："无论怎样定义，文化是理性人类创造的物质、精神价值总和，具有时间、空间意义，这个最根本的特性应是趋同的认识。"⑥

二、中英语言与文化的关系

语言是文化的载体，是文化的符号，也是文化的一个特殊组成部分。"首先，它是整个文化的基础；正是通过语言，文化才能保存下来，并传递给同时代人和后人。其次，语言直接反映一种文化的现实。"⑦ 同时，文化是语言的内容。一种语言必然反映使用该语言的国家或民族的社会文化，也就是说，语言是用来记录一个民族所有的文化和变化。有些社会学家认为，没有语言就没有文化；换个角度来看，语言又受文化的影响和制约并反映文化。

语言和文化是相互依赖和相互作用的，语言不仅是文化的一部分，同时本身也是一种自成体系的文化。学习一种外语不仅要掌握语音、语法、词汇和习语等，而且还要知道使用这种语言的人拥有怎样的思维方式，也要了解他们如何用自己的语言来反映该社会的思想、习惯和行为，即要了解该社会的文化。可以

---

① David Katan：*Translating Cultures：An Introduction for Translators，Interpreters and Mediators*，Shanghai Foreign Languages Education Press，2004，p. 16.
② Edward Sapir：*Language：An Introduction to Study of Speech*，Foreign Language Teaching and Research Press，2001，p. 171.
③ 辞海编辑委员会：《辞海》，上海辞书出版社，2020年，第4577页。
④ 张美芳：《中国英汉翻译教材研究》，上海外语教育出版社，2003年，第29页。
⑤ 方梦之：《译学辞典》，上海外语教育出版社，2004年，第305页。
⑥ 王克非：《翻译文化史论》，上海外语教育出版社，1997年，第2页。
⑦ 方梦之：《译学辞典》，上海外语教育出版社，2004年，第305页。

说，学习语言与了解其背后的文化是分不开的，"文化及其交流是翻译发生的本源，翻译是文化交流的产物"①。因此，既要掌握两种语言，也要掌握两种文化，尤其要充分认识和了解文化的差异，从而跨越文化障碍，做到交际和翻译的得体与妥当。

文化差异（cultural difference）是指："人们在不同的生态和社会环境下形成的语言、知识、信仰、人生观、价值观、思维方式、道德、风俗习惯等方面的不同。文化上的差异，尤其是东西方文化差异，导致了人们对同一事物或理性概念的不同理解和解释。"② 例如，西方文化历来推崇个人价值的实现，讲究个人主义，而与此相反的中华文化却提倡集体主义和群体取向，因此"individualism"在英语中是个褒义词，却在汉语中成了贬义词。可见，在不同的文化里，相同的词语可以有不同的含义，同样地，不同的词语也可以有相同的含义。因此，在翻译过程中，译者是否能正确理解某段文字，在很大程度上取决于他对目的语文化的了解。谭载喜认为，"翻译的难与易、好与劣，与其说与语言有关，毋宁说主要与文化有关"③。

就英汉两种语言为例，由于历史、信仰、习惯的不同，人们对相同的词语时常会产生不同的理解、看法与评价。比如，中国人对英语词"do-gooder"的理解就往往和英美人不同。从字面上看，可能有不少中国人会望文生义，把它理解为"干好事的人"；可是在英语中"do-gooder"却带有贬义色彩，意思是"空想的社会改良家；不现实的慈善家"④。又如，中西方对某些动物和颜色也有不同的文化认同。"龙"是中国人的图腾，象征神圣、权力和富贵，更是古代皇权的标志。汉语有许多相关词语都体现了中国传统文化对龙的崇敬与喜爱，如龙飞凤舞、龙马精神、龙腾虎跃等，中华民族也被称为"龙的传人"。但在西方，龙却往往是凶物和罪恶的象征。英语单词"dragon"除了本义之外，常被比作"凶猛的人""专制力量""罪恶势力""邪恶影响"等，而且"the Dragon"更是特指"撒旦"和"魔鬼"⑤。再如，红色在中国传统文化中代表着喜庆欢乐和吉祥如意，其英文对应词是"red"。其实，英语里还有另外一个表示红色的词"scarlet"，意为"bright red in colour"⑥，即鲜红色或猩红色。但"scarlet"在英语中却有明显不同于汉语的象征意味，即"罪恶昭彰的""罪孽深重的""不贞

---

① 王克非：《翻译文化史论》，上海外语教育出版社，1997年，第2页。
② 方梦之：《译学辞典》，上海外语教育出版社，2004年，第307页。
③ 谭载喜：《文化对比与翻译》，《中国翻译》，1986年第5期，第7-9页。
④ 陆谷孙：《英汉大词典》，上海译文出版社，2001年，第924页。
⑤ 陆谷孙：《英汉大词典》，上海译文出版社，2001年，第950页。
⑥ A. S. Hornby: *Oxford Advanced Learner's English-Chinese Dictionary* (8th Edition), The Commercial Press, 2014, p. 1840.

的，淫荡的"①。想必很多中国读者都知道美国小说家纳撒尼尔·霍桑（Nathaniel Hawthorne）的名著《红字》（*The Scarlet Letter*）。

英语词汇的文化内涵是经过长期积淀而成的。许多极富文化内涵的成语、惯用语、谚语、格言以及美语中的俚语等都来自历史典故、神话传说、文学名著、风土人情，因此，英语学习者在词汇学习的过程中必须要了解相关的背景知识并理解其深刻内涵。比如，"Shylock"（夏洛克）是莎士比亚戏剧《威尼斯商人》中的一个反面人物，后被作为典故比喻那些贪得无厌的高利贷者；而比喻智者的"Solomon"（所罗门）则是源自圣经传说。又如，"to meet one's Waterloo"（遭遇滑铁卢之战），是指19世纪初拿破仑一时称雄欧洲，却最终惨败于比利时的滑铁卢，后来这一词语被人们用来比喻"惨遭失败"。再如，"农民"一词，在汉语中是中性词，但在英语中分别有"peasant"和"farmer"两个对应词。这两个词的语体色彩完全不同。"peasant"有某种贬义色彩，指"粗野的人"或"无教养的人"②，而"farmer"则是中性词。又如，中文成语"爱屋及乌"所对应的英文表达是"Love me, love my dog"，这是因为在西方文化中，狗是忠诚和友谊的化身，常常被视为重要的伙伴甚至家庭成员。

三、中英文化差异

中英两种文化的差异主要体现在自然条件和地理环境、历史背景、宗教信仰、风俗习惯和思维方式等方面。

（一）自然条件和地理环境的差异

社会学家认为，一个民族的语言文化与其生存环境密切相关。③ 英国是大西洋沿岸的一个岛国，四面环海，有着悠久的航海历史；同时，为了生存，人们不得不时常与恶劣的海洋气候相抗争，所以许多英语词汇与海洋有关。比如："go with the stream"（随波逐流）、"a drop in the ocean"（沧海一粟）、"all at sea"（不知所措）、"plain sailing"（一帆风顺）、"While it is fine weather mend your sail"（未雨绸缪）、"between the devil and deep sea"（进退两难）。同时，四面环海的天然优势也成就了英国十分发达的捕鱼业，因而，大量与"fish"有关的习语相继产生。如："big fish"（大亨），"dull fish"（枯燥无味的人），"make fish of one and flesh of another"则比喻"厚此薄彼，偏爱一方"。相比而言，中国是一个农业大国，汉语中有许多习语与土地、农业有关，比如：斩草除根（to cut

---

① 陆谷孙：《英汉大词典》，上海译文出版社，2001年，第3049页。
② 陆谷孙：《英汉大词典》，上海译文出版社，2001年，第2458页。
③ 平洪、张国扬：《英语习语与英美文化》，外语教学与研究出版社，2000年，第46-64页。

the weeds and dig up the roots / to stamp out the source of the trouble)、顺藤摸瓜（to follow the vine to get the melon / to track down somebody or something by following clues）等。又比如，比喻某人花钱大手大脚，汉语是"挥金如土"，英语却是"spend money like water"。英国还有发达的采煤业和畜牧业，因此，英语中有两个与英国著名煤都"Newcastle"有关的习语，分别是"carry coals to Newcastle"和"as common as coals from Newcastle"。前者比喻"多此一举"或"徒劳无益"，后者比喻"普通平凡或不稀奇"。此外，英国典型的温带海洋性气候也使英语产生了许多与下雨有关的单词或短语。例如，谚语"it never rains but it pours"（不雨则已，一雨倾盆）用来比喻灾祸不发生则已，一发生便接踵而至；习语"it rains cats and dogs"意指倾盆大雨。伦敦是著名的雾都，所以表示对某事的困惑或不解可以用习语"in a fog"；而"not have the foggiest"就可表示完全不知道。

（二）历史背景的差异

英语在其形成和发展的过程中，深受外来语言和文化的影响，因此，英语语言中有相当多的外来语痕迹或是有相关外来文化背景的表达方式。[①]

43 年—407 年，罗马人占领不列颠岛长达 400 年之久，在英国形成了一个不列颠拉丁文化，对英语语言及文化都产生了深远影响，特别是在英语习语中很容易找到古罗马文化的痕迹。比如大家很熟悉的"Rome was not built in a day."（罗马不是一天建成的，喻指伟业建成非一日之功），"All roads lead to Rome."（条条大路通罗马，喻指殊途同归），"When in Rome, do as the Romans do."（喻指入乡随俗），而表示感叹语气的"Great Caesar!"（天哪！相当于"Great Heaven!"）则来自征服不列颠岛的恺撒大帝。

790 年开始，斯堪的纳维亚人入侵英国，并在英国大量定居，他们讲的是北日耳曼语，即现在的瑞典语、芬兰语、挪威语和冰岛语的前身。在此后的 200 年中，许多斯堪的纳维亚各族语言（北日耳曼语）的词语渗入英语词汇。英国深受北欧文化的影响，比如，一直沿用至今的 12 进位制计数法就是由堪的纳维亚人传授的，即 1 英尺等于 12 英寸，1 先令等于 12 便士，同时英国法庭的陪审团成员也由 12 个人组成。

1066 年，诺曼底公爵威廉入侵英国，并开启了英国历史上的诺曼底王朝时代（House of Normandy，1066—1154）。这一事件对英国的影响巨大，它使法语成为现代英语的三大来源之一。同时，法国文化逐渐向英国社会渗透，影响着英语及其习语。如："cliche"来自"cliché"，原义是印刷用的"铅板"，后来引申

---

① 平洪、张国扬：《英语习语与英美文化》，外语教学与研究出版社，2000 年，第 27－45 页。

为失去新鲜感和意义的词或短语,译为"陈词滥调";"salute"(敬礼)来自"saluer";而"fiancé"(未婚夫)、"fiancée"(未婚妻)、"coup d'état"(政变)等均保留了法语的拼写形式。

美国独立后,美国英语也成了英语语言的重要组成部分,而美语中的习语特别是俚语,更明显地反映了美国文化的特征。比如,"change horses in midstream"(临阵换将)、"bite the bullet"(咬紧牙关;勇敢面对不愉快的局面)、"gentleman's agreement"(君子协定)等都来自美国历史上发生的重大历史事件。又如,美国人对体育运动有着狂热的喜爱,其中最爱的球类项目之一就是棒球,因此美语中有大量与棒球相关的习语:

on the ball	threw a curve ball
a pinch hitter	three strikes and you are out
hit it out of the park	right off the bat
batting one thousand	touch base with you
touch all the bases	cover one's bases
way off base	out in the left field
a ballpark figure / estimate	in the ballpark

与此相对应的是,鸦片战争之前的中国,虽历经各个朝代的更迭,却主要是国家内部的权力更替,这种中央统一集权和皇权高度集中的体制,使得汉语虽然持包容开放的态度,却能不动声色地吸收外来文化并将之纳入自己的语言体系,因此在很大程度上保留了中华文化的原始面貌。这种文化上的相对封闭反映在语言发展上就是汉语言的相对稳定,并且鲜有外来语言的痕迹,即便有,也是难以察觉的。比如魏晋南北朝时期,中国文化受到了佛教的深远影响,因而有了"借花献佛""三生有幸""一尘不染"等成语,但是由于汉语强大的同化功能,人们往往忽略了这些成语的外来文化背景。值得一提的是,汉语的很多成语在魏晋时期便已基本成型并一直沿用至今。

(三) 宗教信仰的差异

宗教是文化的重要组成部分,"不同的宗教是不同文化的表现形式,反映出不同的文化特色和不同的文化背景,体现了不同的文化传统"[①]。语言作为文化的载体,必然与宗教有着密切的关系。

西方国家,尤其英美国家的人普遍信仰基督教和天主教,深受古希腊、古罗马文化的影响,因此西方文明又被称为"基督教文明"。《圣经》被看作基督徒的圣书,是西方国家文化艺术及意识形态的基础。《圣经》对英语语言的影响包

---

① 平洪、张国扬:《英语习语与英美文化》,外语教学与研究出版社,2000年,第107页。

括词汇、俗语、修辞等方面。《圣经》包括《旧约》(*The Old Testament*) 和《新约》(*The New Testament*) 两部分,主要以两种形式影响英语习语:一是其中的一些人物和故事经过长期流传逐步形成习语;二是其中不少句子和短语广为传颂,也成了习语①。如,"drop in the bucket/ocean",语出《旧约·以赛亚书》(*Isaiah*) 第 40 章第 15 节 "Even the nations are like a drop from the bucket, and are accounted as dust on the scales."(看哪,万民都像水桶的一滴,又如天平上的微尘。),其喻义为"沧海一粟"。又如,西方人习惯于表示痛苦、悲哀或愤怒时,就说"God!"或"My God!",表示祝福时会说"God bless you!",表示惊讶时就说"God bless me!"。"God"一词更是频繁地出现在英语习语和谚语中,比如:"Man proposes, God disposes."(谋事在人,成事在天。),"God helps those who help themselves."(自助者天助之。),以及"He that serves God for money will serve the devil for better wages."(为金钱侍奉上帝的人,为了更多的报酬也会给魔鬼卖力。)。

  中华文化源远流长,儒、道、佛三家形成了中国传统文化的主流。儒家思想是中国传统文化的内核,也是维护古代封建专制统治的理论基础。儒家思想提倡的忠、义、仁、信等对中华文化影响深远。孔子提倡的"己所不欲,勿施于人""以德报怨,何以报德"等观念更是深入人心。汉代董仲舒提出了"天人之际,合而为一"的重要思想,在中国人心目中,"天"便是至高无上的万物的主宰。因此,中国人表示痛苦、悲哀、绝望时会说"天啦!"或是"老天爷呀!";发誓时会说"老天作证";帝王号称"天子",并为了得到上天的庇护而举行"祭天"仪式;婚嫁仪式中的"三拜"更是要求"一拜天地";习语中也有"苍天不负有心人""富贵在天,生死由命"等。道教是土生土长的中国宗教,起源于老子和庄子的哲学思想,其核心价值是"无为而治"。比如,中国武术的最高境界是"无形胜有形";又如,老子认为"道可道,非常道;名可名,非常名"②,意思是不要过于相信已有的知识和思维方式对存在的认知,这实际上是在探讨本质与形式的关系问题,即形式对本质的反映总是有局限的,而本质的内涵则是无法穷尽的。与道教相关的习语还有"道高一尺,魔高一丈""回光返照""八仙过海,各显神通"等。由印度传入中国的佛教,经过长时间的本土化,早已在中国民间占据了极为重要的地位。比如,"五体投地"本来是古印度佛教中最恭敬的行礼仪式,后用来比喻心悦诚服;又如,中国人在表示祈祷或感谢时会说"阿弥陀佛";再如,汉语里有不少与"佛"有关的词语和习语,如"佛祖""菩萨""借花献佛""不看僧面看佛面""平时不烧香,临时抱佛脚""放下屠

---

① 平洪、张国扬:《英语习语与英美文化》,外语教学与研究出版社,2000 年,第 110 页。
② 详见《道德经》第一章。

刀，立地成佛"等。

(四) 风俗习惯的差异

不同民族有着不同的文化、历史、风俗习惯和风土人情等，"一个民族的语言作为这个民族的文化的一个特殊组成部分，比如反映出该民族的风俗习惯，习语更是与民族的风俗习惯紧密相关"①。比如，中国人见面比较习惯问年龄、地址、工作单位、婚姻、家庭情况等一系列问题；而在以英语为代表的西方文化中，这些都属于个人隐私，为了表示尊重不能随便问及。又如，英美人寒暄时最喜欢说"It is a lovely day, isn't it?"之类谈论天气的话语，当然，这不是为了谈天气而谈天气，而是为了引出其他话题；但是在中国，人们见面时往往会问"你吃饭了吗？"或者"你上哪儿去？"，对此，英美人可能会很茫然，有时还可能会把前者误解成要邀请他吃饭，或是把后者误解成打听他的隐私。

西方文明强调天人对立，拥有强烈的战胜欲和征服欲，由此形成了英美人重开创、求进取、善于抓住机会、大胆冒险的人生观，也推动了英美人对权力的崇拜、追求物质利益的功利主义价值观和以个人主义为中心的人生信条，常见的词语有"individualism"（个人主义）、"materialism"（实利/物质主义）、"pragmatism"（实用主义），以及习语"Bread is the staff of life"（面包为生命支柱）、"Money talks"（金钱至上）等。与此相反的是，中华文化强调"天人合一"，更重视集体而非个人的力量，如"一人拾柴火不旺，众人拾柴火焰高""三个臭皮匠，顶个诸葛亮""人心齐，泰山移""一个篱笆三个桩，一个好汉三个帮""滴水不成海，独木难成林""天时不如地利，地利不如人和""一箭易断，十箭难折"等。

词语是语言的基本单位，同一词语在不同的文化中可能具有不同的文化内涵及外延。一个词语的文化内涵一般指这个词语的基本意义之外的含义。由于中英文化背景不同导致社会观念不同，对同一事物会有不同的认识。比如，英语里有个习语"as poor as church mouse"，从字面上我们很难理解"church mouse"怎么会穷困。因为中国的传统习俗，寺庙里的佛祖面前总是供奉着各种瓜果点心，所以即便是庙里的老鼠也总是长得很肥大；与此相反的是，西方的教堂里没有供果，教堂的老鼠就会无食可觅了。又如，在汉文化中"狗"常常带有贬义色彩，如"狗咬狗""狗腿子""狐朋狗友""狼心狗肺""狗急跳墙""狗嘴里吐不出象牙"等。而在英美文化中，狗是人最钟爱的动物，也是最忠实可靠的朋友和家人，所以英语中大部分与"狗"有关的习语都没有贬义，诸如"a gay dog"（快乐的人）、"a lucky dog"（幸运儿）、"a clever dog"（聪明伶俐的小孩）、

---

① 平洪、张国扬：《英语习语与英美文化》，外语教学与研究出版社，2000年，第65页。

"die dog for somebody"(尽犬马之劳,效忠于人)、"Every dog has his day"(人人都有得意的日子)、"An old dog barks not in vain"(老狗不乱吠,老人做事有经验)等表达方式。所以英美人很难理解中国人为什么会毫不留情地"痛打落水狗";而"走狗"一词译成"running dog"时,恐怕也很难激起西方人的愤慨之情。

(五) 思维方式的差异

语言是表达思维的方式。"没有语言,则思维无以定其形,无以约其式,无以证其实。"① 正是东西方思维方式的差异,才导致了英汉语言之间的巨大差异。

针对东西方民族思维方式的差异,季羡林在《神州文化集成序》中认为:"东西方两大(文化)体系有相同之处,也有相异之处,相异者更为突出。据我个人的看法,关键在于思维方式:东方重综合,西方重分析。"贾玉新也认为:"西方人见长于分析和逻辑推理,因此思维模式呈线式;而东方人长于整体式,他们富于想象和依靠直觉,因此可以讲是一种圆式思维模式。"②

中国传统文化极重个人的感受,强调顿悟的作用。这种思想在特定的历史时期表现到极致。例如禅宗把庄子、玄学以及佛性的本体融合在一起,主张取消一切理性,依靠直觉在刹那间顿悟。这种思维方式在汉语中主要表现为句子之间的跳跃性大,中间缺乏形式上的连接,使得汉语的句式和行文如山间溪水跳跃、抖动,但始终前行。如鲁迅的小说《示众》(钱理群认为其是"代表20世纪中国短篇小说艺术最高水平"③的两篇鲁迅小说之一,另一篇是《孔乙己》)的开篇部分:

> 首善之区的西城的一条马路上,这时候什么扰攘的也没有。火焰焰的太阳虽然还未直照,但路上的沙土仿佛已是闪烁地生光……许多狗都拖出舌头来,连树上的乌老鸦也张着嘴喘气……远处隐隐有两个铜盏相击的声音,使人忆起酸梅汤,依稀感到凉意,可是那懒懒的单调的金属间的间作,却使那寂静更其深远了。
>
> 只有脚步声,车夫默默地前奔,似乎想赶紧逃出头上的烈日。
>
> "热的包子咧!刚出屉的……"
>
> 十一二岁的胖孩子,细着眼睛,歪了嘴在路旁的店门前叫喊。声音已经嘶嗄了……他旁边的破旧桌子上,就有二三十个馒头包子,毫无热气,冷冷地坐着。④

---

① 李瑞华:《英汉语言对比文化研究》,上海外语教育出版社,1996年,第41页。
② 贾玉新:《跨文化交际学》,上海外语教育出版社,1997年,第98-100页。
③ 钱理群:《鲁迅作品十五讲》,北京大学出版社,2005年,第40页。
④ 张秀枫:《鲁迅小说全编》,北京工业大学出版社,2005年,第166页。

这段描写用电影镜头般的语言描绘出一幅幅看似跳跃实则连贯的画面，对此，钱理群的评论是："几个细节描写，几个特写镜头，写尽了京城酷夏的闷热，更隐喻着人的生活的沉闷，懒散，百无聊赖，构成一种生存环境的背景，笼罩全篇，也为下文做铺垫。……馒头包子'毫无热气，冷冷地坐着'，这是神来之笔：'热'中之'冷'，意味深长。有了以上两笔，作者所要渲染的'闷热'及其背后的意蕴，就显得更加丰厚。"[1]

与汉语的思维方式相反，英语民族注重理性思考，以概念为基础进行判定和推理，最后得出符合逻辑的结论，这种理性在语言上得到了充分体现，表现为句式整齐，行文严谨，各个句子之间逻辑性强，整个架构成树状分布。例如：

History often repeats itself as farce—precisely what may soon play out in Washington. As World War II was drawing to a close, experts from the world's leading countries gathered at Bretton Woods, New Hampshire, to create a global economic order. They established the World Bank and the International Monetary Fund and called for a new body to supervise global commerce that eventually became known as the International Trade Organization.

这段文字使用了关系代词、连词、目的状语、定语从句等语法成分，体现了英语表达方式的严谨和工整。在英译汉的过程中，必须打破英语的思维干扰，采用符合汉语的思维方式和表达模式，突破英语的句式并做适当的调整。

译文如下：

历史像闹剧一般，常常在重演——华盛顿即将上演的正是这样的一场闹剧。第二次世界大战即将结束时，来自世界主要国家的专家汇集在美国新罕布什尔州的布雷顿森林，试图建立一个全球经济秩序。他们成立了世界银行和国际货币基金组织，并倡导成立一个新的组织来监管全球商业，后来这个组织叫国际贸易组织。[2]

由此可见，中西思维方式的差异主要体现在以下四个方面。

第一，中国文化擅长具象思维，而西方文化则长于抽象思维，因此英语更常用抽象名词达到明确简练的目的，而汉语习惯将抽象的概念具体化。比如在前文提到的马致远的《秋思》便是由九个具象罗列而成，对此，许渊冲先生的译文是："O'er old trees wreathed with rotten vine fly evening crows; 'Neath tiny bridge beside a cot a clear stream flowers; On ancient road in western breeze a lean horse goes."[3] 译文在最大程度保留原诗意象的同时，根据英语语法习惯做了适当调

---

[1] 钱理群：《鲁迅作品十五讲》，北京大学出版社，2005年，第34页。
[2] 沈福祥、伏力：《英美文化与英汉翻译》，外文出版社，2003年，第12-13页。
[3] 许渊冲：《中国古诗词六百首》，新世界出版社，1994年，第278页。

整,增添了冠词、介词和动词,符合英语语法和思维方式所要求的严密的逻辑性。

第二,西方文化重视分析,而中国文化重视综合,因此英汉语言才有了前文第二节所谈到的形合与意合的差异。

第三,中国文化偏向主体型思维,而西方文化更侧重客体型思维,因此汉语习惯用表示人或生物的词做主语,而英语则常采用非生物名词做主语,同时习惯采用被动语态,这也是中英文的显著差异之一。

第四,中国文化偏逆向思维,而西方文化则偏顺向思维。比如在时间概念上,英语中用"back"指代过去的时间,用"forward"指代将来的时间,而中国人的思维方式却与此相反。唐代文学家陈子昂在其名篇《登幽州台歌》中写道:"前不见古人,后不见来者,念天地之悠悠,独怆然而涕下。"此处,"前"是指过去,"后"是指将来。又如英语中"a thirty percent discount"对应的汉语表达方式是"七折",英语直接着眼于折扣本身,而汉语则强调打折后的实际付款额是原价的70%。再如,汉语"油漆未干"译成英语是"wet paint","东南西北"则对应"North,South,East and West",而英语中另外四个方位词"northeast""southeast""northwest""southwest"应当对应汉语的"东北""东南""西北""东南"。①

思维与语言密切相关,思维方式的差异,正是造成语言差异的一个重要原因。汉民族善于用直观思维对待客观事物;而西方注重科学、理性、分析和实证,重视抽象思维能力。这种思维差异表现在语言上为:汉语惯用具体、形象的词来表达抽象概念,英语则擅长于用抽象的概念表达具体的事物,这两种不同的思维方式无疑会对语言产生重大的影响。例如,汉语有句谚语"种瓜得瓜,种豆得豆","瓜"和"豆"就是两个具体的形象,这句话的含义用英语来表达就是"As a man sows, so he shall reap."。因此,思维方式上的不同形成了民族语言表达方式上的种种差异。综上所述,英汉文化差异对英语和汉语两种语言的构成和使用都有着极其重要的影响。在翻译过程中,应该既要重视语言知识本身的结构,更要重视跨文化的种种社会文化因素,做到语言因素与文化背景的有效结合。

正因中西方文化存在重大差异,美国翻译理论家奈达才认为:对于真正成功的翻译而言,熟悉两种文化甚至比掌握两种语言更重要,因为词语只有在其作用的文化背景中才有意义(For truly successful translating, biculturalism is even more important than bilingualism, since words only have meanings in terms of the cultures in

---

① 包惠南:《文化语境与语言翻译》,中国对外翻译出版公司,2003年,第26-35页。

which they function.①）；而且，译者要掌握两种文化，才能准确理解字里行间的意思（To be a fully competent translator, one also needs to be bicultural in order to "read between the lines".②）。因此，是否能同时掌握源语文化和目的语文化，或者对两种文化的掌握程度，都会直接影响翻译的质量。这就要求译者在翻译的过程中具备跨文化意识。

跨文化意识（cross-cultural awareness）是指"跨文化交际中参与者对文化因素的敏感性认知，通常分四个层次，一是对那些被认作是怪异的表面文化现象的认知，二是对那些与母语文化相反而又被认为是不可思议又缺乏理念的显著的文化特征的认知，三是通过理性分析从而取得对文化特征的认知，四是从异文化持有者的角度感知异文化"。其中，"第四个层次是跨文化意识的最高境界……译者具备这种意识就可以把握翻译尺度且不受文化差异的负面影响……跨文化意识的有无或程度强弱将直接影响译者的翻译质量"③。由此可见，跨文化意识是指对本国文化与异国文化的异同的一种敏感度，以及在使用外语时能够自觉地有意识地根据目的语文化（target culture）调整自己对语言的理解和表达。

在处理文化差异的过程中，译者需要根据不同的翻译目的采取不同的翻译策略（详见第五章）。正如王佐良所说："翻译者必须是一个真正意义的文化人。人们全说：他必须掌握两种语言，确实如此；但是，不了解语言当中的社会文化，谁也无法真正掌握语言。"④

翻译实践

请将以下句子翻译成中文。

1. The sight of the girl always reminds me of her parents.
2. Do not speak ill of a man behind his back.
3. They broke off a friendship of thirty years' standing.
4. He searched the room only to find nothing.
5. This book is such a one as is needed by every student of English.
6. The students who do best in examinations are not always the ones with the best brains.

---

① Eugene A. Nida: *Language and Culture: Context in Translating*, Shanghai Foreign Language Education Press, 2001, p. 82.
② Eugene A. Nida: *Language and Culture: Context in Translating*, Shanghai Foreign Language Education Press, 2001, p. 99.
③ 方梦之：《译学辞典》，上海外语教育出版社，2004年，第312页。
④ 王佐良：《翻译中的文化比较》，《翻译通讯》，1984年第1期，第2页。

7. Not receiving any letter from him, I gave him a call.
8. Given more attention, the trees could have grown better.
9. Young as he was, he was able.
10. Your hair wants cutting.
11. Were I you, I would try it again.
12. I am never the wiser for your explanation.
13. He was a foreigner, as I knew from his accent.
14. More haste, worse speed.
15. We have only three books when we need five.
16. She will name him whatever she wants to.
17. The sun shines brightly in spring.
18. He lost a cool thousand.
19. Always do to the others as you would be done by.
20. As water is to fish, so air is to man.
21. Try hard as he will, he never seems able to do the work satisfactorily.
22. He is more busy than they had ever known him.
23. I had not been waiting long before he came.
24. I have forbidden him to enter my house.
25. He admits that the accusation is just.

第四章 英译汉中词的翻译

众所周知，翻译理论、翻译策略、翻译方法（或技巧）都离不开语言差异的比较。可以说，不少错译、漏译、误译的出现，首先是对源语（Source Language）的理解偏差所致，其次是对译入语（Target Language，也称"目的语"）使用错误所致。而要准确理解源语文本（Source Text）并在译入语文本（Target Text）中精准翻译出来，离不开对源语语言和译入语语言差异的理解，这一点在第三章已论述过，在此不赘。王鸿滨认为："词是语言中具有固定语音形式并能独立运用的最小的结构语义单位……是最重要的一级语法单位，它是造句的时候能够独立运用的最小单位。"[①] 既然是造句是最小的单位，就说明其间无法插入别的成分。从翻译的角度，这就是翻译中需要关注的最小单位。英译汉过程中首先是两种语言中词的转换，这也是早期计算机辅助翻译技术关注的问题。前面的章节中曾分析过英汉语言的差异——英语是屈折语，汉语是孤立语。英汉两种语言中词的构成方式差别很大。在学习英语的过程中，大家应该知道英汉词汇之间尽管存在部分一一对应的关系，但也存在大量一对多或不完全对应的关系。要翻译好英语中的词汇，透彻理解词的确切意义至关重要。毋庸讳言，词的意义可以通过查阅词典来明确。不过，仅仅靠查词典并不能正确理解词语在具体语言环境中的含义。在翻译实践过程中，精准翻译特定词在具体语言环境中的含义最能体现译者英汉语言基本功和翻译能力。这种能力的培养，只有通过反复实践，并在实践结束后通过长期自我反思、教师讲评才能实现。而在这一过程中，关注英汉词汇差异，掌握词的翻译策略，熟悉各类词的翻译方法，无疑会为译者翻译能力的提高打下坚实的基础。

第一节　英汉词汇的差异

英汉词汇的差异，根源于英汉两种语言本身。在英语中，词是由词素

---

① 王鸿滨：《语言学通论》，中国广播电视出版社，2017年，第165-166页。

（morpheme）组成的。所谓"词素"，是指英语语言中"具有意义的最小单位"①。虽然词素是最小的语义单位，但却不能单独运用在句子中。例如，英语中的"electromotor"一词，前缀词根"electro-"表示"电的"，"mot"表示"to move"，后缀"-or"表示名词，那么这个单词的意思就是电动机；又如，法文中的"idéologie"一词，由"idéo-"（希腊语中的"ιδεα"，意为"理念或观念"）和"-logie"（希腊语中的"λόγος"，意为"逻格斯或学说"）组成，意指"思想（理念）体系""（思想）意识""观念学（说）"等②。以上两词拆开来看，几个词根都不具备可独立使用的意义。与英语的词相比较，汉语词则没有内在结构和形态的变化，由单个的汉字组成，每个汉字对这个词的意义都可能产生影响。可见，汉语中的词可以由一个词素组成，也可以由一个以上的词素组成。在此，词素可以是独立的词，也可以不是独立的词。例如，"房"可以独立成词，也可以和"子"这个词素一起构成"房子"，还可以和"楼"字一起构成"楼房"。这里的"房"和"楼"都是自由词素，可以单独成词，"子"为黏着词素，可以和自由词素一起组合成词。可见，汉语中的词素有"自由词素"，也有"粘着词素"③。前者可以单独成词，后者需要和自由词素一起组合成词。

如果说构词法是英汉两种语言中词汇的区别之一，那另一区别便是词的语法功能。英语词可以分为以下几种词类：名词（noun）、代词（pronoun）、形容词（adjective）、动词（verb）、副词（adverb）、数词（numeral）、冠词（article）、连词（conjunction）、介词（preposition）和感叹词（interjection）。张道真认为，名词、代词、形容词、动词、副词和数词可以作为独立的句子成分，具备实在的词义，如名词可做主语、宾语、表语等，动词可做谓语，形容词常做定语，副词多做状语④。正因如此，这些词叫作"实词"（notional words）。而冠词、连词、介词和感叹词由于只有语法意义，不能作为独立的句子成分，所以被称为"虚词"（form words）。

了解了英汉两种语言的构词方式和语法功能，要确定词的意义，还需明确英语词汇意义并非一成不变，而是随着人类社会的不断进步和人们社会实践的不断发展而发展的。中西语言和文化的差异性，也最终使得英语词汇意义和汉语词汇意义并非完全等同。不过，也不必刻意夸大英汉语言的差异而忽视两种语言的共性。原因在于，不同语言之间尽管存在差异，但这并不能阻碍不同国家、不同民

---

① 王文斌：《英语词法概论》，上海外语教育出版社，2007年，第70页。
② 范先明：《外来术语翻译中的误译探源——以"idéologie"一词的翻译为例》，《上海翻译》，2020年第1期，第68页。
③ 王鸿滨：《语言学通论》，中国广播电视出版社，2017年，第166页。
④ 张道真：《实用英语语法》，外语教学与研究出版社，2012年，第2-3页。

族人们之间的交流和沟通，因为人类赖以生存的自然生态环境和社会历史环境存在相似性，人们在基本心理过程、思维结构和对客观世界的认知等诸多方面，其共性无疑是存在的。尽管英汉语言在词汇意义方面存在共性，但不可否认，英汉两种语言词语的意义也并非完全一致。因而，在进行英汉互译时，需要考虑英汉语言中的词语是否对应的问题。

所谓"对应"，或曰"对等"，是指在双语翻译时，一种语言的词语和另一种语言的词语在语法功能上相同，所表达的语言意义相似。刘宓庆认为，"对应"主要指的是"以基本上的'同一所指'为依据的词义对应转换，两个词语如果找到了基本的'词对词'（word for word）或'意义对意义'（sense for sense）对应关系，那么它们之间的转换就属于'对应'"[1]。如："moon"对应"月亮"，"sun"对应"太阳"，"wind"对应"风"，"thunder"对应"雷"，"rain"对应"雨"。

英汉词汇意义的对应（Correspondence/Equivalence），根据不同的对应程度，大致可以分为完全对应（Complete Correspondence）、不完全对应（Incomplete Correspondence）和零对应（Zero Correspondence）[2]。

（一）完全对应

尽管中西方文化存在差异，尽管中西语言各不相同，但由于各民族早期生活经验和语言文字（中西文字早期或许都是图画文字）的相似性，英汉两种语言中某些文字是"义切形合"[3]的，即这些词之间是完全对应的。如某些表达日常生活中事物、科学术语的词是完全对应的。例如：

wind 风	cloud 云	thunder 雷
eletricity 电	heat 热	light 光
chemistry 化学	physics 物理	biology 生物
oxygen 氧气	carbon 碳	cosmos 宇宙
electron 电子	proton 质子	neutron 中子
quantum 量子	diameter 直径	radius 半径
perimeter 周长	area 面积	

同时，某些专有名词之间也是完全对应的。例如：

aeroplane 飞机　　　　　　helicopter 直升机
tuberculosis 结核病　　　　the Pacific Ocean 太平洋
the US State Department 美国国务院

---

[1] 刘宓庆：《翻译基础》，华东师范大学出版社，2008年，第97页。
[2] 刘宓庆：《翻译基础》，华东师范大学出版社，2008年，第97页。
[3] 刘宓庆：《翻译基础》，华东师范大学出版社，2008年，第97页。

World Intellectual Property Organization 世界知识产权组织

（二）不完全对应

尽管英汉两种语言中存在一定数量完全对应的词语，但由于英语和汉语之间的差异较大，两种语言的词语更多的情况下是不完全对应的。这就是刘宓庆所说的英汉翻译中的"义切形不合"，汉英两种语言体系差异体现在词语含义及表述上的差异①。例如，中国文明以农耕为主，讲究"天人合一"，故与天相关的词语较多，如"天道""天理""天性""天赋""天年""天机""天意"等；又如，中国文化中"九"的意义也很多，如"九五之尊""九九归一""一言九鼎""三公九卿""九重天"等词在汉语中具有浓厚的宗教及文化色彩。而英语当中的"sky""nine"则完全没有这样的含义。反观英国，以海洋文明为主，航海和渔业非常发达，因此产生了许多相关的表达，例如：

a sea lawyer	好争辩的水手，鲨鱼
a sea of troubles	无穷的麻烦（烦恼），无边的苦海
a sea wolf	海盗，狼鱼
a poor fish	愚蠢而又可怜的家伙
a cool fish	冷静而大胆的家伙，脸皮厚的人
fish or cut bait	要么全力以赴，要么索性放弃

再如，四川盆地潮湿，四川人爱吃辣椒，因而川菜中对"辣"的描述也不可胜数："麻辣""鲜辣""香辣""辛辣""苦辣""酸辣""干辣""油辣""火辣"等。而在英文中，尽管也有表示辣的词，但却极为有限，只有少数几个，如"hot""spicy""chilli"等，其所表达的词义远不及汉语里各种与"辣"相关的词义丰富。

同时，英汉两种语言中一个英语单词可能对应数个中文意思，或者一个汉字对应多个英语意思。王佐良曾指出，译者"在寻找与原文相当的'对等词'的过程中，就要做一番比较，因为真正的对等应该是在各自文化的含义、作用、范围、感情色彩、影响等等都相当"②。比如，英汉语中与"说"相关的不同表达，每个词就都有多个语义。实际上，英语中的"say""speak""talk""tell"都可以分别对应汉语中的"说""讲""谈""诉"等含义，反之亦然。

此外，英语中的有些词在词义上和汉语只有部分的对应，例如：

sister 姐，妹	marriage 嫁，娶
evening 傍晚，黄昏，晚上	gun 枪，炮
trouble 麻烦，纠纷	morning 早晨，上午

---

① 刘宓庆：《翻译基础》，华东师范大学出版社，2008年，第104页。
② 王佐良：《翻译中的文化比较》，《中国翻译》，1984年第1期，第2页。

cousin 堂兄 (或弟、姊、妹),表兄 (或弟、姊、妹)

(三) 零对应

零对应,也称"不对应",指的是在一种语言里面的词或表达,在另一种语言当中无法找到等值的说法。例如,汉语中的"五行""阴阳""风水""天干""地支""气功""江湖""神州"等在英文中没有对等英文表达,英语中的"constellation""Tarot""domino"等词在汉语中也找不到对应的表达。类似的英文零对应词还有:

mascon 质量密集 (表示月球的质量密集区)

beddo (一种多用途的) 床

overkill (核弹超过军事目的的) 过度杀伤力

plumber (形成于"五角大楼文件"泄密事件后白宫设立的专门特工机构。该词原义为"铅管工",用以指特工,系借用"铅管工"堵漏、防漏之含义) 美国调查政府雇员泄密事件的特工①

尽管英汉两种语言中存在大量的不完全对应和零对应词,但由于两种语言词的分类基本一致,故译者在翻译英语单词之前,务必要清楚每一个词的语法功能(即每个词的词性是什么,在句中充当什么语法成分)。不仅如此,还要深入了解英汉语言赖以生存的文化,不断地将两种文化进行比较。不仅如此,译者在译词的过程中,有必要做一番比较,真正找到与原文相符的对等词。要做到这一点,对于译者而言是挺困难的,因为在"这当中,陷阱是不少的。仅仅顾名思义就会出毛病"②。在英汉词汇的翻译过程中,只有既关注两种语言的词汇本身,又关注两种文化,才能在具体语境中找到某个词语最贴切的含义,做到准确理解、精准翻译。

第二节 词的翻译策略

严复在《天演论·译例言》中,曾发出过"一名之立,旬月踟蹰"的感叹。在英译汉的过程中,首先需要关注的就是词的翻译。由此,需要思考的是:词的翻译有没有一定的原则、方法或策略?

《孟子·离娄章句上》有云:"不以规矩,不能成方圆。"即是说,做任何事情都要遵循一定的规则,否则无法成功。词的翻译也不例外,也要遵循一定的原

---

① 张培基等:《英汉翻译教程》,上海外语教育出版社,1980年,第20-21页。
② 王佐良:《翻译中的文化比较》,《中国翻译》,1984年第1期,第2页。

则。在《翻译基础》一书中，刘宓庆指出："词语翻译的基本要领概括为三个关键字：准、精、美。译者翻译技巧的高低很大程度上体现在他的译词是否'准确'、'精炼'和'优美'上。"① 这三个关键字可以作为英语中词的翻译原则。

"准"指的是词的翻译的理解层面"准确"，"强调的是译词达意的准确度。首先译者要在交流中把握原语词义，做到'义切形近'，在无法实现形近的情况下，必须做到义切"②。这里的"义切形近"，即是词的翻译首先要在传"神"的前提下，牺牲"形"以准确传达源语的含义。

"精"和"美"指的是词的翻译的表达层面。"精"指的是"译词'精炼'，去芜杂……对英汉互译而言，译词要讲究锤炼，恰当使用成语可以获得汉语译文流畅精炼的效果。实际上，'精炼'也是一种形美要求"③。由此可见，"精炼"同"准确"一样，也需要在传"神"的前提下进一步追求"形"方面的"美"。

"美"指的是"译词'优美'、'雅致'，去粗陋，符合审美的要求。美的程度取决于译词是否能较好地传达情感，表达用词的色彩，体现语境的移情感受，是否符合行文总体风格"④。可见，"优美""雅致"和"精炼"一样，都是在传"神"的基础上对"形美"方面的追求。

《周易·系辞传下》曰："穷则变，变则通，通则久"⑤。应用于英译汉过程中词的翻译，就是在译语中找不到对应的情况下采取的灵活变通的做法。关于"变通"，《辞海》的定义是："灵活运用，不拘常规"⑥。辜正坤在《中西诗比较鉴赏与翻译理论》中指出："译者倘能兼通双语，审时度势……不求处处形真，但求整体神似；形有失而援神补，神有亏而图形胜，自能左右逢源，译笔生辉。"⑦ 由此可见，在词的翻译过程中，需要根据原文的文体、不同的语境进行词性和词义两个方面的变通和补偿（compensation）。

需要注意的是，变通和补偿并不是译者随心所欲、自由发挥，而必须以忠实原文内容为最大原则，能够完全对应就尽量完全对应，不能完全对应和零对应时就要学会适当的变通和补偿。下一节将向大家介绍英译汉中最常见的几种变通或补偿的方法，如增词法、减词法、转换法、重复法、语义融合法、释义法、音译法和借用法等。

---

① 刘宓庆：《翻译基础》，华东师范大学出版社，2008年，第182页。
② 刘宓庆：《翻译基础》，华东师范大学出版社，2008年，第182页。
③ 刘宓庆：《翻译基础》，华东师范大学出版社，2008年，第182页。
④ 刘宓庆：《翻译基础》，华东师范大学出版社，2008年，第182页。
⑤ 《易学百科全书》编辑委员会：《易学百科全书》，上海辞书出版社，2018年，第336页。
⑥ 辞海编辑委员会：《辞海》（第七版），上海辞书出版社，2020年，第290页。
⑦ 辜正坤：《中西诗比较鉴赏与翻译理论》，清华大学出版社，2003年，第5页。

第三节 译词八法

为了达到译词的"精""准""美",这一节向大家介绍最常用的八种译词法:增词、减词、转换、重复、语义融合、释义、音译和借用。俗话说,翻译有法,但无定法。尽管有这些译词法,但在英汉翻译实践中具体采用哪一种方法并没有明确的规定,翻译时需要译者根据原文的文体、历史语境和文化语境选择适当的方法。

一、增词法(Amplification)

增词法是指在保持原文语义不变的情况下,译文适当地增加一些词语。增词法适用的情形林林总总,不一而足,但归纳起来总体上可以分为以下三类:语法增词、语义增词、语境增词。

(一)语法增词

所谓语法增词,就是因英汉在词类特点、句法结构等方面的不同,汉语译文需要相应增词,使得译文通顺达意。

> Without nuclear, it would be much harder to meet the world's growing power needs while limiting the average global temperature increase to 1.5 degrees Celsius, **the goal** of the 2015 Paris Agreement.
>
> 如果没有核能,世界日益增长的电力需求将更加难以满足,同时还要将全球平均气温上升限制在 1.5 摄氏度,**这是** 2015 年《巴黎协定》**制定的目标**。

本例中的"the goal"为"limiting...Celsius"的同位语,如果译文照搬原文的语法结构,翻译为"限制在 1.5 摄氏度,2015 年《巴黎协定》的目标",行文便不通顺,而增加"这是"和"制定"后,不仅语篇衔接更为流畅,而且更加符合汉语的表达习惯。

> His selflessness was one reason the story held national attention; his anonymity **another**.
>
> 这个故事之所以引起全国的关注,其中一个原因是他的无私精神,**另一个原因**是他的未知身份。

本例为省略句,分句补全后为"his anonymity was **another reason** the story held national attention"。如果汉语译文也采用省略,就变成了"他的未知身份**另一个**",完全不符合汉语的表达习惯。而将原文省略的"原因"增译后,译文取得了很好的平衡效果。

以上是由英语同位和省略这两种语法现象引起的增词，鉴于英语语法系统的庞杂性，由其他语法现象引起的增词现象不胜枚举。

（二）语义增词

与语法增词相同的是，语义增词的目的也是使译文表达通顺、流畅并符合汉语的表达习惯，而增加的词往往有名词、动词、形容词、副词等。

Although some pandemic **shopping habits** favor convenience stores, others do not.

虽然在疫情期间，一些顾客习惯去便利店购物，但并非人人如此。

本例的主语是"shopping habits"（购物习惯），如果按原文直译，就变成了"一些购物习惯青睐便利店"，在英语中，这种表达无可厚非，因为无灵主语是一种普遍现象。而汉语一般倾向于使用有灵主语，因此译文增加了"顾客"这一名词，将隐含的语义显性化。

Builders of traditional reactors have failed to follow basic design, fabrication and supply-chain principles **proven** in other capital—intensive businesses such as pharmaceuticals and jet engine manufacturing.

传统反应堆的制造商未能遵循基本的设计、制造和供应链原则，这些原则在其他资本密集型行业被证明是行之有效的，如制药行业和喷气发动机制造行业等。

本例中的"proven"为过去分词，作"principles"的定语，直译就是"被证明的原则"，语义不清。译文增加了形容词"行之有效的"，使得语意更加明确。

（三）语境增词

英国著名翻译理论家彼得·纽马克指出："语境在所有翻译中都是最重要的因素，其重要性大于任何法规、任何理论和任何基本语义。"① 根据语境的特点，可分为以下三类：语言语境（linguistic context）、情景语境（situational context）和文化语境（cultural context）。②

1. 语言语境

语言语境指的是语篇的内部环境，也称上下文，对于理解原文和译文输出起着重要作用。

Double Lives: A History of Working Motherhood in Modern Britain can get **sluggish**: there are 537 pages to get through, including more than a hundred pages of notes.

---

① Peter Newmark：*Approaches to Translation*，Shanghai Foreign Language Education Press，2001，p. 113.

② 方梦之：《应用翻译教程》，上海外语教育出版社，2015年，第90页。

《双重生活——现代英国职场母亲的历史》这本书读起来可能会比较慢：全书多达 537 页，包括 100 多页的注解。

本例中的"sluggish"意为"缓慢的、迟缓的"。如果不考虑上下文，那么该句的前半部分就可译为"《双重生活——现代英国职场母亲的历史》可能会比较慢"，这样的译文会让读者难以理解。从本例的后半句可以推断出，因页数过多，"sluggish"的意思是"读得比较慢"。译文通过分析语言语境，增加了"读起来"，理顺了上下文的逻辑关系。

Reading makes a full man; conference a ready man; writing an exact man.

读书使人充实，讨论使人机智，写作使人准确。

本例中，"conference a ready man; writing an exact man"中，缺少动词，从语言上下文看，应该为上文的"makes"，故翻译时都加上了"使人"二字。

2. 情景语境

情景语境是指与语篇相关的背景知识，属于"语言外"因素，也称"非语言语境"。费罗姆金和罗德曼在《语言导论》中指出："语言不是文人学士、辞书编纂者制定的一种抽象物，它有坚实宽厚的基础，它产生于人类世世代代的劳动、需求、交往、娱乐、情爱和志趣。"[①] 因此，在英译汉的过程中，译者需要利用情景语境，如时间、地点、背景知识等来帮助目的语读者理解原文内容，因而，增词也就自然成了常用的翻译技巧。

I missed the company, **the girls**, **the laughter**.

我怀念我的公司，怀念那里的女性同事，怀念那里的欢声笑语。

本句出自一位辞职在家当全职太太的妇女，表达了她对以往职业生涯的怀念。如果不考虑情景语境，原文应该译为"我怀念公司、女孩和笑声"，这种译法会让读者摸不着头脑，因为这三者之间的逻辑关系不明。根据常识可知，此处的"女孩"和"笑声"都应该是与公司相关的，都与说话人年轻时在公司工作的情形有关，译文通过情景语境推断出三者的关系，增加了"那里的"，使得译文逻辑更加清晰。

3. 文化语境

文化语境也是"非语言语境"，是指语言所处的文化社会环境，此处特指英汉文化差异。由于目标语读者对英语国家的文化缺乏了解，原文涉及中西方文化差异时，译者有责任通过增词填补文化鸿沟。

In an early chapter exploring the story of incubation—the most obvious and earliest neonatal technology—we meet the charismatic showman Martin Couney, whose "preemies" in glass-fronted boxes sat beside gondola rides and high-wire acts on

---

① 李洪彩：《店名文化传播研究》，知识产权出版社，2018 年，第 56 页。

Coney Island, for the fee-paying public of the early 1900s to marvel at.

在前面的一个章节中，我们探讨了育婴技术的历史，这是一种最早的、最容易理解的新生儿技术。在那个章节中，我们介绍了富有魅力的展览家马丁·库尼，他于20世纪初在纽约康尼岛游乐园把"早产儿"放在玻璃窗的育婴箱里，旁边就是贡多拉过山车和高空钢丝表演，令买票观看"早产儿"的游客惊叹不已。

本句中的"Coney Island"位于纽约，是一个游乐园。如果死板地按字面含义译为"康尼岛"，读者会难以理解：康尼岛在哪里？为何要将"早产儿"放在岛上？译文增加了"纽约"和"游乐园"，从而解决了上述两个问题。

值得注意的是，尽管翻译中增词的现象非常普遍，但增词却不可无中生有，随意发挥，而应做到有理有据，增词不增意。

二、减词法（Omission）

与增词法相对的是减词法。减词法也称省略法，是指"原文中有些词在译文中不必译出来"，往往是译文中可有可无、语义冗余甚至是不符合汉语习惯的词语，可分为语法减词和语义减词①两大类。

（一）语法减词

顾名思义，语法减词是指基于英汉语言在句法方面的差异（英语重形合，汉语重意合），在翻译中省略那些有其义无其词的部分，"主要是省掉冠词、代词、连词、介词，以至动词"② 的翻译技巧。

When one tried to lift a heavy load, he exerts a great deal of force.

举起重物就得花大力气。

英语是形合的语言，语法结构较严谨，而汉语是意合的语言，语法结构相对松散。翻译该句时，表达时间的状语连词"when"首先就该省略不译。其次，由于英汉语之间一个显著的差异便是汉语多无主句，而英语中除了特殊句型，一般不能省略主语。在翻译该句时"one"和"he"两个代词都需要省略不译。

The virtue of nuclear plants is that **they** plug into the existing electrical grid and provide continuous power while emitting zero carbon.

核电站的优点是：只要接入现有电网，便可提供连续的电力，实现零碳排放。

和上句省译情况类似，本例中表语从句中的主语"they"指代的是前面的

---

① 孙宝凤：《英语翻译多维视角探究》，九州出版社，2018年，第117-118页。
② 孙宝凤：《英语翻译多维视角探究》，九州出版社，2018年，第118页。

"nuclear plants",但译文中"they"未译出,这反而比译出更符合汉语的表达习惯。

(二)语义减词

在英译汉中,除了语法减词,有时也可以基于上下文语义,在不影响原文语义表达的基础上,省略原文中有其词无其义的部分。

Labor productivity growth has slowed and stagnated dramatically over the past four decades—**in** industry, but also **in** agriculture.

在过去40年里,无论工业还是农业,劳动生产率的增长已经显著放缓和停滞。

此例减译了两个介词"in",使得译文更加精炼简洁,但又未影响原文的语义。与增词法一样,减词也要注意"有理有据",从而做到"减词不减义"。

When anyone among the people breaks the law, he too should be punished, imprisoned or even sentenced to death.

人民犯了法,也要受到处罚,也要坐班房,也有死刑。①

在本例中,"anyone among the people"不能翻译为"人们中的任何人",而应该根据语义进行减词,翻译为"人民";同时原文中的连接词"when"也不宜翻译为"当……时候",也应根据上下文采用语法减词的方法省略不译。

在翻译的过程中,尽管可以减词,但和增词类似,在减词的过程中也务必把握一个原则,即减词不删意。

三、转换法(Conversion)

由于英汉两种语言在语法、词汇、文化、思维等方面存在显著差异,表达方式也千差万别,在英汉翻译过程中,词的翻译不能死板地照搬词典中的含义,否则就会出现语义不明确或者译文不通顺的现象。为了使译文更符合目的语的表达习惯,译者往往需要根据实际情况做出相应的调整,这种方法称为转换。转换涉及的情形多种多样,有词类转换、语义转换等。词类转换有介词转换为动词,名词转换为形容词或动词,形容词转换为动词等。

(一)介词转换为动词

I held it **at** arm's length.

我伸直胳膊握着它。

I've been hard **at** it all day.

---

① 周方珠:《英汉翻译原理(修订版)》,安徽大学出版社,2002年,第85页。

我整天都在拼命干活。①

上面两句话中的"at"在汉译的时候都转化为了动词"伸直""干活",是为了让汉语行文更加流畅、更符合汉语读者的思维,而非直接翻译为"在……的地方"或者"处于……的状态"。

Fifty-four percent of Americans are opponents of nuclear power, **according to** a 2016 Gallup poll.

2016年的一项盖洛普民意调查显示,54%的美国人反对核能。②

As he ran out, he forgot to have his shoes **on**.

他跑出去时,忘记穿上鞋了。

以上两例中的"according to"和"on"均为介词,翻译时都要转换成动词。第一例如果完全按字面翻译,就变成了"根据2016年的一项盖洛普民意调查,54%的美国人反对核能"。前半部分不太完整,译文将介词转换成了动词"显示",更符合汉语的表达习惯。同理,第二例中的"on"也只有翻译为"穿上"才符合汉语的表达习惯。

(二) 名词转换为形容词或动词

The wedding was a grand **affair**.

这场婚礼盛大隆重。

She felt a **rush** of guilt as a broke across his face browned by the sun.

看着他那被太阳晒成了棕色的脸上绽开的笑容,她感到一股强烈的愧疚之情。

第一句话中的"affair"为名词,表示"隆重的事件",在翻译的时候转换为了形容词"隆重";同样,第二句中的"rush"本义为"快速的移动",在译成中文的时候转换为形容词"强烈的"。

We realized the growing need and **necessity** to industrialise certain sectors of the economy.

我们意识到越来越有必要使经济的有些部门工业化。

The pianist gave a fine **performance**.

钢琴家演奏得很出色。

第一例中的"necessity"为名词,表示"必要,需要,必需品",在翻译的时候转换成了动词"有必要";同样,第二例中的"performance"为名词,本义为"表演,演奏",在译成中文的时候转换成动词"演奏"。

---

① 朱丽、于海江:《牛津·外研社英汉汉英词典》,外语教学与研究出版社,2010年,第38页。
② 陈清贵、陈压美:《英语笔译综合能力教材:2级》,新世界出版社,2020年,第167页。

（三）形容词转换为动词

Private partnerships were **wonderfully flexible** but lacked the vital ingredient of limited liability.①

私营合伙公司灵活性十足，却缺乏有限责任的重要元素。

在这个英语句子当中，"flexible"是形容词，"wonderfully"为副词，在汉译的时候转化为了"灵活性十足"，是一个做谓语的动词短语。相较之下，就比直译的"私营公司是非常灵活的"更加符合汉语的表达习惯。

Please let us know if our terms are **acceptable**.

请告知是否接受我方条款。

原文中的"acceptable"为形容词，表示"可接受的"，翻译的时候变成了动词"接受"，尽管表意一致，但词性发生了改变。

词类转换通常涉及介词转换为动词，名词转换为形容词或动词，形容词转换为动词。一般来说，词类转换需要译者在把握原文词语、短语和表达的基础上，关注英汉语言和文化差异，深刻理解词语在搭配和语境中的作用，才能在翻译的时候准确地进行转换，译出流畅的中文。

（四）其他类别的转换

在英译汉的过程中，除词类转换外，有时还有语义转换、成分转换和非人称主语转换。例如：

Our Structural Consultant has gone through the soil investigation report sent to us on January 16, 2006 and has informed us that it does not **answer** the clarifications and data sought by him.

贵方于2006年1月16日发送的土地调查报告，我方结构顾问已阅。他告知我们该报告未包括他所需要的具体说明和数据。

此例中的"answer"意为"回答、回应"，但如果直译，就变成了"回答……的数据"，搭配不当，译文根据上下文将其语义转换成了"包括"。又如：

The road has an **ascent** of five degrees.

这条路的坡度是五度。

With the introduction of the new method, the products decreased in **cost**.

引进了新方法，产品的成本降低了。②

成分转换即在翻译中，不拘泥于原文中本身的句子成分，而是根据英汉语言

---

① Schumpeter："The Eclipse of the Public Company"，*The Economist*，2010-08-19，http://www.economist.com/node/16843627.

② 连淑能：《英汉翻译教程》，高等教育出版社，2006年，第114页。

表达的需要，在译文中灵活进行不同句子成分之间的转换。以上两例中，原文中的宾语都转译成了译文中的主语。首句中的"ascent"本是"has"的宾语，转译为主语"坡度"；第二句中的"cost"本是介词"in"的宾语，同样转译成了主语"成本"。再如：

Words fail me!

我（惊得/吓得）说不出话来！

No complaints passed her lips.

她从不抱怨。①

以上两例中，非人称主语"words"和"no complaints"都转换成了人称主语"我""她"。有时，转换非人称主语为人称主语时，还可以把简单句拆译成汉语的复合句。例如：

The sight of a tailor-shop gave me a sharp longing to shed my rags, and to clothe myself decently once more. (Mark Twain: *The Million-Pound Note*)

我一看到一家服装店，心里就起了一阵强烈的愿望，很想扔掉这身褴褛的衣服，重新穿得像个样子。②

在本句中，非人称主语"the sight of a tailor-shop"转换成了人称主语"我"，从而将原文的简单句拆译成了复合句。

四、重复法（Repetition）

严格说来，重复法也是一种增词法，只不过增加的是上文出现过的词或省略的词。英语的语法特点要求相同的词尽量不再重复，一般采用替代或省略的方法，除非为了达到某种特殊的修辞效果；而汉语多流水句，重复恰恰是语篇衔接的常用手段。英译汉时，译者要注意这种差异。

（一）为了突出强调或生动描述某一内容，重复一些关键词

根据重复的句子成分划分，重复法可用在重复句中的主语、宾语、谓语、定语，以及名词、介词、代名词、形容词、定语从句的先行词等③。

They can't, that is, unless one accounts for **the social cost of carbon**, **a measure** representing the economic damage that will inevitably result from sealevel rise, wildfires and other consequences of carbon dioxide emissions.

之所以如此，是因为我们未将社会碳成本考虑在内。社会碳成本代表的是经济损失，这种损失是由海平面上升、山火和二氧化碳排放产生的其他后

---

① 连淑能：《英汉翻译教程》，高等教育出版社，2006年，第118页。
② 连淑能：《英汉翻译教程》，高等教育出版社，2006年，第120页。
③ 陈清贵、杨显宇：《翻译教程》，电子科技大学出版社，2006年，第59-61页。

果导致的必然结果。

Happy families also had **their** own troubles.

幸福的家庭也有幸福家庭的苦恼。

以上两例中,首例中"a measure"为"the social cost of carbon"的同位语,译文采取了拆译法,将同位语短语作为一个独立的句子译出,根据汉语的特点重复了宾语"社会碳成本"。第二例中的"their"代指前面的"happy families",故在翻译时重复了这一定语,将其还原为"幸福家庭"。

Freedom we rightly cherish. Cherishing **it**, we should not use it as a cover for denying freedom to those in need.

珍惜自由理所当然,但正因如此,我们不应把珍惜自由作为幌子,去剥夺穷人的自由。

Whoever works hard will be respected.

谁工作努力,谁就会受到尊重。

以上第一例中的"it"回指前一句的"freedom",但译文并未死板地译作"它",而是根据汉语的特点重复了上文中的动宾搭配"珍惜自由",一方面取得了前后的平衡,另一方面加强了表达的力度。第二例中的"whoever"不仅是主语从句的主语也是"will be respected"的主语,故在翻译时采用了重复主语的译法。

(二)为了强调,重复某些关键词,加深读者印象

在英译汉过程中,有时为了生动形象,会重复某些原文中重复或未重复的词语、四字结构或对仗结构①。

Year after year and century after century the moon goes through its cycles.

一年复一年,一世纪又一世纪,月亮盈亏圆缺,周而复始。

But there had been too much **publicity** about the case.

但此事已闹得无人不知,无人不晓。②

以上两例中,"year after year and century after century"在译文中采用了和原文一样的重复结构,强调了月亮盈亏圆缺这一自然现象。第二句中,译文重复了原文中没重复的"publicity"一词,强调了事情的严重性。

No pains, no gains.

不劳无获。

Out of sight, out of mind.

---

① 陈清贵、杨显宇:《翻译教程》,电子科技大学出版社,2006年,第61页。
② 陈清贵、杨显宇:《翻译教程》,电子科技大学出版社,2006年,第61-62页。

眼不见，心不烦。①

以上第一例中，原文的四个词，在译文中也采用了四个字，再现了原文的形式和内容。第二例中，原文中"sight"和"mind"押韵，在译文中，采用了同样的韵律结构——"见"和"烦"都押了言前韵"an"，对仗工整。

五、语义融合法（Semantic Blending）

语义融合法指"将并列、连用或糅合的多个词语、短语浓缩为较简短的表达，使得译文更加简洁通顺"；在英汉两种语言使用过程中，为了进行强调、抒情，都可能采用并列、排比或者重复的手段来增强表达效果。诚然，在英文中，词语重复可以达到很好的修辞效果。不过，在翻译成中文时，可能就会变得重复累赘，不合时宜。因此，在将英语翻译成汉语时，应该还原中文"简练优美"的特点，将冗杂的成分去掉或浓缩，用精炼的词语来表达英文原文的意思。

（一）成语融合法

I am caught **between the devil and the deep blue sea**.

我现在进退维谷。

原句中的"devil"意为"恶魔"，"deep blue sea"意为"深海"，如果直接套用这两个词的字面意思，翻译出来是"我被困在恶魔和深海之间"，译文字面意思通顺，却完全失去了原文的内涵和韵味。此处不妨采用成语融合的译词法变通，用"进退维谷"就能完全切合原句的意思。

I am therefore skeptical of the environmentalist claim that capitalism will continue, barring social revolution, until the "**last tree is cut**".

因此，我对环保主义者的主张持怀疑态度，即除非发生社会革命，资本主义将延续下去，直到"树木消耗殆尽"。

本例中的"last tree is cut"意为"最后一棵树被砍倒"，如果按此直译，语义虽然正确，但有口语化的痕迹，译文使用了成语"消耗殆尽"，强化了语气，提升了译文的文采。

（二）省略融合法

英文中有某些词语或短语，本身并没有实在的意义，使用它们只是为了加强某种效果或者烘托某种氛围，此时就可以采用省略融合法来翻译。举例如下：

The gloves are **definitely** off now.

恶斗已经开始了。

If we do a **thing**, **we** should do it well.

---

① 陈清贵、杨显宇：《翻译教程》，电子科技大学出版社，2006年，第62页。

我们要干就要干好。

第一句中的"definitely"表示"肯定地",在文中起着烘托"已经开始"的紧张气氛,但如果直译到中文"恶斗绝对已经开始了",意义却发生了偏差。译文的"绝对"只能表示时间上的完成状态,却无法传达原文"definitely"表示气氛紧张之意,因此将其略译。翻译第二句时,"if"引起的条件句中连词"if"、宾语"thing"、主语"we"在翻译中均省略了,译文不仅更简洁而且更流畅,也符合汉语的表意习惯。

> The force of gravity differs by latitude and altitude, albeit by grams, and this will matter very much **if you arrive in the world too light** to be weighed in kilograms.

重力会依纬度和海拔的不同而变化,不过刻度都是以克为单位,对于那些无法用千克称重的早产儿来说,这一点至关重要。

此例中的"if you arrive in the world too light"语义明确,表示"如果你来到这个世界的时候太轻了",指那些"早产儿"。译文采用省略融合法。

(三)紧缩融合法

由于英汉两种语言之间的差异,有时在英文中表达较为烦琐的意思,中文里可以用很简洁的词或短语就能清楚地表述出来了。请看如下两个例子:

He was very clean. His mind was open.

他为人单纯而坦率。

It was 1953, and I had just come from Ireland, to seek my fortune.

1953年,我刚从爱尔兰来此寻找出路。

以上两例均采用了紧缩融合法。首句将"clean"和"open"融合,并将原文两个主语合二为一,不失为一佳译。第二句则省略了原文中的目的状语,灵活运用了汉语中的连动结构,从而使译文更加简洁明了。

She **was something of** a football player.

她算是名足球运动员。

Someone at a neighbouring table ask a distinguished London solicitor **how easy it had been** for her to join the professional elite. Not easy at all.

邻桌有人问伦敦的一位知名女律师,成为职场精英是否容易。女律师的回答是:极为不易。

此例中的第一句当中的"be something of",本义为"具有某事物一定的特征",被译为"算是",紧缩了原来短语的含义;第二句中的"how easy it had been"字面意思是"这是多么容易",如按此直译原文,就变成了"邻桌有人问伦敦的一位知名女律师,成为职场精英是多么容易。女律师的回答是:极为不易。"从上下文看,逻辑不通。译文采用了紧缩融合法,理顺了逻辑。

六、释义法(Paraphrase)

释义法指的是"不逐字逐句迻(移)译原文,而直接向目的语读者解释源语词句在上下文中的意味(sense)的一种手段"①。黄忠廉曾认为,释义是为了让读者了解原文中某些抽象深奥、或有独特文化内涵的词汇乃至语段,在翻译的同时加入对原文的解释,使得译文和释文巧妙融合的翻译方法②。释义法可以对某些具有特定文化背景或特定含义的表达进行必要的解释,帮助读者理解原文的准确信息。不过,与紧缩融合法类似,在采用释义法的过程中,也要注意译文的简洁,切忌为了解释而解释。例如:

as drunk as a fiddler 酩酊大醉

swan song 辞世之作

redshirt 美国大学中在体育方面有发展前途的学生

an apple of discord 纠纷的源头,祸根

The Heel of Achilles 唯一弱点,薄弱环节,要害

Helen of Troy 倾城倾国;害人精

the Trojan Horse 木马计,暗藏的危险

下面,进一步看看释义法的两个例证。

Going into COVID-19, convenience stores were a **mixed bag.**

新冠疫情暴发后,便利店的经营状况可谓几家欢乐几家愁。

此例中的"mixed bag"意为"混合体、大杂烩",但如果按此翻译,原文便译为"新冠疫情暴发后,便利店就成了混合体/大杂烩"。这样的译文会让读者感到莫名其妙。根据具体的语境,译文避免了死译,用"几家欢乐几家愁"巧妙地表达了便利店经营状况的差异,同时也保留了原文的基本义,即"好坏混合体"。

Belief can be the servant of truth—but even more of convenience.

信念可以是真理的仆人,但更多的是图自己方便,即位置决定想法。

此句直译后变成了"信念可以是真理的仆人,但更多的是方便的仆人",与第一例一样,同样会让读者不知所云。译文通过解释,明确了原文的语义。

七、音译法(Transliteration)

音译法也称"转写",指"用一种文字符号(如拉丁字母)来表示另外一种

---

① 方梦之:《中国译学大辞典》,上海外语教育出版社,2011年,第108页。
② 黄忠廉:《翻译变体研究》,中国对外翻译出版公司,2000年,第306页。

文字系统的文字符号（如汉字）的过程或结果"[①]。作为一种翻译方法，音译法是在源语言和目标语言之间存在语义空白时的一种权宜之计。换句话说，音译通常是指两种不同文字系统的文字符号之间的转换，例如英语和汉语；同种文字系统之间，如同属曲折语的俄语和英语之间则不能称为音译。一般来说，在翻译人名、地名和新词时常采用音译。例如：

Wall Street 华尔街　　　　　　New York 纽约
aspirin 阿司匹林　　　　　　　radar 雷达
The Times 泰晤士报　　　　　Citroen 雪铁龙
Pentium 奔腾　　　　　　　　gene 基因
clone 克隆　　　　　　　　　nylon 尼龙

下面，进一步看看音译法的两个例证。

I used to walk up to **Sparkbrook** and see my husband on point duty.

过去，我常常走到斯巴克布鲁克 (Sparkbrook)，看我丈夫在那里执勤。

Three months before her due date, **Sarah Digregorio's** daughter had to be delivered by C-section.

离预产期还有三个月，莎拉·迪格雷戈里奥 (Sarah Digregorio) 便不得不选择剖宫产生下女儿。

以上两例中地名"Sparkbrook"和人名"Sarah Digregorio"在英语中都不常见，两译文均采用了音译的手段，并标注了英文原名。

八、借用法（Borrowing）

词语的借用由来已久。古往今来，在不同的时期都存在不同程度的词语借用现象。在古代佛经翻译时期，一些词语如"禅劫""刹那""伽蓝""兰若""沙门""袈裟""涅槃"等就是直接从梵语中借用过来的。进入现代社会，随着不同国家民族之间经济文化往来越来越频繁，不同语言之间的交流融汇也与日俱增，尤其在改革开放后，信息技术、计算机技术等领域出现了不少直接借用的英语单词，如"因特网""黑客""伊妹儿""视窗""博客"等。一般说来，借用分为音译借用、形译借用和译语借用三种情况。

（一）音译借用

音译借用主要通过外来语的发音来传达外来词的含义。在借用英语词时，通常只需要用合适的汉字译出英语词的读音就行了。不过，随着时代的发展，许多外来词的音译也带上了意译的色彩，似乎就是汉语本来就有的词。例如：

[①] 方梦之：《中国译学大辞典》，上海外语教育出版社，2011年，第105页。

Bikini 比基尼	bungee 蹦极	card 卡
carnival 嘉年华	club 俱乐部	engine 引擎
fashion 范	show 秀	neon 霓虹

(二) 形译借用

关于形译借用，刘宓庆认为，该译法是将外来词"连音带形一同翻译引进的方法"①。由于不同国家、不同民族之间的交流日益频繁，人们的外语水平和接受能力普遍提高，能够比较容易地接受和使用形译借用词，同时一些外来词用形译的方法也会更加简洁直观。例如：

英语+汉语语素：B超，X光，IC卡，T恤

英语缩写词：VCD，MTV，PC，DNA，DOS

英语原形词：Internet，blog，email

此外，再看如下一例：

The share price of **Seven & i Holdings**, the giant which owns **7-Eleven** and accounts for a third of the industry's $360 billion in global revenues, has dropped by around 30% over the past two years.

行业巨头 Seven & i 控股公司 (Seven & i Holdings) 的股价在过去两年中下跌了约30%。该公司拥有7-Eleven便利店，其收益占行业全球收入 (3600亿美元) 的三分之一。

此例中的两个专有名词"Seven & i Holdings""7-Eleven"采用了形译借用，保留了原文，但指出了其功能属性。

(三) 译语借用

译语借用是指翻译中有些外来名词可以通过直译后进入目标语中。例如：

Minimarts, which mostly operate as franchises, have been opening in China, India and Thailand.

主要以特许经营的方式运营的迷你超市已在中国、印度和泰国开业。

此例中的"Minimarts"为超市名称，译文根据字面意思直接翻译为"迷你超市"，这种译法即译语借用。

第四节 虚词的翻译

正如本章第一节所述，构词法是英汉两种语言中词汇的区别之一，词的语法

---

① 刘宓庆：《翻译基础》，华东师范大学出版社，2008年，第153页。

功能便是英汉语言的另一个区别。张道真认为，名词、代词、形容词、动词、副词、数词等词语可以作为独立的句子成分，称为"实词"；而冠词、介词、连词和感叹词由于只有语法意义，不能作为独立的句子成分，称为"虚词"。尽管如此，英语中的代词在不少情况下语法意义大于实际意义，从某种程度上来说也属于虚词。鉴于介词在上一节有所提及，本节主要谈谈冠词、代词和连词的翻译。

一、冠词的翻译

张道真认为："冠词是一种虚词，不能独立担任一个成分，只能附着在一个名词上，帮助说明其词义。"① 在英语中，有两种冠词，即不定冠词"a/an"和定冠词"the"。从翻译的角度，不定冠词"a/an"与数词"one"同源，表示"一个"之义；定冠词"the"与"this"和"that"同源，表示"这（那）个"之义，但表义程度较弱，表示一个或几个特定的人或事物，有时还可以译作"'这个，这些'或'那个，那些'"等义②。一般说来，不定冠词泛指某个事物或人，而定冠词则是特指一个或几个事物或人。例如：

Tom is a doctor. He works in a hospital. 汤姆是个医生，在一家医院上班。

She is an English, living in China. 她是一位英国人，住在中国。

Who is the man over there? 站在那儿的人是谁？

Edmund Spenser is often referred to as "the poet's poet". 埃德蒙德·斯宾塞常被称为"最伟大的诗人"。

在冠词汉译的过程中，需要特别注意冠词省译及特指与泛指问题。首先来看看冠词的省译问题。

（一）冠词的省译

定冠词后面的名词大多数都是之前出现过的，在英汉翻译时很多时候都被省略了。例如：

The lift is out of control.

电梯失控了。

Jack came out of **the** room.

杰克从屋里走了出来。

以上两例中，"the lift"特指上文提到的某一部电梯，翻译时定冠词"the"可以省略；"the room"指的是前文提到的，大家都知道的房间，所以翻译时定冠词"the"也可以省略。

---

① 张道真：《实用英语语法》，外语教学与研究出版社，2002年，第66页。
② 张道真：《实用英语语法》，外语教学与研究出版社，2002年，第66-67页。

有时候，不定冠词也可以省略。例如：
I haven't got **a** thing to wear.
我没有衣服可穿。①
The title of this book **An** Introduction to Computer-aided Translation.
这本书的标题是《计算机辅助翻译概论》。

以上两例中，第一例中的不定冠词"a"没有翻译出来，直接与前面的"haven't got"融合，译为"没有衣服"；第二例中，书名中的不定冠词"an"也不需要翻译出来。

（二）冠词的特指与泛指

英语中的定冠词一般表示特指，翻译时需要译为"这"；不定冠词表示泛指，翻译时可以省略。例如：
What do you think of **the** book?
你认为这本书怎样？
Mary has **a** passion of painting.
玛丽对绘画情有独钟（酷爱画画）。

以上两例中，"the book"特指"这本书"，需要翻译；不定冠词"a"表达泛指意义，可以省去不译。

不过有时恰好相反，定冠词不需要翻译，冠词却需要翻译。例如：
Take **the** medicine now.
现在就把药吃了。
She bought **a** bicycle, but when she rode it one of **the** wheels came out.
她买了一辆自行车，可骑上去时一个轮子掉了。②

以上两例中，第一例"the medicine"中的定冠词不需要翻译；第二例中的"the wheels"中的定冠词不需要翻译，而不定冠词"a"却要翻译为"一辆"。

二、代词的翻译

顾名思义，代词就是代替名词的词。《实用英语语法》中将代词分为人称代词（Personal pronouns）、物主代词（Possessive pronouns）、自身代词（Self pronouns）、相互代词（Reciprocal pronouns）、指示代词（Demonstrative pronouns）、疑问代词（Interrogative pronouns）、连接代词（Conjunctive

---

① 朱丽、于海江：《牛津·外研社英汉汉英词典》，外语教学与研究出版社，2010年，第1页。
② 张道真：《实用英语语法》，外语教学与研究出版社，2002年，第70页。

pronouns)、关系代词(Relative pronouns)、不定代词(Indefinite pronouns)①。代词在句中可以作为主语、宾语、表语、同位语等,其作用和名词相同。在英汉两种语言中,代词的作用既有相同的地方又有不同的地方。汉语代词一般包括指示代词、疑问代词和人称代词,而英语中还有名词性代词(mine, his, hers, ours, yours, theirs, its)、关系代词(that, which, when, where, who)和连接代词(who, whom, whose, what, which)等②。英语中使用代词的频率更高,指代关系比汉语更加明确,而汉语则倾向于重复人名或称谓,避免指代关系上的混乱。

基于此,在英译汉的过程中,译者务必要弄清楚英文代词的指代关系。汉译时只要不影响指代关系的理解,在译文中要适当减少或省略代词。不过,如果直译代词不能让汉语读者明白原文中的指示关系,"可采用'还原法',即根据行文需要,将代词还原为其所替代的概念"③。

She felt the mother rise within **her** breast.

她感到一种慈母之情在胸中油然而生。

She felt the father rise within **her** breast.

她感到一种慈父之情在胸中油然而生。

上面这两个例子中的代词"her"都没有翻译,从语义的角度,省略代词并没有影响上下文的指代关系。又如:

Harmony is about seven meters long and about four meters wide. **It** will be a passageway between the laboratories and the rest of the space station.

和谐号船舱约7米长4米宽,将会成为空间站实验室和其余部分之间的过道。

该例中,第二句的主语"it"代指的是第一句的主语"harmony"。既然主语一致,译文将两句合译,不仅没有影响原文指代关系的理解,反而使译文更加简洁明了。再如:

Russia strongly opposes NATO membership for Lithuania, Latvia and Estonia. A Defense Ministry spokesman reportedly said the entry of **these** countries would threaten Russia's security interest. **He** says Russia will take extra security measures if **they** join the alliance. NATO will consider **their** membership next year.

俄罗斯强烈反对立陶宛、拉脱维亚、爱沙尼亚加入北约。俄国防部发言人称这三个国家的加入将会威胁到俄罗斯的国家安全,并称如果这三国加入

---

① 张道真:《实用英语语法》,外语教学与研究出版社,2012年,第82-83页。
② 刘宓庆:《翻译基础》,华东师范大学出版社,2008年,第164页。
③ 刘宓庆:《翻译基础》,华东师范大学出版社,2008年,第164页。

北约,俄罗斯将采取额外的安全措施。北约将于明年考虑是否同意这三个国家加入。

在这个例子中,代词"he"指的是上一句中的"a Defense Ministry spokesman"而非首句中的"Russia";"these""they""their"指的是"Lithuania, Latvia and Estonia"三个国家。翻译时为了避免造成读者理解上的困难,没有译出代词"他",而和第二句一起共用了主语"俄国防部发言人",从而使译文明白晓畅;同时,将"these countries"还原为"这三个国家","they"还原为"这三国","their"还原为"这三个国家"。

在代词的翻译过程中,省略和还原作为两种具体的翻译方法,并非一成不变,需要译者根据上下文,准确理解原文的含义,从而采用省略或还原的方法。

三、连词的翻译

连词主要在句子当中起连接作用,连接词与词或者分句与分句。英语连词包括从属连词(Subordinating conjunctions)和并列连词(Coordinating conjunctions):从属连词引导从句,包括"that""which""when""where""if"等;并列连词则连接两个并列关系的词、短语或分句,包括"and""or""but"等。例如:

> **If** teachers, parents **and** psychologists understand the mistakes **that** can be made in ascribing a meaning to life, **and provided** they do not make the same mistakes themselves, we can be confident **that** children **who** lack social feeling will eventually develop a better sense of their own capacities **and** of the opportunities in life.

与英语不同,汉语是一种意合性语言,很多地方的连词是省略了的,如"你、我、他",而在英文这一形合性语言中就必须说成"He, you and me"。这个"and"是不可省略的连接词。从上面这段英文的译文我们也可以体会出汉语意合的一些特征:

> 假如老师、父母和心理学家理解孩子们在对生活意义认识方面可能犯下的错误,假如这些人自己不犯同样的错误,我们就会有信心:缺乏社交情感的孩子最终会对自己的能力以及生活中的机会具有更佳的判断能力。

译文中只出现了两个连词,原文所有的从属连词全部融入了整个句子的意思中。由于汉语的意合性,汉语的词语之间、词组之间和句子之间常常没有明显的连词,而是靠人们约定俗成的语言内在逻辑串联起来的,连接得非常灵活。我们常说的"尽在不言中""言下之意""不言自明"便是汉语这个特征的最好写照。而英语的形合性则决定了英语行文的结构严密、语法规范。英语连词作为虚词的一种,其语法功能远远大过其实际意义。所以在英译汉的时候,一定要注意英汉之间形合和意合的差别,在翻译连词时,可根据具体的语境选择省译、增补、转译等方法。

1. 连词的省译

连词的省译可以使译文含有较强的意合性。例如:

Do you want your coffee with **or** without sugar?

您的咖啡要不要加糖?

I can't come today **or** tomorrow.

我今明两天都不能来。①

这两个句子当中的"or"在译文中都被省略了,直接意合为"要不要""今明两天"。

2. 连词的增补

英语连词的翻译难度不大,但是译文要符合汉语的语言习惯和行文规范,有时候会涉及英语连词的增补。这需要译者对原文的深层逻辑关系有一个准确的把握。如:

He went **and** lost my pen!

他居然把我的钢笔弄丢了!②

He **and** he alone could control the situation.

他,也只有他,才能控制这局面。③

前句中的"and"没有实际的连接意义,只是用在"went"之后表示说话者的惊讶或愤怒。因此在译文当中我们完全找不到类似"和""且"等表示连接的字或者词。后句中的"and"也不翻译为"和",其原本意为"而且",在此表示补充说明或限制,含有强调意味,意合为"也只有"。

3. 连词的转译

翻译英语连词除了采用省译和增补,有时还需要转译。请看下例:

We got there nice **and** early.

我们早早就到了那里。④

同样,这个句子中的"and"在翻译时也意合到了整个语境中,译为了"早早就……"。

---

① 朱丽、于海江:《牛津·外研社英汉汉英词典》,外语教学与研究出版社,2010年,第535页。
② 朱丽、于海江:《牛津·外研社英汉汉英词典》,外语教学与研究出版社,2010年,第24页。
③ 陆谷孙:《英汉大词典》(第2版),上海译文出版社,2007年,第65页。
④ 朱丽、于海江:《牛津·外研社英汉汉英词典》,外语教学与研究出版社,2010年,第24页。

翻译实践

一、翻译以下各句，注意增词法的使用。

1. The tension in the Middle East has attracted much attention of the world.
2. She felt the patriot rise within her breast.
3. Old wood best to burn, old wine to drink, old friends to trust, and old writers to read.
4. Flowers bloom in the yard.
5. It was a time of diplomacy.
6. It was a time of plays.
7. He is a Huckleberry Finn.
8. Mary has become an Alice in this city.
9. Theory is something, but practice is everything.
10. Pride goes before a fall.

二、翻译以下各句，注意减词法的使用。

1. He is a good friend that speaks good of us behind our back.
2. We live and learn.
3. In winter, it is much colder in Beijing than it is in Shanghai.
4. Complaints are heard everywhere in Iraq.
5. Metal as well as non-metal expands when heated.
6. As it got dark and dark, we decided to stop at the temple for the night.
7. The year of 2003 witnessed the outbreak of oil war in the name of finding prohibited arms in the Middle East.
8. The size of the mould should be a little larger.
9. The number of college students applying for jobs in Beijing this year runs into tens of thousands.
10. Different kinds of people have different opinions.

三、翻译以下各句，注意转换法的使用。

1. She gave a vivid description of her life in the future.
2. The harsh reality in the countryside calls for the establishment of more schools there.
3. He is no smoker, but his father is a chain-smoker.
4. Our age is witnessing a profound political change.
5. In the eyes of the people, he personified the absolute power.
6. This course is designed to help students expose themselves to as many translation skills as possible.

7. His words and deeds testify to his honesty.
8. We are immensely impressed by the splendor and warmth of their reception at the airport.
9. The peace and quiet on the campus was broken by the news of COVID-19.
10. The more carbon the steel contains, the harder and stronger it is.
11. Ice is not so dense as water and it therefore floats.
12. He is eloquent and elegant.
13. She seemed to be ignorant of the ways of the world.
14. The old man lay all night on his sleepless bed.
15. I am very concerned about her.
16. As he ran out, he forgot to have his shoes on.
17. So the next morning, the conversation over, one looked it up.
18. In those years the Republicans were in.
19. The European Community is the best instrument for this purpose.
20. Up the street they went, past stores, across a broad square, over the river, through the great hall at the end of the bridge, and entered a huge house.

第五章　英语文化负载词的翻译

语言是人类沟通的重要方式，记录了文化的发展过程，也促进了文化的传播和交流，语言与文化相互关联，因此语言最终是用来承载文化而不是仅仅用来表达文化的。翻译是一种跨文化语言转换行为，即"一种文化中一套特定符号与另一种文化中一套特定符号之间的意义转换"①，其目的是"从语义到文体在译语中用最切近而又最自然的对等语再现原语的信息"②。英译汉是译者将作者为英语读者所写的英语文本转换成功能相似、意义相符、供中文读者阅读的汉语文本的活动。每一种语言都有其带有文化色彩和文化内涵的文化负载词，这些词汇反映了各民族的文化价值观。由于负载着特殊的民族文化内涵，文化负载词往往成为作为跨文化交际行为的翻译的重点和难点，甚至成为传递信息的障碍。

第一节　文化负载词的含义

翻译是将源语文化承载的意义转换到目的语文化中的跨语言、跨文化的交际活动，因此，转换源语文本中的语言信息也就是在传达其蕴含的文化意义。在语言系统中，最能体现其所承载的文化信息并反映人类社会生活的词汇就是文化负载词。

一、文化负载词的定义及重要意义

文化负载词（culture-loaded words）是指"标志某种文化中特有事物的词、词组和习语"，这些词"反映了特定民族在漫长的历史进程中逐渐积累的、有别于其他民族的、独特的活动方式"③。这类词包括历史传承下来的成语、习语、

---

① Mildred L. Larson: *Meaning-Based Translation: A Guide to Cross-Language Equivalence*, University Press of America, Inc., 1984, p. 431.
② 谭载喜：《奈达论翻译》，中国对外翻译出版公司，1984年，第10页。
③ 廖七一：《当代西方翻译理论探索》，译林出版社，2000年，第232页。

谚语、典故、特殊人名等，也包括现有的习语或习惯表达。这类词传递着某个特定民族的特殊文化背景或文化意蕴，反映了两种语言符号和两种文化的部分和完全的不对等。

文化负载词的翻译受到文化意象（cultural imagery）的影响。奈达认为，文化意象是"一种文化符号，它具有相对固定的独特的文化含义，有的还带有丰富的意义、深远的联想，人们只要一提到它们，彼此间立刻心领神会，很容易达到思想沟通"①。

方梦之认为，文化意象是"蕴含文化意义的意象"，在文学作品中，"文化意象渗透在言词之中，包含着广阔而深沉的内涵，往往传达出一种美的境界"。他还认为，"文化意象是文学翻译中需要着力转换的。人们不仅要求译文优美流畅，更要求译文能尽可能地完整、准确地传达原作特有的文化意象"，否则，"无论多么好的译文，如果失落了、甚至歪曲了原文的文化意象，那就会使读者感到美中不足，有遗珠之憾，有时还会使读者产生错误的印象"②。

意象（image）有两个重要组成部分：物象（physical image）和寓意（connotation）。物象是信息意义的载体，是形成意象的客观事实；寓意是物象在一定语言文化环境中的引申意义。意象的功能是能在不同的语境中以具体来表现抽象，用已知来唤起未知。例如，"to meet one's Waterloo"源于19世纪拿破仑在比利时小城滑铁卢惨败这一历史事件，而汉语中成语"败走麦城"是指三国时期蜀国大将关羽战败退守麦城这一典故。这两个短语源自不同的历史事件，具有不同的物象，却有相同的寓意，都能用来比喻惨遭失败。

由此可见，文化负载词的翻译依赖其本身所存在的语言文化环境，文化环境所包含的诸多因素，如自然环境、历史文化、风俗民情、宗教信仰、审美取向、价值观念、思维方式等都直接影响翻译的准确性和文化性。关于文化负载词的翻译，方梦之认为应当"以文化交流为出发点，客观估计读者的文化接受力，采取灵活的翻译手段，尽可能做到译语既保留原文的文化信息和文化色彩（或形象基础），又具有可读性"③。

二、英语文化负载词

英语中大量的文化负载词一般是以习语的形式存在的，主要来自以下四个方面。

---

① Eugene A. Nida: *Language, Culture, and Translating*, Shanghai Foreign Language Education Press, 1998.
② 方梦之：《译学辞典》，上海外语教育出版社，2004年，第310页。
③ 方梦之：《译学辞典》，上海外语教育出版社，2004年，第121页。

(一) 宗教信仰

许多英语国家都是信奉基督教的国家，因此，英语中许多与基督教有关的短语都已形成了约定俗成的意思。《圣经》中的语言和故事对英语语言，特别是习语的发展，起了相当重大的作用。

例如，"the apple of the/one's eye"（眼睛中的瞳孔）源自《旧约·申命记》（Deuteronomy）第32章，"guarded him as the apple of his eye"（保护他如同保护眼中的瞳孔）；同时也出现在《旧约·诗篇》（Psalms）第17章，"Guard me as the apple of the eye"（求你保护我，如同保护眼中的瞳孔）。这一习语现在用来表示特别珍视的东西，可译作"掌上明珠"。例如：Her daughter is the apple of her eye.（她的女儿是她的心肝宝贝。）

"clean hands"（洁净的手）源自《旧约·约伯记》（Job）第17章，"and they that have clean hands grow stronger and stronger"（手洁的人要力上加力）。现在这个短语常与"with"或"have"等词连用，表示"廉洁"或"清白"。例如：He retired from office with clean hands.（他退休时两袖清风。）

"as one man"（一致地）是英语中最古老的成语之一，源自《旧约·士师记》（Judges）第20章，"All the people got up as one"（所有人都团结起来如同一个人）。现在仍表示"（全体）一致地"。例如：The staff speak as one man on this issue.（在这个问题上全体员工意见一致。）

"an eye for an eye"（以眼还眼）在《圣经》中多次出现，如《旧约·申命记》第19章，摩西（Moses）受上帝之命成为在埃及做奴隶的以色列人的领袖，他发布法令："Show no pity: a life for a life, an eye for an eye, a tooth for a tooth, a hand for a hand and a foot for a foot"（要以命偿命，以眼还眼，以牙还牙，以手还手，以脚还脚）。成语如"以眼还眼""以牙还牙"也是来源于此，用来表示"以其人之道还治其人之身"。

(二) 寓言神话

神话是一种重要的文学创作方式，广义上可以指任何古老传说，是用故事的形式表达一个民族的意识形态。马敏认为："神话具有一定的地域性和区域性，不同的文明或者民族都有自己所理解的神话含义。"① 因此，神话具有鲜明的民族性。影响英语的神话传说主要是古希腊罗马神话和伊索寓言。

古希腊罗马神话是西方文化的重要起源之一，英语中有许多习语与这些神的名字或故事有关，因此，如果不熟悉这些故事就会造成很大的理解障碍。在英语

---

① 马敏：《从对神的塑造看中国神话与希腊神话比较》，《理论学习》，2008年第1期，第58页。

国家有不少妇孺皆知的常用语，如："the Trojan Horse / the Wooden Horse of Troy"（特洛伊木马）是指希腊军队用来攻破特洛伊城的大木马，后用来比喻"潜伏在内部的敌人"或"潜伏到敌方内部进行破坏和颠覆活动的计策"①；现在还可用来特指一种电脑病毒程序，即"特洛伊木马程序"或"特洛伊木马病毒"②。"Pandora's Box"（潘多拉的盒子）源于天神宙斯（Zeus）命令火神赫淮斯托斯（Hephaestus）创造了一个女人叫作"Pandora"，并在她嫁给普罗米修斯（Prometheus）的弟弟厄庇墨透斯（Epimetheus）时给了她一个盒子，盒子里装满了贪婪、杀戮、恐惧、痛苦、疾病和欲望。当盒子被打开时，这些灾祸一起飞出，只有"希望"还留在盒底，从此人间多灾多难；但人们没有退缩，因为他们坚持寻找希望。这个典故后来用来比喻一切灾难的根源③。又如英文单词"mercurial"源自罗马神话中的智神墨丘利（Mercury），即希腊神话中众神的信使赫尔墨斯（Hermes），意思是"雄辩的，机智的，精明的""活泼的，活跃的""多变的，反复无常的"④。再如，《时代周刊》曾用"Nixon's Odyssey to China"为题来报道尼克松访华，这会让没有相关文化背景的中国读者感到困惑。其实，*Odyssey*（《奥德赛》）原为古希腊史诗，相传为荷马（Homer）所作，描写特洛伊城攻陷后希腊将士回家途中十年流浪的种种经历；其中奥德修斯（Odysseus）就是特洛伊战争中"曾献木马计，而使希腊军队获胜的领袖之一"⑤，他也是罗马神话中的尤利西斯（Ulysses）。"Odyssey"这个词现在一般用来比喻"（历经沧桑的）长期流浪，漫长的行程；智力（或精神）上的长期探索过程"⑥。这个标题则是喻指中美关系正常化所经历的一段漫长过程。

《伊索寓言》（*Aesop's Fables*）相传是公元前6世纪由希腊一个名叫伊索的奴隶所讲述的寓言故事，经民间长期流传后被后世用文字记录并编辑成册。《伊索寓言》"反映了西方社会的价值观念"，同时"具有很高的艺术价值"，"对西方乃至全世界的哲学思想和文学艺术具有深刻的影响"，伊索也因此被誉为"西方寓言之父"⑦。因此，英语中有许多源自《伊索寓言》的典故、谚语和习语等。比如，谚语"One swallow does not make summer."（一燕不成夏。）便出自其中的故事"The Spendthrift and the Swallow"（《败家子和燕子》），用来比喻"不可仅

---

① 平洪、张国扬：《英语习语与英美文化》，外语教学与研究出版社，2000年，第129页。
② 陆谷孙：《英汉大词典补编》，上海译文出版社，1999，第303页。
③ 平洪、张国扬：《英语习语与英美文化》，外语教学与研究出版社，2000年，第127－128页。
④ 陆谷孙：《英汉大词典》，上海译文出版社，2001年，第2062页。
⑤ 陆谷孙：《英汉大词典》，上海译文出版社，2001年，第2312页。
⑥ 陆谷孙：《英汉大词典》，上海译文出版社，2001年，第2312页。
⑦ 平洪、张国扬：《英语习语与英美文化》，外语教学与研究出版社，2000年，第134页。

凭偶然现象而贸然下结论"①。中国人非常熟悉的典故"狼来了"(cry wolf)和"酸葡萄"(sour grapes)也都出自《伊索寓言》。前者源自故事"The Shepherd's Boy and the Wolf"(《牧童和狼》),该故事讲述了一个牧童常常欺骗邻居帮他打狼并以此为乐,可是当最后狼真的出现时却没人再来帮他,结果他的羊都被吃掉了。相对应的英文谚语是"You cannot believe a liar even when he tells the truth."②(骗子即便说实话也无法取得信任。),以此告诫那些喜欢说假话进行欺骗的人最终只会害了自己。后者源自故事"The Fox and the Grapes"(《狐狸和葡萄》),该故事讲述了一只饥饿的狐狸很想要葡萄藤上熟透的紫葡萄,但在竭尽全力却仍够不着的情况之下,只好一边走开还一边装作毫不在乎地说,"这些葡萄酸死了。"(I see now they are quite sour.)③ 现在用这个短语来比喻"由于得不到而加以贬低的东西"④。

(三)文学典故

经典的文学作品除了以其艺术性感染世人外,还会以其独特的人物和语言一代一代传递下来,从而丰富和推动语言的发展。文学语言对文化负载词的影响主要表现在以下四个方面:"一是文学作品中的一些精彩词句进入社会普通语言,经过反复使用,脍炙人口……二是文学作品中的一些故事情节给人留下深刻的印象……三是文学作品中的一些人物性格特征鲜明,其名字具有象征意义,流传广泛……四是有些习语本来已在小范围中使用,后来由于文学名著的引用,得以广泛流传,影响深远。"⑤

威廉·莎士比亚(William Shakespeare,1564—1616)是英国文艺复兴时期最伟大的诗人和剧作家,也是世界文坛最负盛名的作家之一。目前流传下来的作品有剧作37部,长诗2首和十四行诗154首。莎翁的作品为英语语言注入了许多新颖生动的表达方式,作品中的很多佳句常被引用并成为英语语言的精华,他本人也因此成为"对英语习语影响最大的文学家"⑥。比如,罗密欧(Romeo)本是莎翁经典名剧《罗密欧与朱丽叶》(Romeo and Juliet)中的男主人公,现在则可用来指"热恋的男子"或"痴情相思的男子"⑦,而这个在西方家喻户晓的

---

① 陆谷孙:《英汉大词典》,上海译文出版社,2001年,第3503页。
② Arthur Rackham: *Aesop's Fables*, V. S. Vernon Jones trans, Wordsworth Editions Limited, 1994, pp. 52-53.
③ Arthur Rackham: *Aesop's Fables*, V. S. Vernon Jones trans, Wordsworth Editions Limited, 1994, p. 23.
④ 陆谷孙:《英汉大词典》,上海译文出版社,2001年,第3303页。
⑤ 平洪、张国扬:《英语习语与英美文化》,外语教学与研究出版社,2000年,第139页。
⑥ 平洪、张国扬:《英语习语与英美文化》,外语教学与研究出版社,2000年,第140页。
⑦ 陆谷孙:《英汉大词典》,上海译文出版社,2001年,第2958页。

悲剧故事也成为西方文学作品中追求浪漫爱情的典型。又如，《哈姆雷特》（Hamlet）是莎翁最负盛名的四大悲剧之一，讲述了丹麦王子哈姆雷特的复仇故事。主人公"Hamlet"在为父报仇的问题上优柔寡断，忧虑重重，只好装疯卖傻，后来这个单词被用来比喻"优柔寡断的思考性人物"，并有"Hamletish"和"Hamletlike"两个相关的衍生词。同时，短语"without the Prince（of Denmark）"或"Hamlet without the Dane"则用来指"没有主角的演出；没有中心人物的行动；去掉了本质的东西"①。除此之外，这部戏剧还产生了大量的经典台词，其中最深入人心的就是："To be, or not to be—that is the question."（生存或毁灭，这是个问题。）再如，习语"one's pond of flesh"也源自莎翁著名的喜剧作品《威尼斯商人》（The Merchant of Venice），讲述了狠毒吝啬、贪得无厌的放高利贷者夏洛克（Shylock）逼迫威尼斯商人安东尼奥（Antonio）割肉还债的故事，后用来指"合法但有悖情理的要求"②。而"Shylock"这个词也被用来指代"贪得无厌的人"③。

除了莎翁之外，从英国最早具有人文主义思想的代表作家杰弗雷·乔叟（Geoffery Chaucer，1343—1400）开始，此后数百年间，英国涌现出了一大批享誉世界文坛的作家和诗人，如约翰·弥尔顿（John Milton，1608—1674）、罗伯特·彭斯（Robert Burns，1759—1796）、乔治·戈登·拜伦（George Gordon Byron，1788—1824）、托马斯·莫顿（Thomas Morton，1764—1838）、查尔斯·狄更斯（Charles Dickens，1812—1870）等。再加上18世纪以来的美国、加拿大等国以英语为母语的作家，他们的作品都对英语语言的丰富和发展有着不同程度的影响。下面以狄更斯的作品为例。短语"King Charles's head"与1649年英王查理一世被送上断头台有关，出自小说《大卫·科波菲尔》（David Copperfield），叙述一位精神不太正常的名叫迪克的人在为自己写墓志铭的时候，总是会想到"King Charles's head"，因此无法写下去。这个习语后来用来比喻"某人在谈话中反复讲的话题"④。而小说中的另一个人物"Micawber"（米考伯）现在用来比喻"无远虑而老想着走运的乐天派"，并且衍生出形容词"Micawberish"（米考伯式的；无远虑而老想着走运的）和名词"Micawberism"（米考伯主义；无远虑而老想着走运的乐天主义）⑤。狄更斯在其小说《双城记》（A Tale of Two Cities）中的开场白"It was the best of times, it was the worst of times."（这是最好的时

---

① 陆谷孙：《英汉大词典》，上海译文出版社，2001年，第1447页。
② 陆谷孙：《英汉大词典》，上海译文出版社，2001年，第2620页。
③ 陆谷孙：《英汉大词典》，上海译文出版社，2001年，第3189页。
④ 平洪、张国扬：《英语习语与英美文化》，外语教学与研究出版社，2000年，第150页。
⑤ 陆谷孙：《英汉大词典》，上海译文出版社，2001年，第2078页。

代,这是最坏的时代。)更是广为传颂,成为后世广泛引用的千古名句。

(四) 历史与风俗习惯

不同国家都有不同的风俗习惯和生活方式,这不可避免地会通过文化负载词反映出来。比如西方人的主食是面包,因此英语里有许多与面包有关的表达方式。"bread and butter"原本是指"涂黄油的面包",也就是"食物"和"生活必需品",其引申含义是"生计,谋生之道;主要的收入来源";"butter and scrape"原指"只涂薄薄一层黄油的面包",其引申含义是"待遇菲薄的职业";"know which side one's bread is buttered on"引申含义为"明白自己的利益所在,知道该怎么保全自己的利益,善为个人利益谋算";"to take the bread out of one's mouth"原指"抢某人的饭碗,夺某人的生计",引申含义是"抢在某人前行动"①。

又如,英语国家有很多人喜欢玫瑰花,因而英语里也有大量与"rose"有关的习惯表达。英国历史上著名的玫瑰战争(Wars of the Roses,1455—1485)通常指英国兰开斯特王朝(House of Lancaster)和约克王朝(House of York)的支持者之间为了争夺英格兰王位的断续内战。这两个家族都是金雀花王朝(Plantagenet)皇族的分支,是英王爱德华三世的后裔。玫瑰战争并非当时所用的名字,而是来源于两个皇族所选的家徽,即代表兰开斯特家族的红玫瑰和代表约克家族的白玫瑰②。与玫瑰有关的习惯用语还有许多,以下是一些例子。"a rose without a thorn"意指"无刺的蔷薇",引申含义为"不可能得到的幸福;完美的快乐";"be not all roses"意思是"(工作、事态等)不尽完美,有些缺陷";"come out smelling of roses"比喻"出淤泥而不染,保持清白";谚语"There is no rose without a thorn."本指"没有不带刺的玫瑰",其引申含义是"没有尽善尽美的快乐"③。同样地,"rose-colored"(玫瑰色的,淡红色的)用来比喻"乐观的;愉快的;光明的;有希望的",因此,"see things through rose-colored glasses"就是指"过于乐观地看待事物"④。

很多西方人爱好体育和健身运动,因此,英语中也有相当一部分文化负载词是与体育项目密切相关的,几乎包含了所有在西方比较普及或是广受欢迎的体育项目。这对了解英语国家文化尤其是当代美国文化而言是极为重要的。比如,"high dive"源自跳水,引申含义是"冒大风险,铤而走险"⑤;"dead heat"源自田径,"heat"指预赛,"dead heat"指"参赛者不相上下的赛跑",引申含义

---

① 陆谷孙:《英汉大词典》,上海译文出版社,2001年,第384页。
② 余志远:《英语国家概况》,外语教学与研究出版社,1996,第43-45页。
③ 陆谷孙:《英汉大词典》,上海译文出版社,2001年,第2963页。
④ 陆谷孙:《英汉大词典》,上海译文出版社,2001年,第2694页。
⑤ 谷约:《漂亮的体育英文》,世界知识出版社,2003年,第3页。

是"没有人获胜"或者"不知谁胜谁负"①;"a long shot"源自射击,原来指"火器缺乏精确性",引申含义是"成功的希望很渺茫"②;"par for the course"源自高尔夫球,指"一个高尔夫好手完成赛程所需要的平均(击球)杆数",引申含义是"平均数或者正常量;正好在意料之中"③;"black belt"源自柔道,意思是黑带,即"最高的自卫技能",引申含义是"顶尖专家"④;"stay the course"源自赛马,指"赛马吃苦耐劳跑完全程",引申含义是"坚持到底、有始有终"⑤;"down and out"源自拳击,本来是指"(选手)被击倒(down)后至少在10秒钟内未能站起来,结果输掉该回合(out)",引申含义是"身无分文,毫无依靠"⑥。

值得一提的是,许多与体育有关的英语习语或惯用语都来自中国人不太熟悉的美式橄榄球和棒球,而非大家熟悉的足球或篮球⑦。比如,"to touch bases"源自棒球,"base"是指棒球中的垒或垒位,因此习语的意思是指"棒球队员跑完全部垒位得一分",引申含义是"事先与某人商量,打招呼,联络某人";又如,"in the same league"中的"league"是指棒球联赛,其引申含义是"与……同等级、同种类"⑧。再如,"Monday-morning quarterback"源自美式橄榄球,意思是"球迷在星期一早上议论周末的球赛",引申含义是"马后炮"或"自以为是的人"⑨。

综上所述,英语文化负载词往往反映了英语社会文化的不同侧面,散发着浓郁的文化气息,也展示出英语语言文化的发展与演变,这必然成为英汉跨文化交际中的重点和难点。

第二节　英语文化负载词的翻译策略

翻译是为了再现源语的信息,即源语所表达的语言及其所承载的文化信息。文化存在于特定的语境。因此,"文化语境与翻译是息息相关的。翻译作为一种

---

① 谷约:《漂亮的体育英文》,世界知识出版社,2003年,第4页。
② 谷约:《漂亮的体育英文》,世界知识出版社,2003年,第6页。
③ 谷约:《漂亮的体育英文》,世界知识出版社,2003年,第7页。
④ 谷约:《漂亮的体育英文》,世界知识出版社,2003年,第9页。
⑤ 谷约:《漂亮的体育英文》,世界知识出版社,2003年,第14页。
⑥ 谷约:《漂亮的体育英文》,世界知识出版社,2003年,第14页。
⑦ 谷约:《漂亮的体育英文》,世界知识出版社,2003年,第10页。
⑧ 谷约:《漂亮的体育英文》,世界知识出版社,2003年,第11页。
⑨ 谷约:《漂亮的体育英文》,世界知识出版社,2003年,第262页。

跨文化的交流活动，无论是广义的翻译，还是狭义的翻译，无不在一定的文化语境中进行。而文化语境中所涉及的各个层面的因素，对从翻译的选择到翻译的接受这一整个过程的各个阶段都起着重要的作用"①。

一、功能对等理论和翻译目的论

　　功能对等理论（functional equivalence theory）最有代表性的人物是奈达，他对翻译中的对等概念做了比较详细的阐述。他自己的学说也经历了一系列的发展过程，他先后提出了动态对等和功能对等两个概念。前者是奈达于20世纪60年代在《翻译科学探索》（1964）和《翻译理论与实践》（1969）中提出的，意思是"译文对译文接受者所起的作用，跟原文对原文接受者所起的作用大体相等"②，而要实现这个目的，译者需要选择最接近原文效果的翻译方法。后者是奈达于1986年在《从一种语言到另一种语言：论圣经翻译中的功能对等》（*From One Language to Another：Functional Equivalence in Bible Translation*）一书中提出来的，与动态对等"无实质上的区别"，仍然重申了其翻译标准，"即最接近原文的、自然的信息等值"③。

　　功能对等理论对于英语习语翻译中文化信息的处理具有很好的指导意义。根据功能对等的内涵，翻译不仅仅要求词汇意义的对等，更要求语义、风格和文体的对等；翻译既要传递表层的词汇意义，也要传递内在的文化意义。因此，在英语文化负载词的翻译中，应尽可能用汉语的形式传递英语的文化内涵，争取实现翻译的文化等值。

　　值得一提的是，有时候译者为了译文读者能够与原文读者有对等的理解和欣赏，会不得不放弃原文的一些文化意象，而用译语中熟悉的文化意象来代替，从而出现文化缺失现象。这势必影响原作整体内容的传达，还可能会造成文化误读。翻译对文化意象的处理存在着两大弊病：一是略去文化意象不译；二是文化意象被译者破坏，从而使读者不能真正地了解源语文化的意象。当然，在翻译实践中，完全的对等是很难达到的，因此，在具体翻译过程中，对待不同类型的英语文化负载词，必须采取不同的处理方式。比如，对于部分并不具备特殊文化意义的习语，在翻译成目标语时可以重点考虑功能对等，也就是意义优先，让译文读者也能有同样意义上的理解并且能兼顾美学价值，这样才能令译文表达自然。为达到这个目的，译者必须摆脱原文语言结构的束缚，也要尽力避免原语社会文化因素对译文读者造成的陌生感。例如，把短语"to grow like mushrooms"译成

---

① 许钧：《翻译概论》，外语教学与研究出版社，2009年，第133页。
② 方梦之：《译学辞典》，上海外语教育出版社，2004年，第47页。
③ 方梦之：《译学辞典》，上海外语教育出版社，2004年，第47页。

"像雨后春笋一样冒出来"就比直译为"像蘑菇一样冒出来"更好，虽然置换了文化意象，但是准确表达了原义，并且比直译效果更好。

对文化负载词采取何种翻译策略和翻译方法，要由译者的翻译目的来决定。目的论是20世纪70年代开始盛行的功能主义的基本原理，翻译的功能学派是当代德国最具影响的翻译学派，又称翻译目的学派。1978年，创始人汉斯·费米尔（Hans Vermeer）在《普通翻译理论的框架》一文中"率先提出重社会文化及交际功能"，创立了这种"前瞻性的翻译观"，即翻译方法和翻译策略必须由译文预期目的或功能决定。目的论者认为，翻译应把"立足点放在目标读者和翻译任务委托者身上，特别是放在目标文本在他们所属文化中的功能上，译者必须根据目标文本在目标文化中所要承担的功能来决定在翻译中应当采用何种方法和策略"。译文必须能让接受者理解，并在目的语文化以及使用译文的交际环境中有意义。与此同时，"从译者的特定目的来说，源文本是翻译委托的一个组成因素，也是影响最终译品形成的诸多因素的基础，但……源文本在翻译行动中占据何种地位，它必须由译者这个专家决定，而译者作出决定时的关键因素则是特定情景中的交际目的，而不是源文本本身的地位"①。比如，《红楼梦》中的成语"谋事在人，成事在天"，中国翻译家杨宪益和戴乃迭夫妇译为"Man proposes, Heaven disposes"，而英国汉学家大卫·霍克斯（David Hawkes）则译为"Man proposes, God disposes"。完全一样的句式和语法，只有一个单词不同，却体现了不同的翻译目的，即前者是为了向英语读者介绍更多的中国文化，因此保留了"天"这个在中国古代文化中至高无上的主宰者，采用了异化的翻译方法；后者则站在英语读者的立场，为了使他们更容易理解原义的内涵并产生相同的共鸣，采用归化的翻译方法，把"天"这个文化意象置换为"上帝"，以符合英语读者的宗教文化背景。两种译文绝无对错之分，却会在目的语读者中产生不同的文化联想。

二、文化负载词的翻译策略

文化负载词的翻译有三大策略，即文化置换、文化补偿和文化协调。

文化置换（cultural transposition）是指："在原文文化译入译语文化时，必然会不同程度地偏离于直译，所有形式的文化移植都是替代直译。在作不同程度的文化移植时，都会优先考虑译语和译语文化，而不是原语和原语文化。其结果是，译文只含有少量外国文化和有限的原语特色；译文更贴近译语文化和译语习惯。"②（It is a general term to describe "the various degrees of departure from literal

---

① 谭载喜：《西方翻译简史》（增订版），商务印书馆，2004年，第255-256页。
② 方梦之：《译学辞典》，上海外语教育出版社，2004年，第310页。

translation that one may resort to in the process of transferring the contents of a ST into the context of a target culture"..."the overall effect is a TT which contains a limited number of SL features and thus appears less foreign, and closer to the TL culture".①)文化置换的最高程度便是文化移植(cultural transplantation),即"源语文化被译语文化成分所替换,部分原文在译语文化背景下重述"②。(It means "details of source culture contained in ST are replaced by target culture elements with the result that the text is partially rewritten in a target culture setting".③)

与此相对应的是文化补偿(cultural compensation),即在目的语中补偿"交际双方在交际过程中对双方共有的文化背景知识的省略",即"文化缺省"(cultural default)。这是非常重要的翻译策略,因为"这种缺省如果不经译者补偿,译文读者会难解语义疑团;而补偿过量又会损害原文的含蓄性和简洁美"。因此,"缺省补偿要尽可能地不影响或少影响原文的语用目的和修辞效果"。文化补偿的方法主要有直译加注、意译、归化等④。文化补偿的一个重要特征就是保留原文的异国情调(exoticism),即在译文中完全或最大程度上保留原文的语言和文化特征,并使译文呈现出一种显而易见的异国情调(linguistic and cultural features of ST are taken over into TT with little or no adaptation, so that TT has an obvious "foreign" appearance⑤)。

一旦文化置换和文化补偿两个策略都无法很好地完成翻译,此时便需要采用文化协调(cultural mediation)策略,即在译文中略去原文的文化意象,仅仅只用译语将原文的意思进行传达,但这必然导致文化的缺失(cultural loss)。

关于如何处理翻译中的文化差异问题,翻译界形成两种意见,即归化与异化。前者主张译文应以译语或译文读者为归宿,后者则认为译文应以源语或原文作者为归宿。就翻译中涉及的文化转换而言,可分为以译语文化为归宿(target language culture oriented, or TL culture-oriented)和以源语文化为归宿(source language culture oriented, or SL culture-oriented)这两种原则和方法。早在1813年,弗里德里希·施莱尔马赫(Friedrich Schleiermacher,1768—1834)就在一篇探讨翻译方法的文章中指出,有以下两种翻译方法:译者要么尽可能不去打扰作

---

① Mark Shuttleworth, Moira Cowie: *Dictionary of Translation Studies*, Shanghai Foreign Language Education Press, 2004, p. 36.
② 方梦之:《译学辞典》,上海外语教育出版社,2004年,第310页。
③ Mark Shuttleworth, Moira Cowie: *Dictionary of Translation Studies*, Shanghai Foreign Language Education Press, 2004, p. 36.
④ 方梦之:《译学辞典》,上海外语教育出版社,2004年,第309页。
⑤ Mark Shuttleworth, Moira Cowie: *Dictionary of Translation Studies*, Shanghai Foreign Language Education Press, 2004, p. 54.

者，而让读者向作者靠拢；要么尽可能不去打扰读者，而让作者向读者靠拢（either the translator leaves the author in peace, as much as possible, and moves the reader towards him; or he leaves the reader in peace, as much as possible, and moves the author towards him①）。前一种方法就是异化，而后一种方法就是归化。

"归化"（domestication）是指"恪守本族文化的语言传统，回归地道的本族语表达方式"，并且"用具有译语文化色彩的词语来翻译原语词语"，其目的是"使译文读来比较地道和生动"②。归化是为译文读者而采用透明流畅的表达方式从而最大限度地减少原文的"异"（a transparent, fluent style is adopted in order to minimize the strangeness of the foreign text for TL readers③），因而提倡"使用一种文化（即译语文化）本身所有的表达方式，反对引入原语文化的表达方式"，其优点是"使读者领略到不同文化之间不谋而合、异曲同工的妙趣，同时使译文更加符合译语读者的阅读习惯和表达习惯，使译语更加通顺流畅"。然而"这种通顺流畅牺牲了不同文化之间其他附载信息，把一种不为人熟知的文化里异质的成分加工处理，成了人们熟知的文化"，因此，归化的翻译方法"对其他文化的吸收是微乎其微的"④。比如，"Pigs might fly"如果直译为"也许猪会飞"会使人感到一片茫然，此时需要根据中文语言和文化习惯译为"无稽之谈"；"teach a pig to play on a flute"直译为"教猪吹笛"也难以在中文读者中引起共鸣，只能译为"荒诞或不可能做到的事"，相当于中文的"对牛弹琴"；"when pigs fly"也要译成"绝不可能；绝不；永不"，相当于中文的"太阳从西边出来"。⑤ 简而言之，主张以译语文化为归宿的归化派认为，译文不仅要克服语言的障碍，还要克服文化的障碍。译者的任务之一就是避免文化冲突，同时不应强求译语文化的读者能理解原语文化作者的世界，相反，他们可以用自己的文化观念来理解译文的内容。奈达可以说是归化派的代表人物，他认为，翻译是"从语义到文体在译语中用最切近而又最自然的对等语再现原语的信息"⑥。奈达的翻译理论是"以目的语和目的语文化为依归，以译文和译文读者为中心"的理论，其核心是"译意"⑦。

---

① Lawrence Venuti: *The Translator's Invisibility: A History of Translation*, Shanghai Foreign Language Education Press, 2004, p. 19.
② 方梦之：《译学辞典》，上海外语教育出版社，2004年，第3页。
③ Mark Shuttleworth, Moira Cowie: *Dictionary of Translation Studies*, Shanghai Foreign Language Education Press, 2004, p. 44.
④ 廖七一等：《当代英国翻译理论》，湖北教育出版社，2001年，第380页。
⑤ 陆谷孙：《英汉大词典》，上海译文出版社，2001年，第2529页。
⑥ 郭建中：《当代美国翻译理论》，湖北教育出版社，2000年，第65页。
⑦ 郭建中：《当代美国翻译理论》，湖北教育出版社，2000年，第74页。

"异化"是指"在翻译方法上迁就外来文化的语言特点,吸纳外语表达方式"①。韦努蒂认为异化是刻意在译语的文本中,在风格和其他方面突出原文之"异"(a term used by Venuti to designate the type of translation in which a TT is produced which deliberately breaks target conventions by retaining something of the foreignness of the original②)。异化主张"保留原语文化的特有表达方式"并"把它输入到译语文化中去"③,这样便"有利于两种不同的文化和语言之间进行相互交流和渗透,促进它们之间的融合"④。主张在译文中保留原语文化的异化派认为,译文读者希望并能够了解异国文化,译者应当相信读者的能力;而且,在译语文化中移植进原语文化将丰富译语文化和译语语言表达方式从而实现文化交流。其代表人物是韦努蒂,他提出了"反翻译"的概念,即"刻意在译语的文本中,在风格和其他方面突出原文之'异'"。韦努蒂主张,"翻译应当采用'异化'的原则和策略,使译文保持异域风貌、异国情调,读起来像译文,而不是'归化'的原则和策略,使译文完全按照目标文化的意识形态和创作规范进行改造,读起来不像异族作品,而就是目标语原创"⑤。与此同时,韦努蒂认为,"异化的翻译表现了一种自主的意识形态,把差异放在异国文化之中;它追求文化的多样性,突出原语文本语言和文化上的差异,并在目的语中改变文化价值的等级"⑥。比如汉语的"时间就是金钱"就是把美国政治家和科学家本杰明·富兰克林(Benjamin Franklin,1706—1790)在1748年所写的《致青年商人》("Advice to a Young Tradesman")中的一句"Time is money"异化翻译而成的,并早已在中国成为家喻户晓的名言⑦。但是,异化并不总是适宜的,过度异化必然导致理解的缺失并最终失去其生命力。比如,英语单词"democracy"和"international"曾被异化为"德谟克拉西"和"英特耐雄纳尔",这种典型的并且没有任何注解的直译,匪夷所思,并最终被"民主"和"国际"所代替。

归化与异化各有其存在的价值和作用,在实际翻译过程中,这二者不仅是不矛盾的,而且是互为补充的。译者在译文中必须保留或者调整哪些原语文化,以及如何保留或调整,都要根据作者的意图、文本的类型、翻译的目的和读者的要求等因素做出选择。对译者而言,最根本的原则还是在翻译中要有深刻的文化意

---

① 方梦之:《译学辞典》,上海外语教育出版社,2004年,第3页。
② Mark Shuttleworth, Moira Cowie:*Dictionary of Translation Studies*, Shanghai Foreign Language Education Press, 2004, p. 59.
③ 廖七一等:《当代英国翻译理论》,湖北教育出版社,2001年,第380页。
④ 廖七一等:《当代英国翻译理论》,湖北教育出版社,2001年,第381页。
⑤ 谭载喜:《西方翻译简史》(增订版),商务印书馆,2004年,第245页。
⑥ 郭建中:《当代美国翻译理论》,湖北教育出版社,2000年,第157页。
⑦ 方梦之:《译学辞典》,上海外语教育出版社,2004年,第3页。

识。范先明认为:"异化和归化作为翻译的策略,并非截然分开,而是你中有我,我中有你。作为译者,只有做到归化和异化的平衡,用归化的语言来传达异化的思想、内容,才能在实践中起到良好的效果。"① 正如郭建中所说,"未来的翻译,外国文本中语言和文化的差异将会在译文中得到更多的保留",但是,"由于归化的翻译和异化的翻译在目的语文化中起着各自不能互相替代的作用,完成各自的使命,因此,两种翻译将永远并存,并起到相互补充的作用"②。

三、英语文化负载词的翻译方法

在跨文化交际过程中,由于原语和译语之间存在着巨大的语言和文化差异,无论译者采取何种方式或手段,都无法使译文完美地对应和再现原文,因此,跨文化交际的最终目的是使译文最大限度地接近原文。廖七一认为,文化负载词的翻译应遵循以下原则:"1)原语词汇意义的再现优于形式的再现;2)选词必须考虑原语词汇所处的语境;3)原语词汇关键的隐含意义,在译文中应转化为非隐含意义",也就是说,"译者的侧重点通常是在内容上"③。

与此同时,"文化因素的特殊性和复杂性决定了文化负载词汇在翻译手段上的变通和灵活的特点"④,由于英语的文化负载词很难在汉语中找到完全对应的表达方式,译者必然需要采用不同的方法来弥补或调整英汉两种语言的表达方式在文化上的差异。比如,"Beat Generation"通常被译为"垮掉的一代",可对美国历史和文学不甚熟悉的大多数中国人而言,需要补充其文化意义,即"第二次世界大战后美国出现的一批年轻人,对社会现实不满,蔑视传统观念,在服饰和行为方面摒弃常规,追求个性自我张扬,长期浪迹于社会底层,形成独特的社会圈子和处世哲学"⑤。了解美国当代文化,必须要了解"垮掉的一代",因为正如国内研究"垮掉的一代"的权威学者文楚安所说,其"作为美国特定历史时期的一个重要文化—社会现象,正如第一次世界大战后'迷惘的一代'、'愤怒的一代'一样有其产生的历史缘由,直接引发了60年代的嬉皮士运动、反叛青年的反战抗议浪潮以及民权运动"⑥。与此相同的例子是"hippie(或hippy)",即"20世纪60年代出现于美国的青年颓废派一员,对社会现实抱某种不满情绪,常服用引起幻觉的麻醉剂,信奉非暴力或神秘主义,实行群居,蓄长发,穿

---

① 范先明:《异化·归化·第三空间:对霍米·巴巴文化翻译观的再思考》,《乐山师范学院学报》,2013年第4期,第53页。
② 郭建中:《当代美国翻译理论》,湖北教育出版社,2000年,第199页。
③ 廖七一:《当代西方翻译理论探索》,译林出版社,2000年,第236页。
④ 廖七一:《当代西方翻译理论探索》,译林出版社,2000年,第239页。
⑤ 陆谷孙:《英汉大词典》,上海译文出版社,2007年,第154页。
⑥ 凯鲁亚克:《在路上》,文楚安译,漓江出版社,2001年,第354页。

奇装异服"①。这不仅是一个文化负载词,更是一种文化符号和一种影响深远的文化现象,与美国当年的反越战和民权运动有密切的关系,这些文化现象在广受欢迎的美国电影《阿甘正传》(*Forrest Gump*,1994)中都有所体现。然而在汉语文化中完全没有相对应的文化概念,因此,如果最初仅仅直译为"嬉皮士"而不加任何注解的话,是无法使汉语读者理解和接受的。

针对以上的问题,译者在翻译过程中面对不少文化特色浓郁的词语时,应该本着一个总的原则:一方面要尽可能传达原语的文化特色,另一方面又要逾越译语文化和译语读者可接受的限度。具体来说,对于有文化特色的词语,可以采用文化意识冲突的转换策略。

总的来说,英语文化负载词主要有以下四种翻译方法。

(一)直译法

直译法(literal translation)一般指"译文形式和内容都与原文一致",但更强调"不要歪曲了原作的面目,要能表达原作的精神"②。汉语中有不少由英语直译而成的习语,如"cold war"(冷战)、"carrot and stick"(胡萝卜加大棒)、"All roads lead to Rome."(条条大路通罗马。)、"to be on thin ice"(如履薄冰)等。直译的优点是:"在吸收外来有益的新因素,在反映异国客观存在的事物和情调上,比意译更能避免主观因素的干扰"③,同时也有利于吸收和传播外来文化。不过需要注意的是,直译时不能生搬硬套,而且应当以不引起汉语读者误读或误解为前提。在不违背汉语语言规范以及不引起误解的前提下,直译就是在汉语中保留英语文化负载词的意象及其民族色彩。中英两种文化都是人类文化的组成部分,必然具有共性,因此,两种语言也会有一些相同或近似的习语,当然可以互译。例如,在中西方文化中,狐狸常常被认为与诡异狡诈有关,所以两种文化中都可以用狐狸来比喻"狡猾的人,诡计多端的人"④,"as sly as a fox"翻译为"像狐狸一样狡猾"便是典型的直译法。类似的还有:"a wolf in sheep's clothing"(披着羊皮的狼),"Barking dogs do not / seldom bite."(吠犬不咬人。),"Like father, like son."(有其父必有其子。),"Walls have ears."(隔墙有耳。)。

有时英语习语的比喻或形象可能对汉语读者比较生疏,但由于它在一定的上下文中具有强烈的政治意义或明显的民族色彩,也应采用保留英语表达方式的直译法。比如,有人曾把"crocodile tears"译作"猫哭耗子假慈悲",这的确有利

---

① 陆谷孙:《英汉大词典》,上海译文出版社,1989年,第1524页。
② 方梦之:《译学辞典》,上海外语教育出版社,2004年,第92页。
③ 方梦之:《译学辞典》,上海外语教育出版社,2004年,第93页。
④ 陆谷孙:《英汉大词典》,上海译文出版社,1989年,第1256页。

于汉语读者的理解，但同时也失去了英文所特有的联想意义，不如直接译为"鳄鱼眼泪"或"假慈悲"，这也能使汉语读者了解这个习语的来源是"传说鳄鱼堕泪哭其所捕的动物，以诱使更多的动物上当"①。类似的例子还有"The Trojan horse"（特洛伊木马）、"armed to the teeth"（武装到牙齿）、"a cat has nine lives"（猫有九命）、"tower of ivory"（象牙塔）等。

一般来说，英汉之间的文化差异往往体现在使用不同的形象，或者是相同的形象具有不同的联想意义。因此，如果在英译汉过程中保留英语的形象化语言，就相当于为中国读者保留了解英美语言文化的机会，同时，也有助于丰富汉语的表达方式。因此，对于英语文化负载词，应当尽量采取保留形象的译语。不过，由于英汉在语言文化上的差异，有时仅仅采取直译法还不能完全达意，而必须进行一定的增补。

（二）意译法

意译法（free / semantic translation）是指"译文内容一致而形式不同"，即"以原文形式为标准，译文表达形式上另辟蹊径"②。这种译法着眼于传达原文的意义，并舍去原语的语言形式或字面含义，其目的是在译语中更好地表达出原语的文化信息。例如，众所周知的谚语"When in Rome, do as the Romans do."，如果按字面直译则会使读者费解，为什么只能是罗马而不是其他城市？其实这句话隐含的内在意义与汉语的"入乡随俗"是相对应的，因而要采取意译法。又如，谚语"Rats desert / leave a falling house / a sinking ship."如果直译为"屋塌鼠先溜。"或"船沉鼠先溜。"都会让汉语读者觉得不知所云，其实它对应的是中文的谚语"树倒猢狲散。"③。类似的例子还有"the Renaissance"（文艺复兴）、"talk horse"（吹牛）、"as strong as horse"（力大如牛）、"black sheep"（害群之马）、"like a drowned rat"（落汤鸡）等。需要指出的是，意译必须根据英语民族的文化传统和心理特征来把握，切不可按照汉语的惯性思维进行类推，否则便会造成误解，也会导致翻译中出现败笔。比如"black sheep"切不可望文生义想当然地翻译成"黑马"，而"gild the lily"（画蛇添足，多此一举）和"lock the stable door after the horse has been stolen"（贼走关门）也很容易被汉语读者分别误解为"锦上添花"和"亡羊补牢"。

对于那些英语文化负载词，当直译不能传达其文化意义，替换又会有损英语文化的表达，同时增补太多则无异于解释，此时便应采取意译的方式，这样才能优先完成文化意义的传递，也实现了译语（汉语）与原语（英语）的功

---

① 陆谷孙：《英汉大词典》，上海译文出版社，1989年，第744页。
② 方梦之：《译学辞典》，上海外语教育出版社，2004年，第100页。
③ 陆谷孙：《英汉大词典》，上海译文出版社，1989年，第2784页。

能对等。比如，"fight fire with fire" 如果直译为"以火攻火"，似乎让人不甚明白，不如译成汉语中人人知晓的"以其人之道还治其人之身"①，如此一来短语的意思就不言而喻了。比如在美剧《绝望的主妇》（*Desperate Housewives*）中，大量的口头俚语和文化负载词都需要通过意译产生预期效果，并符合口语表达习惯。

  She didn't cook much while moving up the corporate ladder. She didn't have time.
  然而在她事业蒸蒸日上的那段时间，她很少下厨，因为她没有时间。

  这个句子中"move up the corporate ladder"，译为"事业蒸蒸日上"，既能够形象地说明主角的职场情况，又符合中文的表达习惯。相反，如果直译为"爬上……梯子"，那就效果全无了。

  Guess we found the skeleton in her closet.
  我猜我们发现她的小秘密了。

  "a skeleton in one's closet" 本义是"不可外传的家丑，不可告人的秘密，隐情"。这句话发生的场景是苏珊等四位主妇按照当地习俗在好朋友爱丽丝的葬礼之后为其整理衣物，无意中发现了一封信。如果译为"丑事"，这个词自带贬义，而她们是关系非常亲密的好朋友；如果简单译为"发现什么"，则无法表达这个短语的内涵，所以需要调整为上述译文。

（三）音译法

  如果英语文化中特有的物象在汉语中空缺，便可采用音译法把这些特有的物象移植到汉语中来。音译（transliteration）是指一种"转写，即用一种文字符号（如拉丁字母）来表示另一种文字系统的文字符号（如汉字）的过程或结果"，"当原语和译入语之间差异很大、存在语义空白的情况下，翻译不可能直接从形式或语义入手"时，音译便成为一种主要翻译方法，其对象主要是"人名、地名和新产生的术语"②。例如："talk show"（脱口秀）、"cool"（酷）、"hacker"（黑客）、"AIDs"（艾滋病）、"salad"（色拉）、"sofa"（沙发），等等。

  需要指出以下两点：一是"由于音译常受译者方言的影响或选择汉字不同，因而译音词常不统一"③，就英译汉而言，在中国大陆地区与港台地区的音译往往在汉字的选择上存在差异，如美国前总统"Obama"的名字在大陆被译为"奥巴马"，但在港台则译为"欧巴马"；二是由于汉字的表意特征，在音译英语词语时，汉语读者一开始可能并不了解该词的确切含义，特别是在这些词语最初进入汉语文化的时候，因而必要时可在音译词后面加上类别词，如"hamburger"

---

① 陆谷孙：《英汉大词典》，上海译文出版社，2001年，第1193页。
② 方梦之：《译学辞典》，上海外语教育出版社，2004年，第96页。
③ 方梦之：《译学辞典》，上海外语教育出版社，2004年，第96页。

(汉堡包)、"jazz"（爵士乐）、"sauna"（桑拿浴）、"rifle"（来复枪）、"ballet"（芭蕾舞）等。

(四) 加注释法

加注释法是翻译文化负载词的时候一贯采用的翻译策略，是移植文化的必要手段，即为了避免含义模糊不清，进行解释性翻译，将意思完整表达出来，以达到最佳翻译效果，从而实现跨文化交际的目的。对于西方文化中特有的文化意象，在翻译的时候不能简单粗暴地直接不译，或者是用汉语中的熟悉意象代替。这样会有两大弊端，一是这种文化意象的省略或替换会造成一定程度上内涵或美学价值的变动，二是这样就完全失去了文化传播的功能。因此，对于这一类型的文化意象，最好采用加注释的方式，即音译加注或直译加注。

比如，关于"Judas kiss"的翻译，无外乎两种。一种是意译，因为"Judas"可用来指代"出卖朋友的人"或是"叛徒"，因此，可以意译为"口蜜腹剑的伪善阴险的行为"，其中"口蜜腹剑"的含义对汉语读者而言是不言而喻的，可是这种用汉语成语替换英语原有文化意象的归化译法却完全失去了向汉语读者介绍英语文化的桥梁作用，是不值得提倡的。因而要采用第二种译法，即直译为"犹大之吻"，并加注释"此处犹大指耶稣十二使徒中出卖耶稣者 Judas Iscariot"[1]，这样不仅准确传递了原义，更是实现了跨文化交际。又如，"Othello"可以音译为"奥赛罗"，但同样需要加注释：原指"莎士比亚悲剧剧名"或"该剧的主人公"，后用来指"妒火中烧丧失理智的丈夫"[2]。

翻译是为了再现原语的信息，即原语所表达的语言及其所承载的文化。文化存在于特定的语境中，离开其所依附的环境，这种文化便不复存在。虽然翻译是以交流为目的的不同语言之间的转换，但却不仅仅是为了语言层面的交流，更是要让读者有机会深入异国文化，并真正体味原文所具有的社会和文化内涵。因此，译者需要能很好地把握文化负载词，并且用"最贴近最自然"的译语表现出来。简而言之，文化负载词的翻译实质是要在不同文化和语言的转换中寻找原语和译语的对应之处。如果存在文化负载词完全对等的情况，这当然有利于翻译的质量和读者的理解；但如果无法对应，即一种文化在另一种文化中存在缺失的状况，那译者就必须采取一定的策略和方法来实现原文和译文的基本对等。无论是采取直译或意译，归化或异化，或者加注释的方式，都是为了呈现出最好的译文供读者欣赏。翻译是不同文化之间转换和沟通的桥梁，其最终目的是实现跨语言交流和跨文化交际。

---

[1] 陆谷孙：《英汉大词典》，上海译文出版社，1989 年，第 1756 页。
[2] 陆谷孙：《英汉大词典》，上海译文出版社，1989 年，第 2365 页。

翻译实践

请将下列句子翻译成汉语。

1. His eleventh-hour rise to power has been described as a miracle.
2. Give them advice if you like. It will only be casting pearls before swine. They are incapable of understanding good taste and manners.
3. They lead a cat-and-dog life, so they decided to separate temporarily.
4. If I had a million bucks, I would be in a bed of roses.
5. He's a real doubting Thomas—he simply wouldn't believe I'd won the car until he saw it with his own eyes.
6. Leo grew up in a bad neighborhood, but he grew up with clean hands.
7. Cupid aimed his arrow and struck him right in the heart.
8. Money brings us happiness but sometimes it is a Pandora's Box.
9. This is the Achilles's heel of market economics.
10. Yet even after rigorous of Thatcherism, politicians still felt it worthwhile to play the class card.

第六章　英语科技新词的翻译

何为"neologism"？从词源学的角度，"neologism"一词由"neo"（new）和"logos"（word）组成，意为"新词"。该词据说产生于1803年，主要是指一个特定的人、出版物、时期或事件。①《牛津高阶英汉双解词典》第六版将其定义为"A new word or expression or a new meaning of a word"，即"新词、新词语或词的新义"②。《韦氏词典》则将其定义为"a new word, usage, or expression"，即"新词、新用法或新的表达"③。纽马克（1988）则认为"新词语可以定义为新创作的词语或产生新义的旧词"④。陆谷孙在《英汉大词典》中将"neologism"解释为"新词；旧词新义"⑤。综上，可以将"neologism"定义为"新词、旧词新义或新的表达"。出于表达的需要，本书统一称为"新词"。

所谓英语中的新词，通常指的是我国1978年改革开放以来，以及近年来出现的过去没有或是过去有但被赋予新义的词语。这些新词包括两类：第一类是英语中原来没有的，如"information technology"（信息技术）、"3G"（第三代移动通信技术）、"CDMA"（码分多址）、"TDSCDMA"（时分同步码分多址）等；第二类是英语中的旧词被赋予了新的意思，如"resolution"（分辨率）、"mother board"（电脑主板）、"TFT"（薄膜液晶显示）等。

从英语翻译过来的这些新词，折射出四十多年来中国社会的变迁，见证了改革开放给人民生活各方面带来的巨大影响。这些新词的数量之大、涉及面之广，是汉语发展史上罕见的。2012年6月1日由商务印书馆出版的《现代汉语词典》第6版中就增收新词和其他词语逾3000条，增补新义逾400项，2016年6月第

---

① Wikipedia："Neologism",（2012-12-23）[2013-03-02], http://en.wikipedia.org/wiki/Neologism.
② Sally Wehmeier: *Oxford Advanced Learner's English-Chinese Dictionary*（the 6th Edition）, The Commercial Press, 2004, p. 1158.
③ Merriam Webster："Neologism",（2021-02-15）[2021-02-15], https://www.merriam-webster.com/dictionary/neologism.
④ Peter Newmark: *A Textbook of Translation*, Prentice Hall, 1988, p. 140.
⑤ 陆谷孙：《英汉大词典》，上海译文出版社，2007年，第2188页。

7版增收新词逾400条,增补新义近100项,这些新词充分地反映了语言生活变化,记录了时代的变迁。《现代汉语词典》第6版和第7版中的新词、新义、新用法充分反映了我国新时期特别是近些年来涌现的新事物、新概念、社会生活的新变化和人们的新观念。新增词语涉及社会生活多个领域,其中大量的新词就来自科技领域。比如,与计算机、通信、互联网有关的"Blog"(博客、博文)、"WCDMA"(宽带码分多址)等。《计算机科学技术名词》(第二版,2002)中也收录了9471条新名词。[①]

第一节 英语科技新词的语言特点

科技英语(English for Science and Technology, Technical English 或 Scientific English),是英语的一种变体,也称科技文体。一般来说,科技文体的涵盖范围很广,"内容上可分为技术资料和科学文献两大类;前者如实验报告、产品说明书,后者如学术论文、科学著作"[②]。科技英语是与科学技术领域相关的专业英语,指的是"自然科学和工程技术方面的科学著作、论文、教科书、科技报告和学术讲演中所使用的英语文体"[③],"既可以是与某个学科相关的英语,比如测绘英语、物流英语、计算机英语等,也可以是进口仪器仪表、机械设备等的技术描述和操作说明的英语,或者是科普文章等"[④],旨在"传播自然科学或社会科学的知识和技术,包括理科、工科、医科、农科以及社会科学等语域"[⑤]。由此可见,不管是"科技文体"还是"科技英语",其含义基本一致,都是指自然科学和工程技术科学领域的专业英语。尽管科技英语新词种类繁多、涉及领域广泛,但总体来说,主要有以下三个方面的特征。

一、专业术语多

顾名思义,专业术语指某一学科领域中所特有的或专门使用的词汇。一般来说,专业读者对这类术语较为清楚,但对于非专业读者来说,理解起来有一定的难度,如"Time Division Multiple Access"(时分多址)、"Video Graphics Array"

---

① 详见全国科学技术名词审定委员会:《计算机科学技术名词》(第二版),科学技术出版社,2002年。
② 萧安溥、李郊:《英汉翻译教程》,重庆大学出版社,2007年,第286-287页。
③ 李丽洁、米海敏:《专门用途英语教学研究》,现代出版社,2018年,第232页。
④ 马娟:《测绘专业英语》,武汉大学出版社,2013年,第78页。
⑤ 孙致礼:《新编英汉翻译教程》(第二版),上海外语教育出版社,2011年,第85页。

(视频图形适配器)、"Component Video Connector"(分量视频接口)等。这些专业术语主要有三个特点。

(一)词形较长

一般来说,科技英语"词形较长,大多含有源于拉丁语、希腊语和法语的词根、词缀。这类词的语义范围狭窄,意义较为明确固定,符合科技英语准确明晰的要求"①。例如:"Time Division Synchronous Code Division Multiple Access"(时分同步码分多址)、"Multiple-Input Multiple-Output"(多输入多输出)、"macroeconomics"(宏观经济学)、"thunderstorm"(雷暴雨),等等。

(二)复合词多

科技英语通常会根据各种构词方式,新造出一些复合词,用以表示科技发展中出现的新事物。例如,"WiFi"全称为"Wireless Fidelity",汉译为"无线保真",是一种可以将台式计算机、便携式笔记本电脑、平板电脑、手机等终端以无线方式互相连接的技术,和蓝牙技术一样,同属于在局域网(如办公室和家庭)中使用的近距离无线传输技术。又如,"EDGE(Enhanced Data-rates for GSM Evolution)",指"增强型数据速率GSM演进技术"。再如,"GSM(Global System for Mobile communications)",指"全球移动通信系统"等。

(三)缩略词多

为使用便利和节省时间,科技英语中经常使用大量缩略词。例如:"IT"(Information Technology,信息技术)、"NIC"(Network Interface Card,网卡)、"FM"(Frequency Modulation,调频)、"CSTN"(Color Super-Twist Nematic,彩色超扭曲向列型)、"TFT"(Thin Film Transistor,薄膜晶体管型)、"HD-EVD"(High Definition Enhanced Versatile Disc,高清晰度增强型多功能光碟)、"WiMax"(Worldwide Interoperability for Microwave Access,微波存取全球互通),等等。

二、准专业术语多

准专业词汇专指那些"在不同学科中都用但意义所指不同的词汇,其中有相当数量的词汇属于普通常用词汇"②。可以看出,这些词汇中主要来源于日常用语,在使用中被赋予新义从而用在科技英语中。例如:"memory"一词在日常英语中指"记忆",而在计算机中通常指"存储器"或"内存";"resolution"一词通常指"决定",在计算机中指"分辨率";"transmission"在无线电工程学

---

① 华先发:《新实用英译汉教程》,湖北教育出版社,2000年,第302页。
② 蒙兴灿、孔令翠:《实用英汉翻译》,四川大学出版社,2002年,第174页。

中指"发射",在机械学中指"传动""变速",在物理学中指"透射",而在医学中又指"遗传";"power"一词通常指"能力""力量""权力",而在机械专业中则指"力""电""电源""动力""功率"。

三、标准化和稳定性

为了便于科技交流,术语的定义通常都需遵循标准化的原则。术语的标准化是科技发展的必然要求。"术语一经标准化,其定义名称就不会随意更改。术语词汇在专业语言不会被赋予新的含义。"① 因此,一旦术语标准化后,其名称和意义就在特定领域固定下来,比如,通讯领域中的"CDMA"译为"码分多址"。只要搞清楚这一术语的含义,类似的术语如"SCDMA""WCDMA""TD-SCDMA"的含义就比较容易理解了。 "SCDMA"译为"同步码分多址","WCDMA"译为"宽带码分多址", "TD-SCDMA"译为"时分同步码分多址"。② 又如,"GSM"作为第一代和第二代移动通信技术的代名词,汉译为"全球移动通信系统"③,故"1GSM"可翻译为"第一代全球移动通信系统"。与之类似,"2GSM"即为"第二代全球移动通信系统"。这就是科技术语新词意义稳定性的表现。

第二节 英语科技新词的翻译策略

针对英语科技新词术语多、专业性强的特点,在翻译时,一方面要尽可能传达专业术语的意义;另一方面,还要尽可能照顾读者的理解能力。这就涉及"理解成本"问题。"理解成本"④ 是辜正坤多年前提出来的一个新概念,可以阐释很多理论问题。2010 年 5 月 7 日,他在河南大学召开的第六届典籍英译大会上,提交了题为《典籍英译标准略论》的主题发言稿。在该发言稿中,他再次用"理解成本"概念阐释了典籍英译的翻译对策问题。在他看来,理解成本即是"人们理解文本内含摄的各种信息时所付出的时间和精力"⑤。从翻译的文化取向来看,包括异化(foreignization)和归化(domestication)两种不同的翻译

---

① 司显柱、曾剑平:《英译汉教程》,北京大学出版社,2006 年,第 211 页。
② 范先明:《3G 领域常用英语术语阐释》,《英语知识》,2008 年第 12 期,第 29 - 31 页。
③ 范先明:《理解成本与科技术语的翻译对策——对"零翻译"概念的思考》,《乐山师范学院学报》,2019 年第 2 期,第 68 页。
④ 范先明:《辜正坤翻译思想研读》,中国对外翻译出版公司,2012 年,第 208 页。
⑤ 范先明:《辜正坤翻译思想研读》,中国对外翻译出版公司,2012 年,第 208 页。

策略。关于这两种策略，德国近代翻译理论家斯莱尔马赫曾提出了翻译的两条路径，即向作者靠拢的"异化路径"和向读者靠拢的"归化路径"。① 对此，芒迪做了如下解释："斯莱尔马赫赞成的是异化路径，即使读者向作者靠拢。"② 可以看出，异化强调保留源语的语言和文化差异，"提倡译文应当尽量去适应、照顾源语的文化及原作者的遣词用字习惯"③；而归化则重点指采用通顺、流畅和地道的译文来代替原文，符合译文的用词和文化习惯。

一、英语科技新词翻译策略：异化？归化？

在具体翻译英语科技新词时，既可能采用异化策略，也可能采用归化策略。从中国哲学的角度来看，均衡或许是最好的。因而在翻译英语科技新词时，不要太走极端。西方人一谈到异化，就好像归化有多大错误似的。实际上，事实并非如此。异化、归化需要均衡。即是说，该归化时归化，该异化时异化，归化和异化之间可以是互动的。正如孙迎春指出的那样："在翻译策略的宏观层次，异化、归化或者说直译、意译，是两种倾向，即一个译者在翻译时一般倾向于使用哪一种策略。倾向于异化或直译，是异化派，或直译派；倾向于归化或意译，就是归化派，或意译派。"④ 基于辜正坤的翻译标准多元互补论⑤，异化（或直译）和归化（或意译）都可以是正确的，其正确性主要取决于：第一，翻译的功能（模拟信息，揭示思维模式，翻译活动本身的审美娱乐性，丰富译入语，缩小世界语言距离）；第二，人类审美趣味的多样化；第三，读者译者的多层次。⑥ 既然如此，如何在翻译实践中找到异化和归化的结合点，即是说，何时该异化，何时该归化？对此，辜正坤认为："在通常情况下，归化译法有助于节约读者的理解成本，而异化译法会增大读者的理解成本。"⑦ 当然，在翻译英语科技新词时，

---

① R. Schulte, J. Biguenet: *Theories of Translation: An Anthology of Essays from Dryden to Derrida*, University of Chicago Press, 1992, p. 42.
② Jeremy Munday: *Introducing Translation Studies: Theories and Applications*, Shanghai Foreign Language Education Press, 2001, p. 28.
③ 许建平、张荣曦：《跨文化翻译中的异化与归化问题》，《中国翻译》，2002年第5期，第36页。
④ 孙迎春：《译学与易学：说象》，载连真然《译苑新谭》（第三辑），四川人民出版社，2011年，第32页。
⑤ 辜正坤1982年就提出了"翻译标准多元互补论"的观点。1987年在全国性翻译理论研讨会上此观点在与会者中引起了巨大反响。后辜正坤以《翻译标准多元互补论》为题发表文章先后刊登于《北京大学研究生学刊》和《中国翻译》，使此论得到广泛认同。
⑥ 辜正坤：《中西诗比较鉴赏与翻译理论》（第二版），清华大学出版社，2010年，第345页。
⑦ 范先明：《辜正坤翻译思想研读》，中国对外翻译出版有限公司，2012年，第208页。

不能一味地求异，否则就成了"硬译"或"死译"。正如张佩瑶指出的那样："就目前的情况来说，较好的方法是强调同中求异，异中有同。同中有异，便能给人新鲜感，异中有同，则能予人亲切感。"①

在中西语言文字的差异方面，辜正坤曾指出：与英文相比，汉语的理解成本明显要低一些。② 关于这一点，笔者将从中西语义差别所造成的翻译效应方面作一简要阐述。

众所周知，在语义方面，中文可以一音多义。辜正坤曾认为，汉语中的多义字较多，这就容易造成一种模糊感，也即是表义方面的模糊性。这最终就诱导出中文简洁的特点，并使之容易具有高度的概括性，具有较强的综合能力。印欧语系语文则主要是一音一字，其特点是表意性较为精确。但发展到一定程度，英语表意精确的优点又让它自己滋生出缺陷来，这就是词汇量不断增大，造成读者的理解成本加大③。

在翻译方面，英语科技术语的翻译就要考虑这一差别，不能盲目地照搬，而应在保持原义的基础上，将其译得让中国人更易于理解。知道了中西语文在语义方面的以上种种差别，在翻译时就需要有意识地采用与之相应的归化翻译对策。鉴于异化翻译不仅无法传达大量英语科技新词的含义，还会无形中增加读者的理解成本。因而，在英语科技新词的不断涌现的今天，归化的翻译策略应该成为目前外来术语翻译的首选。正如曹明伦指出的那样："只有用归化的策略才能引进异质元素，或者说引进异化的事物和概念。"④ 下面，首先以比较常见的不经翻译直接纳入中文中的"WTO"一词的异化翻译为例来阐明这一问题。

二、英语科技新词翻译举隅

辜正坤曾就"WTO（World Trade Organization）"一词的滥用指出："某些报纸便直接将 WTO 放在中文的新闻标题中，搞成中英混用，十分扎眼。使用者认为英文 WTO 简单，一目了然，且所占印刷幅面小。表面上看起来是这样。可是，有多少人知道 WTO 是代表什么意义的呢？……因此，只从报纸要面对普通老百姓这一点而论，不宜照搬英文缩写 WTO 到报纸的新闻文章中，尤其不宜放

---

① 张佩瑶：《从"软实力"的角度自我剖析〈中国翻译话语英译选集（上册）：从早期到佛典〉的选、译、评、注》，《中国翻译》，2007 年第 6 期，第 41 页。
② 辜正坤：《互构语言文化学原理》，清华大学出版社，2004 年，第 227 - 228 页。
③ 辜正坤：《互构语言文化学原理》，清华大学出版社，2004 年，第 227 - 228 页。
④ 曹明伦：《以所有译其所无，以归化引进异质——对新世纪中国译坛异化归化大讨论的回顾与反思》，《西南民族大学学报》，2011 年第 4 期，第 118 页。

在新闻文章的标题中。"① 据此，他认为应该用"世界贸易组织"的简称"世贸组织"这一归化的译法来代替"WTO"，以减少读者的理解成本。究其原因，在于："第一，从音节的角度，WTO 念起来是三个音节，而汉语缩写'世贸组织'仅仅只多了一个音节；第二，从书写的角度，汉语的'世贸组织'也不外乎就多了一个字而已；第三，从语言规范的角度，在中文表述里不时插入英文字母，也是对中文本身的污染，显得很不合时宜。同时，从理解成本的角度，中国读者一看'世贸组织'，就能够比较容易地理解到'世界贸易组织'这一含义，因而在此没必要进行零翻译。"②

类似地，"IT"（Information Technology）这一缩略语也不宜直接出现在报刊文章中。为减少读者的理解成本，应该使用诸如"信息技术"这样的归化译法。同理，"3G 手机"这样的异化术语也应该尽量避免，最好译为"第三代手机"或"三代手机"。他指出："就汉语表意功能看，'三代'这两个汉字使我们能够直观地明白这种手机的档次（第三代，优于第一、第二代）。而'3G 手机'这个用语却表意模糊，会使大多数的中国人感到困惑，不知道这究竟是什么手机。G 字母本来是 generation（代）的缩写，搬用'3G'有可能被顾客误解成是说该手机有三个 G（千兆）的流量！所以'三代手机'肯定优于'3G 手机'的译法。"③ 同时，了解了"3G 手机"的译法，"4G 手机"自然译为"四代手机"，"5G 手机"译为"五代手机"，"6G 手机"译为"六代手机"。

此外，作为第二代移动通信技术的代表，"CDMA"可以汉译为"码分多址"（移动通信接入技术），作为第三、第四代移动通信技术的首选，其全称为"Code Division Multiple Access"④。众所周知，第三代移动通信技术中主要有三大"CDMA"标准："WCDMA""CDMA2000""TD-SCDMA"。其中，"WCDMA"汉译为"宽带码分多址"（移动通信接入技术），其全称是"Wide-band Code Division Multiple Access"⑤，是由全球移动通信系统技术发展起来的第三代移动通信技术规范。"TD-SCDMA"汉译为"时分同步码分多址"移动通信接入技术，其全称是"Time Division Synchronous Code Division Multiple Access"⑥，是由

---

① 辜正坤：《从中西语文比较看中西文化与翻译》，载王欣《纵横：翻译与文化之间》（Ⅱ），外文出版社，2011 年，第 66－67 页。
② 范先明：《理解成本与科技术语的翻译对策——对"零翻译"概念的思考》，《乐山师范学院学报》，2019 年第 2 期，第 67 页。
③ 辜正坤：《从中西语文比较看中西文化与翻译》，载王欣《纵横：翻译与文化之间》（Ⅱ），外文出版社，2011 年，第 68 页。
④ 范先明：《3G 领域常用英语术语阐释》，《英语知识》，2008 年第 12 期，第 29－30 页。
⑤ 范先明：《3G 领域常用英语术语阐释》，《英语知识》，2008 年第 12 期，第 29 页。
⑥ 范先明：《3G 领域常用英语术语阐释》，《英语知识》，2008 年第 12 期，第 30 页。

我国主导的中国电信百年来第一个完整的通信技术标准。"SCDMA"介于二代和三代移动通信技术之间，其全称是"Synchronous Code Division Multiple Access"，即"同步码分多址"（无线接入技术）①。"SCDMA"与"TD-SCDMA"具有相同的技术内核，该技术于 2004 年由中国网通推出，当时的名称为"大灵通"。从这些术语的翻译也可以看出，"零翻译"并不可取。从理解成本的角度，将"CDMA"译为"码分多址"显然比"零翻译"表意更为清楚。

此类例证在科技领域中还很多，如"iPhone，iPad，CEO，Ping，DNA，NASA，GDP"。笔者认为，翻译这些术语也必须考虑理解成本的问题。如果不采取"陌生化"的手段，"iPhone"完全可以译为"互联网手机"，"iPad"也可以译为"互联网电脑"。对于这些大量出现在中文报刊上的英文缩略语的翻译问题，辜正坤曾指出："其实都可以依据汉字本身的独特的表意手段（如缩略手段）加以汉化，使之成为简洁的汉语，根本没必要照搬进中文。"② 由此可知，在未来汉译英语科技术语的过程中，译者需谨记务必立足于英汉两种语言文字在表意方面的独特性，尽最大可能用归化的译名来表述异化的术语，从而减少中国读者的理解成本。

第三节　英语科技新词的翻译方法

概言之，在英语科技术语翻译过程中，直接照搬英文原文（特别是英文缩略语）的异化翻译，多数情况下，对于非专业读者来说，正如严复在《天演论》"译例言"中指出的那样，"顾信矣不达，虽译犹不译也"③。在这种情况下，译者如能采用直译加意译、直译加缩略（或解释）、音译加缩略、音译加意译等归化译法，无疑会减少读者的理解成本；相反，如采用形译或音译的异化译法，通常会增加读者的理解成本。在英语科技新词的翻译过程中，与异化策略相比，归化策略显然更应得到重视。鉴于科技新词涉及的领域较广，不可能面面俱到。在本节里，笔者将主要以计算机和通信领域英语科技术语的翻译为例，进一步说明这一问题。

---

① 范先明：《3G 领域常用英语术语阐释》，《英语知识》，2008 年第 12 期，第 30 页。
② 辜正坤：《从中西语文比较看中西文化与翻译》，载王欣《纵横：翻译与文化之间》（II），外文出版社，2011 年，第 68 页。
③ 严复：《天演论》，商务印书馆，1981 年，第 xi 页。

一、直译＋意译

英语科技新词翻译的第一种方法是意译。如在计算机中术语中的"Bit"和"USB"。前者的全称是"binary digit",通常译为"二进位制"或"二进制";后者的全称是"Universal Serial Bus",译为"通用串行总线接口"。类似地,在屏幕液晶术语中,"QVGA"指"Quarter VGA",全称为"Quarter Video Graphics Array",汉译为"四分之一视频图形适配器"。

在通信技术领域,"CDMA"全称为"Code Division Multiple Address",译为"码分多址";"HSDPA"全称为"High-Speed Downlink Packet Access",译为"高速下行链路分组接入";"TDD-LTE"全称是"Time Division Duplexing-Long Term Evolution",译为"时分双工长期演进";"OFDM"全称是"Orthogonal Frequency Division Multiplexing",译为"正交频分复用"。

在数字电视接口方面,"RF"端子全称为"Radio Frequency",译为"无线电射频接口";"AV"端子全称为"Composite Audio Video Connector",译为"复合视频接口"。

二、直译＋缩略

除意译外,英语科技新词翻译还可以采用直译加缩略的方法。除上一节提到的"WTO、IT、iPhone、iPad"等词外,计算机术语中的"Cobol",全称为"common business-oriented language"可以译为"面向商业的通用语言"[①],缩略为"商用通用语言"或"商用通用语"。类似地,"blood type"(血液类型)缩略为"血型","blood bank"(血液库)缩略为"血库"。

在移动通信技术领域,"3G"全称为"3rd Generation Mobile Telephone Technology",译为"第三代手机技术",或缩略为"三代手机";"GSM"的全称为"Global System for Mobile communications",译为"全球移动通信系统",缩略为"全球通"。

在视盘技术领域,"CD"全称为"compact disc",译为"压缩光碟",缩略为"光碟";"VCD"全称为"video compact disc",译为"视频压缩光碟",缩略为"影碟";"SVCD"全称为"super video compact disc",译为"超级视频压缩光碟",缩略为"超级影碟";"CBHD"全称为"China blue high-definition disc",译为"中国蓝光高清光碟",缩略为"中国蓝光"。

---

① 姜亚军:《科技英语构词的新趋势和科技英语新词的翻译》,《渭南师专学报》,1996年第4期,第68页。

三、音译 + 缩略

尽管直译加缩略方式在翻译英语科技术语中比较常见，但采用这种方式的翻译通常用语过于繁复，此时可以采用音译加缩略的方式。比如，现在用的"laser"一词，意为"光的受激辐射放大"。钱学森将它概括为"激光"，形象地表达了"laser"一词的含义。① 类似地，"Internet"可以直译为"国际互联网"。但通过音译加缩略的方式可以翻译为"因特网"②。

四、音译 + 意译

英语科技新词翻译的第四种方法是音译加意译。比如，英语中的"TOFEL"一词，其全称为"Test of English as a Foreign Language"，不用直译为"作为一门外语的英语考试"③，可以采取音译加意译的方式译为"托福英语考试"或简称为"托福考试"。另外，"遗传工程科学中核酸分子中的茎环结构形象地命名为banjo（班卓琴，一种类似吉他的弦乐器）"④。此外，"topology"也可以根据这一方法翻译为"拓扑学"⑤。

五、直译

直译是英语科技新词翻译中比较常用的一种方法。比如，"EGA"全称是"Enhanced Graphics Adapter"，译为"增强图形适配器"；"VGA"全称为"Video Graphics Array"，译为"视频图形阵列"或"视频图形适配器"；"XGA"全称为"eXtended Graphics Array"，译为"扩展视频图形适配器"；"VCR"全称为"Video Cassette Recorder"，译为"视频磁带录像机"；"Modem"（modulator + demodulator），译为"调制解调器"。

通信技术领域的术语通常采用直译。比如，"5G"网络的三大类型：第一类是"eMBB"，全称为"enhanced Mobile Broadband"，译为"增强移动宽带"，该网络是手机等移动设备使用的网络类型；第二类是"URLLC"，全称为"Ultra

---

① 许云峰：《新概念的表达与新词汇的翻译》，《中国科技翻译》，1996年第2期，第14页。
② 伊玲：《英语科技新词特点及翻译刍议》，《西北农林科技大学学报》（社会科学版），2001年第4期，第86页。
③ 姜亚军：《科技英语构词的新趋势和科技英语新词的翻译》，《渭南师专学报》，1996年第4期，第69页。
④ 姜亚军：《科技英语构词的新趋势和科技英语新词的翻译》，《渭南师专学报》，1996年第4期，第68页。
⑤ 谢小红：《漫谈科技英语新词及翻译》，《南昌大学学报》（人文社会科学版），2002年第4期，第147页。

Reliable Low Latency Communications", 译为"极可靠低延迟通信", 该网络是工业和自动驾驶领域使用的网络类型; 第三类是"MMTC", 全称为"Massive Machine Type Communications", 译为"海量机械通讯", 该网络主要用于物联网和万物互联场景。①

六、音译

音译也是英语科技新词翻译中比较常用的一种方法。比如,"clone"译为"克隆","hacker"译为"黑客","nylon"译为"尼龙","aspirin"译为"阿司匹林","radar"译为"雷达"②。其中,"radar"是取"radio detecting and ranging"等词的首字母拼写而成,如将其译为"无线电探测和测距(设备)",不仅啰唆,而且也不易理解。类似地,"sonar"(sound navigation and ranging),如将其译为"声波导航和测距(设备)",就不如音译为"声纳"简单明了。③

七、形译

英语科技新词翻译的第七种方法是形译。比如,"H-beam"译为"工字架","U-shaped"译为"马蹄形","U-shaped magnet"译为"马蹄形磁铁","V-belt"译为"三角形皮带"④,"β-ray"译为"β射线","H-column"译为"H形桩","V-stay"译为"V形拉线","T-network"译为"T形四端网络","U-pipe"译为"U形管","T-bandage"译为"丁字带"等。⑤

以上探讨了英语科技新词翻译的七种方法。实际上,具体翻译方法还不止以上这几种。

翻译实践

一、将下列缩略词译成汉语。

  1. CGA   2. HVGA

  3. SVGA   4. WVGA

  5. WXGA   6. SXGA

---

① 张哲:《5G技术解读:常见相关术语解释》,(2018-05-23)[2021-02-20],泡泡网,https://www.ithome.com/html/it/361236.htm。

② 谢小红:《漫谈科技英语新词及翻译》,《南昌大学学报》(人文社会科学版),2002年第4期,第147页。

③ 司显柱、曾剑平:《英译汉教程》,北京大学出版社,2006年,第214页。

④ 谢小红:《漫谈科技英语新词及翻译》,《南昌大学学报》(人文社会科学版),2002年第4期,第147页。

⑤ 司显柱、曾剑平:《英译汉教程》,北京大学出版社,2006年,第118页。

7. WSXGA
8. UXGA
9. WUXGA
10. QXGA

二、将下列术语译成汉语。

1. Separate Video Connector
2. Component Video Connector
3. Bayonet Nut Connector
4. DVI
5. HDMI
6. DP
7. Composite Video Broadcast Signal（CVBS）

三、翻译下列缩略词及术语。

1. GPRS
2. WCDMA
3. UMTS
4. TDMA
5. CDMA 2000
6. SCDMA
7. HSDPA
8. HSUPA
9. UMB
10. FDD-LTE
11. TDD-LTE
12. 全球移动通信系统
13. 时分多址移动通信接入技术
14. 无线保真移动通信接入技术
15. 微波存取全球互通接入技术

四、将下列缩略词译成汉语。

1. TN
2. STN
3. DSTN
4. UFB
5. TFD
6. OLED
7. TFT

五、将下列术语译成汉语。

1. Digital Versatile Disc
2. High-definition Versatile Disc
3. High-definition Digital Video
4. High-definition Forward Versatile Disc
5. High-definition Digital Video Disc
6. Blue-ray DVD
7. Next-generation Versatile Disc

六、翻译下列英汉术语。

1. 固件
2. 软件
3. Memory
4. Utilities
5. Transistor
6. Integrated Circuit
7. 多道程序设计
8. 母（主）板
9. Resolution
10. positional notation
11. 二进制数
12. ENIAC
13. PROMs
14. 增强型图形适配卡
15. Ink-Jet Printer
16. 计算机输出缩微胶片

17. Default configuration 18. 批处理
19. Initialize
20. Memory-resident Program （RAM-Resident Program）
21. dot-matrix printer 22. 液晶显示器
23. KSR 24. 分级网络
25. on-line transaction processing 26. 用户界面
27. Virtual Address eXtensions（VAX） 28. 超文本传输协议
29. SDRAM 30. DDR SDRAM
31. RAM 32. ROM

七、将下面短文译成汉语。

1. MSI BIOS Setup

CLICK BIOS is developed by MSI that provides a graphical user interface for setting parameters of BIOS by using the mouse and the keyboard.

With the CLICK BIOS, users can change BIOS settings, monitor CPU temperature, select the boot device priority and view system information such as the CPU name, DRAM capacity, the OS version and the BIOS version.

Users can import and export parameters data for backup or sharing with friends.

Entering BIOS Setup

Power on the computer and the system will start the Power On Self Test (POST) process.

When the message below appears on the screen, please press < DEL > key to enter BIOS：

Press DEL key to enter Setup Menu, F11 to enter Boot Menu

If the message disappears before you respond and you still need to enter BIOS, restart the system by turning the computer OFF then back ON or pressing the RESET button.

You may also restart the system by simultaneously pressing < Ctrl >, < Alt >, and < Delete > keys.

MSI additionally provides two methods to enter the BIOS setup.

You can click the "GO2BIOS" tab on "MSI Fast Boot" utility screen or press the physical "GO2BIOS" button (optional) on the motherboard to enable the system going to BIOS setup directly at next boot.

2. AI is gradually reshaping China①

With China having the world's largest number of Internet users, tech companies here are becoming more and more renowned for commercializing technologies related to artificial intelligence (AI).

This approach is also attracting talents abroad coming back to China hoping to seize their moments.

Song Yan is an artificial intelligence specialist. Three months ago, he decided to quit his job at Microsoft in Seattle, the United States, to come back to China.

"I can feel the AI fever in China. There are more opportunities, various AI applications. Lots of things are going on here," Song said.

Autonomous driving is among the many things Song Yan refers to. For ride-hailing apps and car-rental companies, driverless cars could be the way forwards.

Liu Yaxiao, the CEO of China Auto Rental which is China's largest car rental company, told CGTN that his company expects autonomous driving to replace the current taxi and ride-hailing services, because "a smart driverless car would never break traffic laws, so they would be safer and more efficient than human drivers".

As to security issues, China's automakers are working on building a safety standard to ease people's concerns.

He Wen, Deputy Director of Chang'an Auto Research Center said: "Now every company has different standards and regulations, and that could be chaotic. We hope to build a unified standard for developing driverless cars."

AI is triggering a lot of imaginations in China, but Forrest Yao, the Vice President of Tencent admitted that the technology is still in its primitive stage.

"No one knew the prowess of the steam engine before James Watt invented it," Yao added. "We believe AI is the prime power of the third industrial revolution. We're now accumulating the power, waiting for the big bang."

Tencent, China's largest social platform and gaming company, is developing a project called Jueyi, similar to Google's Alpha Go. The company is also trying to incorporate AI into gaming, in which the characters would

---

① Gu Liping. "AI is gradually reshaping China". (2017-08-31) [2022-07-25], CGTN, http://www.ecns.cn/2017/08-31/271598.shtml.

ultimately think, behave and make real-time decisions like professional electronic game players.

In China's Silicon Valley, Shenzhen, AI has demonstrated its potential through the building of a smart city. A system that can show all the information from the government and some authorities like the police, tax, and healthcare services is already in place. Users can receive real-time traffic information, hospital registrations, and other details.

Apart from all the exciting AI applications now happening in China, Song Yan said what's more important is that Chinese firms were getting less pragmatic in their outlook. "The good thing is that Chinese companies are getting more and more patient, and letting researchers do their fundamental research."

Song said everything about AI is evolving at a stunning pace, and he believes China is very likely to deliver on its promise and become a global leader in artificial intelligence by 2030.

第七章　英译汉中句子的翻译

用词和词组构成的、能够表达完整的意思的语言单位，也就是常用的翻译单位，即句子（sentence）。句子以句号、问号、感叹号为其形态标志，汉语的字句经常相当于英语的分句或短语。句子是段落、篇章或整部作品的基本意义单位。"就文字作品的大部分体裁而言，翻译操作单位的基本层次是句子。把句子作为翻译单位，适当考虑音位、词素、词的对应，在句子外部考虑句际关系的协调、句群的衔接、话语的连贯和风格的统一。"①

英语有五种基本句型，即"SV/SVC/SVO/SVO^{1}O^2/SVOC"，它们是各种复杂句子的基本结构。英语句子一般成分分明，主次清晰，多用形合，语序比较固定。汉语句子总体上分为主题句、施事句和关系句三类，还有连动式、兼语式等特殊结构。此外，汉语因无词形变化，主要靠语序安排和功能词搭配成句，多用意合。英语句子和汉语句子在形态构成和重心摆放上也存在很大不同。例如，英语句子倾向于先表达观点和态度，后描述事实背景；而汉语句子常常先铺垫事实背景或原因起源，最后表态总结。因此，英语句子和汉语句子在句序排列上自然存在各自的鲜明特点。

鉴于英汉两种句型迥异的特点，本章详细介绍两种句型的差异并重点讨论英语句子汉译的一般方法和特殊句式处理的技巧。

第一节　英汉句型结构对比

汉语从整体上看只有很少一些词有形态标志，因此汉语是分析型语言，语序是极重要的语法手段。从语言形态学的角度来看，英语仍保留着若干古英语（450 年—1150 年）词的变化体系，但诸如名词的性与格及形容词的性、数、格等复杂纷繁的形态变化体系则已在中世纪（Middle Ages，约 476 年—1453 年）分崩离析，现代英语成为一门分析—综合型（synthetic & analytic）语言，其显

---

① 方梦之：《译学辞典》，上海外语教育出版社，2004 年，第 21 页。

著特征是运用遗留下来的形态变化形式、相对固定的和丰富的虚词来表达语法关系。因此，形态变化（inflection）、词序（word order）和虚词（function words）是英语表达语法意义的三大手段。英汉表达方式的差异与这些因素均有着密切关系。英汉基本句型主干序列的一致性是我们提出"直译是基础"的语法学依据之一，也是我们在翻译实践中运用成分分析法的基本线索。

汉语和英语分属不同的语系，英语属于以拉丁文法为基础的印欧语系（Indo-European Family of Languages），而汉语则属于汉藏语系（Sino-Tibetan Family of Languages），因而，这两种语言之间存在较大的差异。汉英两种语言句法差异悬殊，这和英语是屈折语（inflectional language），而汉语是非屈折语（non-inflectional language）有关。"英语的语言形态丰富，被称为屈折语言或有标记的语言（如用词根或词尾变化区别词类、名词的数和格、动词的时态等）。"[①] 英语中词与词的关系通常由一个标志性的词语来明确指示，而不需要读者自己理解。例如：

He is pigging out on pizza since he has been hungry for three days.

该句中两个动作间的关系由一个连接词"since"明确地指示出来，因此读者不难理解该句。但汉语译文则可处理为："他饿了三天，大吃起比萨。"从汉语译文，我们不难发现，汉语可以完全不借助任何表示关系的连接词而仍然能清楚表达原句的意义。

英语中的名词、代词和动词都是屈折性的。词性、性别、数量、属格、时态、语态、语气和非限定性动词，都可以通过屈折形式、省去虚词或改变词序来表达。下列三句体现出表达语法意义的词形变化：

Tom **gave** Sherry a pen.

Tom has **given** Sherry two pens.

Tom often **gives** Sherry pens.

此外，英语还可以运用丰富的词缀构词（affixation）造句。例如：

他的行动，快得惊人。

The rapidity of his movements was astonishing.

The rapidity with which he moved astonished us.

He astonished us by moving rapidly.

He astonished us by his rapid movements.

He astonished us by the rapidity of his movements.

严格说来，汉语没有形态变化，一般要借助词语和上下文来表达语法意义。贾玉新将英汉语言的句法差异精炼地概括为："英语高度形式化，逻辑化；

[①] 叶子南：《高级英汉翻译理论与实践》（第二版），清华大学出版社，2008年，第24页。

句法结构严谨完备,并以动词为核心,重分析轻意合;而汉语则不注重形式,句法结构不必完备,动词的作用没有英语中那么突出,重意合轻分析。"①

一、形合法(Hypotaxis)与意合法(Parataxis)

方梦之在《译学辞典》中这样定义形合:"指句子内部的连接或句子间的连接采用句法手段(syntactic devices)或词汇手段(lexical equivalence)。英语句法结构重形合,句中各成分的相互结合常用适当的连接词语,以表示其结构关系"②。意合指"句子内部的连接或句子间的连接采用语义手段(semantic connection)。汉语句法结构重意合,句中成分或句间的结合多依靠语义的贯通,少用连接词语,所以句法结构形式短小精悍,灵活多变"③。

换言之,在翻译中译者必须充分考虑英汉两种句式的特点,才能使译文尽量符合目的语文化和习惯。从语句衔接方式上来说,英语多用在句法形式上使用连接词语将句子或分句衔接起来的"形合法";与其相对,汉语则多靠意义上衔接而不一定依赖连接词语的"意合法"。

原文:天快黑了,他们回家了。

译文1:They went home when it was getting dark.

译文2:As it was getting dark, they went home.

译文3:It was getting dark, so they went home.

译文4:It was getting dark and they went home.

译文5:It was getting dark; they went home.

译文6:It was getting dark. They went home.

让我们来逐一分析上面的原文和六种译文。汉语表意多依靠上下文"意合"而成,因此即使原文没有任何表达逻辑关系的词语,人们也能较容易理解前后两个分句的逻辑关系和内在意义。然而英语多通过虚词(function words)来"形合"表达语义,形式非常重要。虽然译文5和译文6语法结构均正确,但并未体现前后两句逻辑关系,不算合格的译文。译文4虽然出现了一个关键的连接词"and",但毕竟空泛,并不能准确表达出前后两者的关系,不算好的译文。译文1、译文2和译文3分别使用了连接词"when""as""so",从形式上明确反映出时间(状语)关系和因果(状语)关系,是值得推荐的译文。

我们再来看一个例句:

The assertion that it was difficult, if not impossible, for a people to enjoy its basic

---

① 贾玉新:《跨文化交际学》,上海外语教育出版社,1997年,第266页。
② 方梦之:《译学辞典》,上海外语教育出版社,2004年,第4页。
③ 方梦之:《译学辞典》,上海外语教育出版社,2004年,第5页。

rights unless it was able to determine freely its political status and to ensure freely its economic, social and cultural development was now scarcely contested.

我们不难发现这个句子含有不少体现英语形合的词语，如"that" "if" "for" "and" "unless"。这些词语能为我们理解、拆分和重组原文提供重要依据。例如，"that"能提示后句与前词"assertion"的从句关系；"if"表明了条件状语关系，提示译者可能要注意句序调整；"for" "and" "unless"三词均表现出很清晰的逻辑关系，这也是翻译中必须高度重视的因素。因此，对于这样的英文句子，我们要根据关键的形合提示词，大胆打破原形，调整句序，重组译文。

> 如果一个民族不能自由地决定其政治地位，不能自由地保证其经济、社会和文化的发展，要享受其基本权利，即使不是不可能，也是不容易的。这一论断，几乎是无可置辩的了。

根据参考译文，我们可以发现，汉语译文充分凸显了中国人语言表达的顺序和方式，先条件后结果，先背景后表态，这些均由英语形合标志词所明示，为正确理解和合理表达提供了保障。

此外，提到形合与意合，我们必须指出英语中三个非常实用的形合标志连接词："as"、"with"和"-ing"分词。

"as"是英语里使用非常频繁的连接词，也是英语形合体现的关键，更是英语逻辑关系判断的关键。它常表示"随着……/由于……/在……的背景下"的意思，但位置非常灵活，汉译时需要遵循习惯一般前置。例如：

People have more money available for travel as their income increases.

If President Joe Biden succeeds in raising America's top rate of federal capital-gains and dividend tax to 39.6%, as he pledged to Congress on April 28th, it would be twice the average top rate in Europe. (如果拜登总统如其4月28日向国会保证的那样，成功地将联邦资本利得和股息税的最高税率提高到39.6%，那么这将是欧洲平均最高税率的两倍。)

"with"的使用频率同样高，通常伴随主句引导一个状语成分，可以表示多种逻辑关系，如原因、方式、条件等。例如：

The earthquake hit the small town, with 1,000 residents fleeting their homes.

"-ing"分词也同主句连用，通常表示主句动作带来的影响、结果、效果等，在翻译时可以根据语境适当增加词语。例如：

The earthquake hit the small town, destroying the infrastructures.

二、聚集（Compact）与流散（Diffusive）

英语句子有严谨的主谓结构。这个结构通常由名词性短语（NP）和动词性短语（VP）构成。主语不可或缺，谓语动词是句子的中心，两者协调一致（S-V concord），提纲挈领，聚集各种关系网络。因此，英语句子主次分明，层次清楚，严密规范，句式呈"聚集型"。

如前所述，英语的主谓结构可以归纳为五种基本句型：

SV：The book fell.

SVC：They are workers.

SVO：The boy opened the window.

SVO^1O^2：The teacher told us a story.

SVOC：We elected her our leader.

英语各种长短句子，一般都可以看作是这五种基本句型及其变式、扩展、组合、省略或倒装。

汉语不受形态的约束，没有主谓形式协调一致的关系，也就没有这种关系可以驾驭全局。汉语主谓结构具有多样性、复杂性和灵活性，因而句式呈"流散型"。

（1）汉语主语的灵活性。

作业做完了。(受事主语)

全国各地都在庆祝他的成功。(地点主语)

现在正下倾盆大雨。(时间主语)

估计需要十万元。(无主句)

（2）汉语谓语的灵活性。

天高云淡。(形容词做谓语)

她外出考察去了。(连动式谓语)

他们组织工人加入了工会。(兼语式谓语)

这项合同总经理要签名。(主谓词组做谓语)

（3）汉语的流水句。

汉语句式的多样化还表现在汉语有整句（full sentence），也有大量的零句（minor sentence）。零句是汉语的基本句型，可以做整句的主语，也可以做整句的谓语。整句由零句组成，因而复杂多样，灵活多变。整句与零句混合交错，组成了流水句。例如：

我访问了一些地方，遇到了不少人，要谈起来，奇妙的事儿可多着呢。

There are many wonderful stories to tell about the places I visited and the people I met.

从上面可以看出，英语注重句子结构完整，遵循句子成分之间协调一致的原则，使用形态标志及连接词使各种成分关系明确，有着规范的结构形式。汉语的句子结构比较灵活，因为汉语重内在的意义连贯而非外在的形式。汉语不要求结

构齐整,无论是在口语还是书面语中都存在大量的流散型句式。例如:

> 广出猎,见草中石,以为虎而射之,中石没镞,视之石也。因复更射之,终不能复入石矣。(《史记·李将军列传》)

汉学名家伯顿·华兹生(Burton Watson)英译:

> Li Kuang was out hunting one time when he spied a rock in the grass which he mistook for a tiger. He shot an arrow at the rock and hit it (with such force) that the tip of the arrow embedded itself in the rock. Later, when he discovered that it was a rock, he tried shooting at it again, but he was unable to pierce it a second time.

从这两段英汉对比来看,汉语共 33 字,英语 70 词,多出来的词大多是虚词,如介词、连接词和冠词。

三、葡萄型(Grape Cluster)和竹竿型(Bamboo Pole)

英语中的长句比比皆是。英语的句子就像是一串葡萄,在主干上添加了大量的修饰成分。而汉语的句子是流水句,就像是竹竿一样一节一节排列而成①。例如:

> The boy, who was crying as if his heart would break, said, when I spoke to him, that he was very hungry, because he had had no food for two days.

参考译文:

> 那个男孩哭得似乎心都碎了。当我问他时,他说他已有两天没吃东西,实在是饿极了。

试分析翻译下列句子:

> From the time when our caveman ancestors gnawed their wild-pig bones in front of their smoking fire to our own days when we sit around a table spread with snowy linen and shinning silver, we have the history of the change in eating habits from the simple satisfaction of hunger to the meal as a delightful, if rather complex, social institution.

四、前置性(Before)与后续性(After)

语言的屈折变化与词在句中的位置关系很大。语言的屈折变化越小,词序就越固定。正因如此,英语的词序就不像汉语那样相对比较固定。

尽管英汉句子的主要成分如主语、谓语动词、宾语、表语的词序基本上是相同的,排列顺序也都是主—动—宾/表,但与汉语相比,英语词序倒装的情况却

---

① 王寅:《英汉语言宏观结构区别特征》,《外国语》,1990 年第 6 期,第 37 页。

比较多。H. 福勒（H. Fowler）将英语词序的倒装情况归为以下九类①。

（1）Interrogative inversion（疑问倒装）。

What in the world do you mean?

你的意思究竟是什么呀？

（2）Exclamatory inversion（惊叹倒装）。

What a beautiful voice you have!

你有多么好的嗓音啊！

（3）Hypothetical inversion（假设倒装）。

A pair of black eyes might have done some execution had they been placed in a smoother face.

一对乌溜溜的眼睛如果长在再细净些的面庞上，就足以迷人了。

（4）Balance inversion（平衡倒装）。

Inexpressible was the astonishment of the little party when they returned to find that Mr. Pickwick had disappeared.

当一伙人回来发现皮克威先生不见了的时候，那惊愕之态简直无法形容。

（5）Link inversion（衔接倒装）。

Such are the rewards that always crown virtue.

这样的报酬常常是美德所应得到的。

（6）Negative inversion（否定倒装）。

Not a finger did I lay on him.

我从来没指责过他。

（7）Imperative inversion（命令倒装）。

Come on, everybody!

大家都来吧！

（8）Signpost inversion（点题倒装）。

By negation is meant the denial or absence of facts.

否定是指否认事实或不存在事实。

（9）Metrical inversion（韵律倒装）。

Good friend for Jesus' sake, forebear to dig the dust enclosed here, blessed be he that spares these stones and curst be he that moves my bones.

好朋友呀，看耶稣的份上，请你住手，别来挖掘这块土丘。那肯保存这几块石头的，但愿他添福添寿，那要来打扰我的骸骨的，但愿他挨骂挨咒。

(莎士比亚自撰墓志铭)

---

① 连淑能：《英汉对比研究》，高等教育出版社，1993年，第6-7页。

汉语中的定语一般都置于所修饰的名词之前，而英语中的定语常常是单个的形容词、名词或分词放在所修饰的名词之前，而做定语的介词短语、分词短语、不定式或不定式短语和各种各样的定语从句则放在所修饰的名词后面。例如：

This is the young man who had a talk with her in the office at four o'clock yesterday afternoon.

这就是昨天下午4点钟在办公室和她谈话的那个年轻人。

此外，英语定语在很多情况下可以通过形态变化或借助连接词语置于名词的前后，位置比较灵活。

a very important book vs. a book of great importance

some edible mushroom vs. some mushroom that can be eaten

英语句子中的状语的位置非常灵活，句首、句中、句尾皆可，但究竟置于何处则与语义侧重、文章衔接、个人风格等因素有关。但译成汉语时一般需前置。例如：

There isn't such a word in English as far as I know.

As far as I know, there isn't such a word in English.

就我所知，英语里没有这样一个词。

I was reading English when he came in.

When he came in, I was reading English.

他进来时我正在读英语。

五、物称与人称

英语常用物称表达法，使用物体名词作主语，使句子呈现客观表达的样式；而汉语常用人称表达法，使用人称词作主语。英汉语在物称和人称上的特点有利于我们在翻译中判定结构，并选择合适的主语。

请看以下英语思维与汉语思维的对比。

英语思维：某事发生在某人身上。

汉语思维：某人如何如何了。

What has happened to you?

你出了什么事啦？

An idea suddenly struck me.

我突然想到一个主意。

A great elation overcame them.

他们欣喜若狂。

请看以下例句：

怎么也想不起你的名字。

Your name obstinately escapes me.

恕我孤陋寡闻，对此关系一无所知。

My total ignorance of the connection must plead my apology.

丛林死一般寂静，他还是毫无睡意。

Sleep did not visit him although the silence of a dead world was on the jungle.

如果我没有记错的话……

If my memory serves me right/correctly,...

六、静态与动态

英语是静态型的语言，常用名词；而汉语是动态型的语言，常用动词。英汉双语的这一特点在翻译时对选词与组句有很大的启示。

第一，名词化（Nominalization）是英语常见的现象，是指在地道英语表达中多使用名词表达动作含义。例如：

The doctor arrived extremely quickly and examined the patient uncommonly carefully; the result was that he recovered very speedily.

The doctor's extremely quick arrival and uncommonly careful examination of the patient brought about his speedy recovery.

医生迅速到达，并非常仔细地检查了病人，病人很快康复了。

虽然上面两个英语句子均正确，但第二种表达更为地道。

第二，动词连用是汉语的习惯。汉语的一个句子常含有多个动词，甚至是连动结构。例如：

他想办法摆脱了困境。

He thought his way out of the dilemma.

我被老师叫到办公室去作检讨。

I was called to the office by the teacher to make a self-criticism.

第一句里的"想""摆脱"和第二句里的"被叫""去""作"都是动词。

These risks include an escalation of trade disputes, an abrupt tightening of global financial conditions, and intensifying climate risks.

此类风险包括贸易争端升级、全球金融状况突然收紧，以及气候风险加剧。

The combination of high volatility of export and fiscal revenues often translates into large swings in economic activity, and lower rates of growth over the longer term.

出口和财政收入同时剧烈波动，往往造成经济活动剧烈波动，并造成增长长期低迷。

从以上两句我们可以看出，英语的抽象名词转译为汉语的动词，充分体现出两种语言在静态和动态上的特点。翻译时，我们注意这些特点，能使译文更加地道通顺。

第二节 分句、合句法

由于语言和文化传统的差异，英汉两种语言在很多方面都存在较大的差异，就句子的长度而言，两者就存在较大的差异。了解和熟悉这些差异有助于我们做好英汉互译的工作，尤其是英汉翻译的工作。

现代英语较多地使用从属结构（subordination），这也是其显著的句法特征之一。在英语里，从句和短语既可以作为句子的主要成分，也可以作为从属成分，句中套句，层层环扣，使得英语的书面句子又长又复杂。同英语句子相比，"汉语常用散句、松句、紧缩句、省略句、流水句或并列形式的复句（composite sentences），以中短句居多，最佳长度为7至12字。书面语虽也用长句，字数较多，结构较复杂，但常用标点把句子切开，与英语相比，还属短句……汉语句子多数显得结构简化，无拖沓、盘错之感"①。

鉴于以上英汉句子一般特点，我们在英译汉时常常需要采用破句重组、化繁为简的方法，把英语的长句译为汉语的短句。分句法［切分或拆译（division）］与合句法［合并（combination）］是英译汉中句子翻译的常见方法。切分与合并的对象可能大也可能小：可能是一个单词，也可能是一个词组；可能是一个单句，也可能是一个从句。在翻译过程中，无论是使用分句法还是合句法，译者实际上是在对翻译单位做出调整，这必定会对原来的句子结构做较大的调整或改变。总的来说，在英译汉中，分句法比合句法使用频率要高。

一、分句法

分句法是指"把原文句子中的个别词、短语或从句分离出来，单独译出，自成短句，或使原文的一个句子分译成两个或两个以上的句子"②。例如：

A movie of Tom running out of that haunted house would like a panic-stricken hare.

汤姆冲出那座鬼屋速度之快，要是拍成电影的话，会像受惊的野兔一样。

(名词译成小句)

---

① 连淑能：《英汉对比研究》，高等教育出版社，1993年，第64页。
② 方梦之：《译学辞典》，上海外语教育出版社，2004年，第102页。

Her failure to observe the correct instruction of surgical operation resulted in a medical accident.

因为她没有遵守手术的正确操作规程,造成了医疗事故。(名词短语译成子句)

The west for a century dirt-farm poor and ignored by the more industrialized eastern provinces of Ontario and Quebec that control Canada, has lately begun to sway the nation's entire economic structure.

一个世纪以来,加拿大西部是贫困的小农经济地区。工业化程度较高、左右全国的东部省份安大略和魁北克曾对它不屑一顾。但最近以来,西部地区对加拿大的整个经济结构已产生影响。(长句分译成三小句)

从上述例子我们不难看出,分句法中切分的翻译单位可能是词,可能是短语,也可能是句子。具体来看,分句法的使用一般有下列五种情况。

(一) 切分副词

所谓切分副词,就是把英语中的一个副词译成一个句子或者是较长的词组,改变原文的句子结构,使之在译文中成为两个或两个以上的句子。例如:

Incidentally, I hope to get better medical treatment in these countries than I can possibly get in the United States.

顺便提一下,我希望能在这些国家得到比我在美国所能得到的更好的治疗。①

Mary, the marketing manager, **not surprisingly**, did not make a reply to our inquiry at all.

销售经理玛丽根本没有对我方的询盘做出答复,这是不足为奇的。

Illogically, she still expects him to behave like a child.

她仍然希望他像小孩子一样循规蹈矩,这是不合情理的事。

上面三个例句在翻译过程中均采用了切分副词的方法,将其拆成一个小分句,即将"Incidentally"拆译为"顺便提一下","not surprisingly"拆译为"这是不足为奇的","illogically"拆译为"这是不合情理的事"。需要指出的是,在英译汉中,切分副词需注意:该副词不仅仅是修饰某一个动词或形容词,而是对整个主句起修饰作用,其语义涵盖了整个主句。在这种情况下,译者可以使用切分副词的方法调整原句结构进行翻译。

(二) 切分形容词

所谓切分形容词,就是把英语中的一个形容词译成一个句子或者是较长的词

---

① 张培基等:《英汉翻译基础》,上海外语教育出版社,1980年,第109页。

组，改变原文的句子结构，使之在译文中成为两个或两个以上的句子。例如：

Jack was the most **identifiable** coward by nature.

杰克是个生性懦弱胆怯的人，这是旁人很容易看得出来的。

Professor Green always speaks with **understandable** pride of his theoretical innovation in the field of quantum mechanics.

格林教授在谈到他在量子力学领域的理论创新时，总是有些自豪，这是可以理解的。

He made **resultless** efforts to transform a study into a garden.

他企图把书房改建成花园，这完全是徒劳的。

上面三个例句在翻译过程中均采用了切分形容词的方法，将其拆成一个小分句，即将"identifiable"拆译为"这是旁人很容易看得出来的"，"understandable"拆译为"这是可以理解的"，"resultless"拆译为"这完全是徒劳的"。在英译汉中，切分形容词也需注意：该形容词不仅仅是修饰其后的中心语，其修饰作用涵盖了整个主句。在这种情况下，译者可以使用切分形容词的方法调整原句结构进行翻译。

（三）切分名词、名词短语

所谓切分名词、名词短语，就是把英语中的一个名词或名词短语译成一个句子或者是较长的词组，改变原文的句子结构，使之在译文中成为两个或两个以上的句子。例如：

The **inside** of the flat is up to the interest of the couple.

这套房子如何装修布置，取决于这对夫妇的兴趣爱好。

As a place to live, it left much to be desired. As a secret training base for a revolutionary new plane, it was an excellent site, its **remoteness** effectively masking its activity.

作为居住的地方，这里有许多不足之处。但作为完全新型飞机的秘密训练基地却是非常理想的。它地处边陲，人们不易了解其中的活动。①

The earth goes around the sun, **a universally accepted law**.

地球围着太阳转，这是一条普遍公认的规律。

The good tidings filled the whole nation with joy.

捷报传来，举国欢腾。

Poor acoustics spoilt the performance.

音响效果不好，演出大为逊色。

---

① 张培基等：《英汉翻译基础》，上海外语教育出版社，1980年，第110页。

上面五个例句在翻译过程中均采用了切分形容词的方法，将其拆成一个小分句，即将"inside"拆译为"这套房子如何装修布置"，"remoteness"拆译为"它地处边陲"，"a universally accepted law"拆译为"这是一条普遍公认的规律"，"the good tidings"拆译为"捷报传来"，"poor acoustics"拆译为"音响效果不好"。在英译汉中，可以切分的名词或名词短语实际上是用这个名词或名词短语表达了一个暗含主谓语义的结构，即形式上是一个词（组），内容上却是一个句（结构）。如"inside"则可以理解为"how to decorate the inside of the flat"，"remoteness"则可以理解为"because it was located in the remote area"，"a universally accepted law"则可以理解为"which is a universally accepted law"，"the good tidings"则可以理解为"the good tidings arrived"，"poor acoustics"则可以理解为"since the acoustics is poor"。在这种情况下，译者可以使用切分名词、名词短语的方法调整原句结构进行翻译。

（四）切分介词短语、分词短语

所谓切分介词短语、分词短语，就是把该短语译成一个句子，改变原文的句子结构，使之在译文中成为两个或两个以上的句子。例如：

Our products have been improved **with the technology.**

技术提高了，我们产品的质量也随之提高了。

Tom was sitting at the table **watching her.**

汤姆坐在桌边，双眼凝视着她。

Moving with greater speed, the molecules strike the walls of the container harder and harder.

运动速度越快，分子对容器壁的撞击就越猛烈、越频繁。

上面三个例句在翻译过程中均采用了切分介词短语、分词短语的方法，将其拆成一个小分句，将"with the technology"拆译为"技术提高了"，"watching her"拆译为"双眼凝视着她"，"moving with greater speed"拆译为"运动速度越快"。

（五）切分长句

在英译汉时，译者常常会遇到各种错综复杂的长句。因此把一些长句切分翻译，使之成为几个小分句也是常见的操作方法。

请看以下例句：

Macroeconomics stabilization quickly became a major focus of transition policy, however, with varying degrees of success, often due to political pressure for credits and subsidiaries for the enterprise sector coupled, in some cases, with uncontrollable growth of credit in the form of inter-enterprise arrears.

宏观经济的稳定迅速成为转型政策的主要重点,不过各国取得成功的程度不同。这往往是由于在为企业部门提供贷款和补助方面施加的政治压力,加之在某些情况下,以企业之间欠款形式的信贷也不受控制地增加所致。(英文原句只是一个句子,但这个句子中有好几处动作"became""success""coupled""growth",这就为切分提供了基础,把每个表示工作的词转换为分句。)①

There are many wonderful stories to tell about the places I visited and the people I met.

我访问过一些地方,遇到不少人,要谈起来,奇妙的事可多着呢。(切分定语从句)

After singing a (wonderful and long expected) concert in this city, he said he wanted to greet his admirers at backstage as he always does.

他在那个城市演唱了一场音乐会。音乐会结束了以后,他提出要像往常那样到后台去见见他的崇拜者。(切分状语从句)

There is now a single accepted pronunciation for the vast majority of words in ordinary polite use, deviation from which is regarded either as a provincialism or as a vulgarism.

现今日常社交所用的大多数读音已有了一个公认的统一的标准。不符合这个标准,就被称为方言或俗语了。② (切分定语从句)

It is certain that man will eventually solve every riddle in the world.

人类最后必将解开世界上一切未解之谜。这一点是可以肯定的。(切分名词从句)

在很多情况下,对各类从句和长句的翻译都会采用一些灵活的方法,避免直接照译,对于它们的翻译方法,本章第四至第七节将做详细讲解。

二、合句法

既有分句,就有合句,这是英汉两种语言在词汇、语法以及修辞方面的差异所造成的。前面已提过,相比较而言,在英译汉时,分句法比合句法更为常见。但有时候也会见到把英语的两个单句、复合句或并列句压缩糅合在一起翻译的情况。这样处理比较符合汉语语言洗练简洁的特点,从而避免译文的拖泥带水和啰嗦的缺点。合句法是指"将两三个句子合译为一个句子,以使译文简洁流畅、

---

① 叶子南:《高级英汉翻译理论与实践》(第二版),清华大学出版社,第84页。
② 冯庆华:《实用翻译教程》(第三版),上海外语教育出版社,第86页。

语气贯通、逻辑严密、概念明确"①。例如：

The four men huddled there and said nothing. They dared not smoke. They would not move.

这四个人聚在那儿不说话，不敢抽烟，也不愿走开。

(原文三句，主语相同，汉译时使用流水句，合译成一句。)

It was on the early morning of April 8, 1994. Jim began an important mission.

1994年4月8日清晨，吉姆开始执行一项重要的任务。

(原文两句，主语虽然不同，但将第一句处理为时间状语，合译成一句。)

具体来看，合句法的使用一般有以下三种情况。

（一）合并简单句

合并简单句就是把原文中两个或者两个以上的简单句（simple sentence）合并，译成汉语的一个句子，即：

A Simple Sentence ＋ Another Simple Sentence ＋... → A New Simple Sentence

请看以下例句：

What a pleasant surprise! I shall be delighted to meet you on Sunday at the banquet.

没有想到将能于星期日在宴会上见到你。

There are many men here from all over the country. Many of them are from Sichuan.

从全国各地来的人中有许多是四川人。

His eyes were triumphantly cold. There was no light in them, no feeling, no interest.

他的目光傲慢冷酷，呆滞无光，淡漠无情。

Montag shook his head. He looked at a blank wall. The girl's face was there, really quite beautiful in memory: astonishing, in fact.

蒙特格摇摇头。注目粉墙，他仿佛看见那姑娘的肖像；真奇怪，印在他头脑里的肖像的确很美。②

She is very busy at home. She has to take care of the children and do the kitchen work.

她在家很忙，又要看好孩子，又要下厨。③

---

① 方梦之：《译学辞典》，上海外语教育出版社，2004年，第106页。
② 叶子南：《高级英汉翻译理论与实践》（第二版），清华大学出版社，2008年，第85页。
③ 冯庆华：《实用翻译教程》（第三版），上海外语教育出版社，2010年，第92页。

(二) 合并主从复合句

合并主从复合句就是把原文中的主从复合句（complex sentence）译成一个汉语的单句，即：

A Complex Sentence→ A New Simple Sentence

请看以下例句：

The liquid water is heated so that it becomes steam.

液态水受热而变成蒸汽。

When I speak in public, I am very nervous. When I am nervous, I breath deeply.

我公开讲话时就会紧张，紧张时我就深呼吸。

If we do a thing, we should do it well.

我们要干就要干好。

(三) 合并并列复合句

合并并列复合句就是把原文中的并列复合句（compound sentence）译成一个汉语的单句，即：

A Compound Sentence→ A New Simple Sentence

请看以下例句：

The stimulation provided by a late mystery show on TV or a hard fought game of chess or an animated chat with friends may be delightful, but it will tend to keep us wide awake.

很晚的引人入胜的电视节目、激烈的棋赛或跟朋友热烈的聊天，往往会使人过于兴奋，久久不能入睡。

In that summer vacation I got acquaintance with Professor Li, and we became good friends.

那个暑假我结识了李教授并和他成了好朋友。

It was on Lunar New Year's Eve, and we stayed up all night to welcome the New Year.

农历除夕之夜，我们熬夜迎接新年。

第三节 被动语态的译法

英语中被动语态的使用范围很广。在某些文体的句子中，如科技、经贸、法律等文体使用被动句式几乎成为一种惯例。英语常用被动句的原因可以概括为：施事的原因（施事未知而难以言明，施事从上下文中可以不言自明，施事不如受事重要，或受事需要强调），句法的要求（英语重形合，注重句法结构和表达形式），修辞的考虑（被动句表达方式灵活多变，避免句型单调，取得较好的修辞效果），文体的需要（某些文体倾向于使用被动句，如科技、法律、经贸等）。英语常用结构被动式，少用意义被动式。而汉语则多用意义被动式，少用结构被动式①。

与英语相比，汉语中使用的被动句要少得多。但在汉语句子中，大多数被动意义不用"被字式"，即不用如英语中的结构被动式，而用意义被动式。例如，"该方案制订好了。"就应译为英语"The proposal has been made."。汉语句子为意义被动式，而英语译文则为结构被动式。在英译汉中，把英语被动句译成汉语主动句还是译成汉语被动句，取决于哪一种结构更加符合汉语的表达习惯。

英语的被动句可以翻译成汉语的主动句，在这种情况下，可以保留原主语。例如：

Many basins were formed by the subsidence of the earth's crust.

许多盆地都是因地壳陷落而形成的。

He was choked with anger.

他气得说不出话来。

有些英语的被动句可以译成汉语的无主句。例如：

That person was never remembered again.

后来再也没有想起那个人。

The economic reforms must be carried through to the end.

必须把经济改革进行到底。

英语的被动句也可以翻译成汉语的被动句，但汉语中常借用以下一些字来表示被动：被、给、遭（受）、为、由、挨。例如：

That thief was beaten by Tom.

那小偷被汤姆打了。

My pens hidden in the drawer have been taken up by others.

我藏在抽屉里的笔都给别人拿光了。

This distinguished guest was given a warm welcome.

这位贵宾受到了热烈欢迎。

That girl was so moved by the boy's words and accepted his proposal.

那个女孩为男孩的话深深感动，接受了他的求婚。

The lake is fed by several small streams.

这湖是由几条小溪的水汇聚而成的。

---

① 连淑能：《英汉对比研究》，高等教育出版社，1993年，第86-92页。

Mary was severely criticized by her teacher for her laziness.

由于懒惰，玛丽挨了老师狠狠的批评。

有一类以"it"作为形式主语的英语句子，在译文中常要改成主动形式①。

It is hoped that... 希望……

It is reported that... 据报道……

It is said that... 据说……

It is supposed that... 据推测……

It may be said without fear of exaggeration that... 可以毫不夸张地说……

It must be admitted that... 必须承认……

It must be pointed out that... 必须指出……

It will be seen from this that... 由此可见……

It is asserted that... 有人主张……

It is believed that... 有人相信（认为）……

It is generally considered that... 大家认为……

It is well known that... 大家知道……（众所周知……）

It will be said that... 有人会说……

It was told that... 有人曾经说……

有些被动语态的句子如果有合适的状语，可以借用来充当汉译后句子的主语。例如：

Many agricultural workers have been trained in the county.

这个县已经培养了许多农业技术员。

Table tennis is played all over China.

中国到处都在打乒乓球。

A photo was hung on the wall.

墙上挂了一张照片。

需要指出的是，被动结构的使用在中国一些特色表达中屡见不鲜，如《政府工作报告》里常出现的"要大力……/加强……"等句型就常用被动结构处理，这也为我们进行英汉翻译提供了举一反三的思路。例如：

加大城镇老旧小区改造力度，因城施策促进房地产市场平稳健康发展。

Efforts were intensified to rebuild old urban residential areas. By adopting city-specific policies, we promoted the stable and healthy development of the housing market.

这类中文的无主句可以借用被动结构翻译，反过来，当我们进行英译汉时，

---

① 张培基等：《英汉翻译基础》，上海外语教育出版社，1980年，第117页。

若发现句子的主语为抽象名词且使用被动结构,也可灵活使用无主句进行汉译。

第四节 名词性从句的译法

英语中的名词性从句包括主语从句、宾语从句、表语从句和同位语从句。在翻译这些名词从句时,多采用顺序法,即多采用按照原句语序的方式来翻译,基本不改变原句的结构。但是有时为了译文的通顺和较好的可读性,也会做出一些调整。本节将详述这四种名词从句的翻译方法。

一、主语从句译法

主语从句是在句子中充当主语成分的句子。主语从句主要有两种结构,一种是主语从句+谓语+其他成分,另一种是形式主语"it"+谓语+其他成分+主语从句(真正的主语)。

(一)主语从句+谓语+其他成分

在翻译这样结构的主语从句时,译者多采用顺序法,即按照英文叙述顺序译为中文,基本不改变语序和结构。例如:

What we call "air" is a mixture of several different gases.
我们称为空气的东西是数种气体的混合物。
That a little girl could swim across the river alone is really something mysterious.
一个小女孩能够独自游过这条河真是不可思议。
Whatever you have done in that village must be kept secret.
你在那个村庄做过的任何事都应当保密。

(二)形式主语"it"+谓语+其他成分+主语从句(真正的主语)

在翻译这样结构的主语从句时,译者根据实际情况,可以采用顺序法来翻译,也可以调整语序采用逆序法来翻译。例如:

It is certain that there has been something wrong with Mr. Green's health.
可以肯定,格林先生的健康有些问题。
It is obvious that the boss must be dissatisfied with the offer.
很显然,老板肯定会对此报价不满。
It doesn't matter much whether he attends the ceremony or not.
他出席不出席这次典礼都无关紧要。
It is important that female can't often stay up all night.
女性不能经常熬夜,这一点很重要。

二、宾语从句译法

宾语从句是在句子中充当宾语成分的句子。宾语从句大多采用顺序法来翻译，即按照英文叙述顺序译为中文，基本不改变语序和结构。例如：

The mayor fully lived up to what he promised to the citizens.

这位市长完全实现了他对市民的承诺。

Professor Thomson always thought how he could do more for the research.

汤姆逊教授总是想着怎样为这项研究做更多的工作。

I have made it clear that they must gather at the school gate at 4 o'clock pm this afternoon.

我讲清楚了的，他们必须今天下午4点整在校门口集合。

三、表语从句译法

表语从句是在句子中充当表语成分的句子。与宾语从句类似，表语从句大多采用顺序法来翻译。表语从句多翻译成"……是……"的结构。例如：

The cutting speed of the tool is what matters.

刀具的切削速度是最重要的。

This is what he wants to know.

这就是他想知道的。

Efficiency issue is what we have to take into account.

效率问题是我们应考虑的。

四、同位语从句译法

同位语是对一个名词或代词起解释作用的成分。同位语从句是以一个完整的句子来解释此前的一个名词或代词。同位语从句的译法主要有以下三种情况。

（一）同位语从句不提前

Now we have little idea what they suffered from the disaster.

我们现在很难想象那时他们在灾难中遭受的一切。

He expressed the hope that he would come to visit Sichuan again.

他表示希望再到四川来访问。

（二）同位语从句提前

This is a universally accepted principle of international law that the territorial sovereignty doesn't admit infringement.

国家领土主权不容侵犯，这是举世公认的国际法准则。

The fact that the sun is bigger than the earth is known to everyone.

太阳比地球大这一事实已为人所共知。

(三)增加"即"或用冒号、破折号分开

把同位语从句译成独立的句子,并在其前加"即",或使用冒号、破折号。例如:

But considering realistically, we had to face the fact that our energy had been run out.

但是现实地考虑一下,我们不得不证实这样的事实:我们的能源已经用完了。

We are clear about the idea that contradictions exist everywhere.

我们都清楚这样一个理念,即矛盾是普遍存在的。

The meeting was held in a hotel, the Shangri-la Hotel of Chengdu.

会议在一家酒店举行——成都香格里拉大酒店。

第五节 定语从句的译法

定语从句也称为形容词从句,在句中做定语,修饰名词或代词,在句法结构上属于次要成分,但由于使用范围很广,定语从句又极其重要。英语中的定语从句主要分为两类:限制性定语从句和非限制性定语从句。汉语中没有类似英语中定语从句的结构,在翻译过程中,要灵活处理、善于变通。灵活处理和善于变通的度也就关乎原文和译文结构调整的量。无论采用何种办法,都要遵循译入语的表达习惯,努力增强译文的可读性。本节从三个方面详述定语从句的翻译方法。此外,本节还将介绍翻译家曹明伦翻译英语定语从句的新方法,即C译法。

一、限制性定语从句译法

限制性定语从句对所修饰的先行词有限制的作用,两者之间相互关系非常紧密,定语从句与先行词之间不用逗号分隔。一般说来,这类句子多采用提前定语从句的方法来翻译。

(一)前置法

前置法是定语从句的常用翻译方法之一,是指在翻译过程中将定语从句调整到中心语的前面,形成汉语中前置定语的结构。前置法通常把原句翻译成"……的……"的偏正结构。例如:

You are the only person that can help me.

你是唯一能帮助我的人。

The question that worries us is how long the water can last.

我们都担心的问题是这些水能维持多久。

Last night I saw a very good movie which was about a lovely Samoyed dog.

昨晚我看了一部关于一只可爱的萨摩耶犬的电影。

A child whose parents are dead is called an orphan.

双亲都死了的孩子叫作孤儿。

一般说来，使用前置法翻译的定语从句具备这样的特点：其定语结构比较简单，字数较少。如果定语从句结构比较复杂，尤其出现较多的修饰成分时，较多采用重复后置法来翻译，这样做是为了避免译文冗长杂糅，也符合汉语的表达习惯。

（二）重复后置法

重复后置法是针对那些字数较多、结构较复杂的定语从句的一种有效的翻译方法。所谓重复后置法是指先重复翻译先行词，然后将定语从句译成并列的后置分句，不调整到中心语前面。例如：

A province is composed of cities that are composed of towns.

省是由城市组成的，而城市又是由乡镇组成的。

Small wonder then that more scientists are visiting the region to acquire new knowledge which will help us to have a better understanding of the earth as a whole.

难怪现在越来越多的科学家前往该地区以获得新知识，这些知识将有助于我们更好地了解整个世界。

HR Department is an important part of a company that is responsible for the company's personnel management.

人力资源部是公司的重要部门，它负责公司的人事管理。

It is our teacher received the good news that announced the championship of our team.

是我们老师收到了好消息，说我们队赢了。(后置分句省略了先行词)

（三）溶合法

溶合法是翻译定语从句的另一种方法，是指把主句和从句溶合成为一个新的句子。具体来讲，是把英语中的主句处理为汉语中的主语部分，把英语中的定语从句处理为汉语中的谓语部分，构成一个新的汉语句子。这种方法尤其适用于"there be"句型中的定语从句的翻译。例如：

There is nothing that does not contain contradiction.

没有什么事物是不包含矛盾的。

There is a boy on the phone who wants to speak to you.

电话里有个男孩要和你说话。

There are many people who want to see the panda from China.

许多人想看这只来自中国的熊猫。

The boy who was crying as if his heart would break said that he was very hungry.

那个男孩哭得似乎心都碎了，说他实在是饿极了。

二、非限制性定语从句译法

非限制性定语从句与主句的联系相对没有那么紧密，多起解释或补充说明的作用。翻译这类定语从句，也需根据实际情况，采用前置法或重复后置法。与限制性定语从句有些不同的是，由于非限制性定语从句中主句和从句相对较为独立，因此有时可以采用重复后置法把主句和从句译成两个独立句。例如：

The Fleher Bridge in Germany, which was opened to traffic at the end of 1979, is a classic example of a cable-stayed bridge.

德国1979年年底建成通车的佛莱尔大桥是悬索拉桥的典范。

He liked his younger sister, who was warm and pleasant, but he did not like his elderly brother, who was aloof and arrogant.

他喜欢热情活泼的妹妹，而不喜欢冷漠高傲的哥哥。

The disease AIDS is not the same thing as the AIDS virus, HIV, which can lead to the disease.

艾滋病与艾滋病毒不是一回事。艾滋病毒可导致艾滋病。

Chairman had talked to the CFO Mary, who assured him that the financial problem could be well solved.

董事长和财务总监玛丽谈过话。玛丽向他保证，财务问题会圆满解决。

三、"定语从句形式，状语从句内容"句的译法

"定语从句形式，状语从句内容"句指的是：英语中有些定语从句从形式上看是形容词性修饰语与中心语的偏正结构，但内容上表达的是一种状语关系的从句，这类定语从句通常表达诸如时间、因果、目的、结果、条件、让步等逻辑关系。这种状语关系是暗含的，译者在翻译时需要首先识别出这样的"伪"定语从句，然后推敲出主句和从句之间的逻辑关系，并增译相应的词语，才能最终得出准确的译文。实际上，这类定语从句多译为状语从句。例如：

No one in the company likes their boss, who is stingy and bad-tempered.

公司里没有人喜欢他们老板，因为他脾气暴躁，人又小气。

He did not remember his father who died when he was three years old.

他三岁就死了父亲，所以记不起他父亲了。

My father, who thought it might not work, supported me.

尽管父亲认为这个办法可能不起作用，但还是支持我。

He wants to write an article that will draw public attention to the matter.

他想写一篇文章，以便能引起公众对这件事的注意。

A new product, which has beautiful packing, good quality and advertising, may very likely be a hit in market.

一种新产品，只要包装精美、质量过硬、宣传得力，就可能会在市场中热销。

You, who are in the prime of your life, study hard.

趁你处在黄金时期，好好学习吧！

四、定语从句的 C 译法

定语从句的翻译既是重点又是难点。近年来，不少专家学者撰文讨论其翻译方法。虽然各家说法不一，但有一点是明确的："凡是像汉语定语一样起修饰限制作用的英语定语从句都必须译成定语。"① 请看下面的例句。

（一）定语从句的传统译法

I want a man **who will throw his hat over the Chind** win and then lead his troops after it.

我要的是这样一个人，他决心在钦敦江破釜沉舟，然后率领部队前进。②

They are striving for the ideal **which is close to the heart of every Chinese** and **for which, in the past, many Chinese have laid down their lives.**

他们正在为实现一个理想而努力，这个理想是每个中国人所珍爱的，在过去，许多中国人曾为了这个理想而牺牲了自己的生命。③

But without Adolf Hitler, **who was possessed of a demoniac personality, a granite will, uncanny instincts, a cold ruthlessness, a remarkable intellect, a soaring imagination and**—until toward the end, when drunk with power and success, he overreached himself—**an amazing capacity to size up people and situations**, there almost certainly would never have been a Third Reich.

---

① 曹明伦：《英汉翻译实践与评析》，四川人民出版社，2007年，第318页。
② 张培基等：《英汉翻译教程》，上海外语教育出版社，1980年，第14页。
③ 张培基等：《英汉翻译教程》，上海外语教育出版社，1980年，第131页。

然而，如果没有阿道夫·希特勒，那就几乎可以肯定不会有第三帝国。因为阿道夫·希特勒有着恶魔般的性格、花岗石般的意志、不可思议的本能、无情的冷酷、杰出的智力、深远的想象力以及对人和局势惊人的判断力。这种判断力最后由于权力和胜利冲昏了头脑而自不量力，终于弄巧成拙。①

（二）定语从句的 C 译法

从上述三例可以看出，张培基采用了重复先行词，即"（这样一个人）他""（这个）理想""阿道夫·希特勒"，然后将前后主从句译成并列分句的办法。但事实上，三个句子中的定语都对前面主句先行词起修饰限制作用，应该可以将其译成汉语中的定语。曹明伦认为，定语从句的传统译法不是"前置"就是"后置"，并未从根本上寻求到翻译实践的新方法。② 对此，他提出了定语从句的 C 译法。

C 译法的要诀是："首先译出定语从句前的主句，然后重复先行词（或者说把代表先行词的关系词还原为先行词），再把定语从句译成定语置于被重复的先行词之前。"③

按照曹明伦的 C 译法要诀，上述三句可以译为：

我要的是这样一个人，一个能在钦敦江破釜沉舟并率部过江的人。

他们正努力去实现那个理想，那个每一位中国人珍藏于心中的理想，那个许许多多中国人曾为之献出了生命的理想。

但要是没有那个生性残暴、意志坚忍、心肠冷酷、直觉超人、才智出众且想象丰富的阿道夫·希特勒，没有那个在因被权力和成功冲昏头脑而招致失败之前对人和局势都具有惊人判断力的阿道夫·希特勒，那历史上几乎就不可能有一个第三帝国。④

从上述译文可以看出，曹明伦的 C 译法使得英语中的定语从句在汉语译文中仍然是定语结构，主次分明，起到了修饰限制的作用。这种译法确为定语从句的翻译带来了一种崭新的思路。总而言之，定语从句是英译汉中的重点和难点，要翻译好英语定语从句，"除了掌握必要的翻译理论外，译者还须不断加强中英文两种语言的修养"⑤。

---

① 张培基等：《英汉翻译教程》，上海外语教育出版社，1980 年，第 156 页。
② 曹明伦：《英汉翻译实践与评析》，四川人民出版社，2007 年，第 318 页。
③ 曹明伦：《英汉翻译实践与评析》，四川人民出版社，2007 年，第 320 页。
④ 曹明伦：《英汉翻译实践与评析》，四川人民出版社，2007 年，第 320－321 页。
⑤ 曹明伦：《英汉翻译实践与评析》，四川人民出版社，2007 年，第 327 页。

第六节 状语从句的译法

英语状语从句使用范围较广,其结构也比较灵活,主要用来表示时间、原因、条件、让步、目的等关系。英语状语从句的主要译法分述如下。

一、时间状语从句译法

在复合句中,由时间连接词引导的状语从句叫作时间状语从句。这类状语从句的译法主要有下面三种情况。

(一) 直译成相应的时间状语

When you think you know nothing, then you begin to know something.
当你以为自己一无所知的时候,你就是在开始知道一些事物了。
While my wife was reading the newspaper, I was watching TV.
当我妻子正在看报时,我在看电视。
When the wall on the playground fell down, all the students ran away in a panic.
操场上的墙倒塌的时候,所有的学生都争先恐后地跑开了。

采用这种方法翻译的状语从句多用"when""while"等词引导。此外,"when"引导的时间状语从句还有一种特殊译法,根据上下文可以译成"在……之后"。例如:

Some patients have an allergy to penicillin when they take it.
有些病人服用青霉素后会过敏。

(二) 译成"(刚)一……就""直到(后)……才"的句式

The moment I heard the news, I hastened to the spot.
我一听到消息,就马上赶到了出事地点。
As soon as I reach Canada, I will ring you up.
我一到加拿大,就给你来电话。
No sooner had the sun shown itself above the horizon than he got out of bed to commence work.
太阳刚从地平线上升起,他就起床劳动去了。
It was not until the meeting was over that he began to teach me English.
直到散会之后他才开始教我英语。
It was not until the high-altitude rocket was invented that the direct exploration of the upper atmosphere became possible.

直到发明了高空火箭之后,直接探索上层大气才成为可能。

(三)译成并列分句

We always sing as we walk.

我们总是边走边唱。

Mr. Green will visit our university next month when he opens the new library.

格林先生将于下个月访问我们的大学,届时他将主持新图书馆的开馆仪式。

二、原因状语从句译法

英语中原因状语从句的位置比较灵活,既可以把原因置于句首,也可以把原因置于句末。但由于汉语表达的习惯,汉译时通常把原因置于句首。原因状语从句的翻译主要有两种处理办法。

(一)借用标志词

大多数原因状语从句在翻译时可以借用一些表示因果关系的关联词,如"因为""由于""所以""因此"等。例如:

He finally failed because he was too careless.

因为他太粗心,最终失败了。

I can't get to sleep because of the noise outside.

由于外面声音嘈杂我睡不着。

(二)省略标志词

由于汉语意合的特点,因此在翻译一些英语原因状语从句时可以省略表示因果关系的连接词语,即将因果关系暗含在上下文中,不明确表达。例如:

We had to cancel the opening ceremony since some distinguished guests were absent.

多位贵宾缺席,我们只好取消开幕式。

I am going to have a rest, as I was tired.

我累了,我要休息一下。

此外,还需要注意小词"as"在英译汉中的应用。"as"在英语语篇中可以表示条件铺垫和微弱原因("微弱原因"是指虽然和下文不是必要充分的因果关系,但两者间存在一定联系),翻译时可以利用该词合理调整句序。英译汉时,条件、原因、前提一般放在前面,结果放在后面,这样的译文才是符合汉语表达习惯的译文,应最大程度避免欧化的汉语。

三、条件状语从句译法

一般说来,条件状语从句在翻译时可以借用以下这些连接词语来翻译,如

"如果""只要""要是""一旦"等。例如：

I would have arrived much earlier if I had not been caught in the traffic.

如果没有堵车，我会到得早一点儿。

I will cooperate as long as I am notified on time.

只要及时告诉我，我就会合作。

Once you catch what I have said, you will have no trouble.

你一旦明白我的话，你就不会再有麻烦了。

四、让步状语从句译法

英语中让步状语从句的位置比较灵活，既可以前置，也可以后置。但由于汉语表达的习惯，汉译时通常前置。根据表达语气强弱程度，可以借用以下这些连接词语来翻译，如"虽然""尽管""即使""就算""不论""不管"等。例如：

Although/Though he was exhausted, he kept on working.

虽然他已经精疲力竭了，但仍然继续工作。

We'll make a trip even if/though the weather is bad.

即使天气不好，我们也要进行一次旅行。

You'll have to attend the ceremony whether you're free or busy.

不管你忙不忙，都要参加这个典礼。

Whatever the consequence may be, I shall speak the truth.

不论后果如何，我都要说实话。

五、目的状语从句译法

目的状语从句的翻译通常有两种办法，一种是前置译法，另一种是后置译法。

(一) 前置译法

目的状语从句如果译作汉语的"为了""要使"等，通常把目的状语从句译在句首。例如：

In order to catch the first bus I got up early.

为了能赶上首班车，我起得很早。

(二) 后置译法

目的状语从句如果译作汉语的"以""以便""为的是""以免""免得"等，通常把目的状语从句译在句末。例如：

I am telling you that lest you should make a mistake.

我告诉你这一点，以免你搞错。

New words must be frequently used for fear that they should be easily forgotten. 新学的单词要频繁使用，以免轻易忘记。

第七节 长句的译法

长句是翻译中的重点，也是英汉翻译的难点。一般而言，长句具有句长词多、从句罗列、关系复杂、信息量大等特点，因此对于翻译学习者和翻译工作业者而言都存在一定的困难。谈到英文长句的汉译，我们不得不首先回顾英汉句子结构和思维方式的差异及其在长句翻译中的体现。正如前文所述，就英汉句子结构的差异来讲，主要有四点：第一，英语重形合，汉语重意合；第二，英语句子呈扩展式，汉语句子呈紧缩式；第三，英语长句为复合句，汉语长句为连动句或流水句；第四，定语结构的负荷力不同。例如：

> When Chou En-lai's door opened they saw a slender man of more than average height with gleaming eyes and a face so striking that it bordered on the beautiful. (Agnes Smedley: *The Great Road*)

周恩来的房门打开了，他们看到了一位身材修长的人，比普通人略高，目光炯炯，面貌引人注目，称得上清秀。

就英汉两种语言思维方式的差异来讲，主要有四点。第一，英语强调主体由近及远、由里及外；汉语主体不突出，主客体融合，方向上由远及近，由次到主。第二，表现在时间关系上，英语可以先叙述后发生的事情，后叙述先发生的事情，而汉语常常依照时间顺序。第三，表现在因果关系上，英语常常由果到因，强调果对主体的影响，而汉语则从因到果顺理推移，从解释到结论，从条件到结果。第四，在叙和议的关系上，英语一般先表态后叙事，而汉语一般先交代事情，后发表议论。又如：

> We had been dismayed at home while reading of the natural calamities that followed one another for three years after we left China in 1959. (句子依照反时间顺序，突出事件对主体造成的影响，先议后叙。)

我们在 1959 年离开了中国，此后，中国连续三年遭到自然灾害。我们在国内读到这方面的消息，心情颇为低沉。(句子依照自然的时间顺序展开，先叙后议。)

再如：

> For any outsiders still doubting the reality of reform in Myanmar—for decades one of the region's most isolated nations—Aung San Suu Kyi's flight this week from

Yangon to Bangkok in neighboring Thailand should be seen as a historic sign that significant change is indeed underway.

我们从上例可以看出，英文插入结构是整个句子的背景部分，也可以看作是原因或是先发生的事情，因此，在汉译时需要根据汉语表达习惯调整语序。

几十年来，缅甸一直是亚太地区最孤立的国家之一。但昂山素季本周将从仰光飞往泰国曼谷访问，对于质疑缅甸改革诚意的人来说，此行历史意义重大，反映该国确实正在推行大规模改革。

长句是英语语篇的一大特点。英语句子结构层次较多，句中并列成分多，各种短语多，修饰语多，从句多。由于英语长句具备这些特点，我们在翻译长句时首先要理解原文，摆脱原文的形式束缚，进入语义的深层次，判断分析各种内在的但实质上是隐含的逻辑关系。此后再回到汉语的表层形式上来。具体来说，译者必须弄清原文的句法结构，即句子的主谓关系，主要部分与次要部分的划分，主要部分与次要部分的逻辑关系，次要部分与次要部分的逻辑关系（是并列关系还是层级关系？如果是层级关系，每一上下层级间是什么关系？），等等。在此基础上，利用词、句的翻译方法并充分考虑语序、表达习惯、可读性等因素译出全句。好的译文既要能尽量正确地表达原文，又不拘泥于原文的形式。此外，我们还要注意两种语言在指代上的特点，即英语多用指代性的词语以保持简洁，汉语多用重复结构以避免歧义和含混。这样的特点为我们翻译提供了思路，英译汉时会根据语境还原指代性信息，增译相应的内容。长句的翻译多采用以下三种方法：顺序翻译法、逆序翻译法和分句翻译法。

一、顺序翻译法

如果英语长句是按照时间的先后顺序或逻辑关系构建的，这样就与汉语句式的表达方式基本一致，基本符合汉语表达习惯，在翻译时就可以按照原句的顺序来进行，基本不改变原句的结构。例如：

Americans who would be patriots must try to learn what it is that they have in common, what it is in the republic that is worth cherishing and preserving; until they know that, their patriotism will have no more content than a bright, loud afternoon parade. (Time , Oct. 3, 1980)

想要成为爱国志士的美国人必须努力探求他们之间的共同之处，努力探求在这个国度里值得珍惜和恪守不渝的东西是什么，直到他们懂得，如果他们办不到这点，他们的爱国主义充其量只是一场炫耀一番、喧闹一场的午后游行而已。

When I work, I often write a few dozen words and then go to the courtyard to take a look at the flowers, watering them and moving about the potted ones, after than, I'll return to my room to write a bit more, then I'll go out to have the cycle again, thus combining mental with manual labor, which is a better way to keep me fit in mind and body than taking medicine.

在我工作的时候，我总是写了几十个字，就到院中去看看，浇浇这棵，搬搬那盆，然后回到屋中再写一点，然后再出去，如此循环，把脑力劳动与体力劳动结合到一起，有益身心，胜于吃药。

二、逆序翻译法

如果英语长句的表达顺序与汉语的表达顺序相反，这种长句在翻译时多用逆序翻译法。在英语中，重要信息常常出现在句首，即主句常首先呈现，然后再呈现次要部分，如条件、原因、时间、让步关系等；与英语不同，在汉语中，通常是先叙述次要部分，如条件、原因、时间、让步关系等逻辑关系，再呈现中心结构。因此，这类句子在汉译时常常需要对句序进行全部或部分的调整，或改变原句的表达结构。例如：

Common conceptions of what is right and decent, a marked regard for fair play, especially to the weak and poor, a stern sentiment of impartial justice, and above all the love of personal freedom, or, as Kipling put it, "Leave to live by no man's leave underneath the law" —these are conceptions on both sides of the Ocean among the English-speaking peoples. (Winston S. Churchill: "The Second World War")

大西洋两岸使用英语的民族具有共同的观念。这些观念就是：对于是非的共同观念；特别重视公道，尤其是对弱者和贫者的公道；对于公正无私的司法制度的严肃感；特别是对个人自由的热爱或者就像吉卜林所说的"不是由于任何人的许可，而是在法律之下无拘无束地生活"。

分析：在这个长句中，把总述的"these are conceptions on both sides of the Ocean among the English-speaking peoples"提到了译文的最前面，在其后再分译各个观念是什么。

Mine and a dozen other families which had registered residents of Bagnio before the war were released from camp for a few months in 1942 in a Japanese attempt to make the native Philippines feel that life had returned to normal.

日本人企图使当地的菲律宾人感到生活已恢复了常态，便于1942年把我们一家和其他十几家战前就在碧瑶登记户籍的人从集中营里放出来，让我们过了几个月的自由生活。

分析：这个长句的主干是一个被动结构，即"Mine and a dozen other families were released from camp"，在翻译时译者改变了原句的主语，便于将一系列的动作串联起来，并按照汉语习惯的时间先后顺序重新排列。

三、分句翻译法

在有的英语长句中，主要部分与次要部分之间、各次要部分之间关系不是很紧密，具有相对的独立性。这种情况下，译者可以用分句拆译的办法，将原句译成一个一个的短句。分句时，为了使译文语意连贯，需要根据上下文增译一些连接词语或调整短句的句序。例如：

> It gives me much pleasure to know the right way of handling them. How interesting it is to be able to keep my flowers and plants alive and watch them thrive and bloom year in and year out!

这是个乐趣，摸住门道，花草养活了，而且三年五载，老活着、开花，多么有意思呀！

> When about three hundred men had been landed from these vessels and were marching rapidly to camp, the Morini, who had been left by Caesar in a state of peace when he set out for Britain, were fired by the hope of booty and surrounded the troops, at first with no very large number of their own folk, bidding them lay down their arms if they did not wish to be killed. (Walter LaFeber: *America, Russia and the Cold War, 1945 - 1966*)

这些船上的三百士兵上了岸，急忙赶向营地。这时，莫里尼人由于贪图战利品，便包围了这些士兵。早先恺撒出发到不列颠时，对莫里尼人并未惊扰，一直让他们过着和平的生活。莫里尼人起初人数不多，他们向士兵们喝令：要想活命就得放下武器。

> At 6:10 p. m., December 6, 1973, Gerald Rudolph Ford raised his right hand in the U. S. House of Representatives, where he had spent twenty-five years working toward but never getting the top office of Speaker, and became Vice President of the United States.

1973年12月6日下午6点10分，季腊德·伦道夫·福特在美国众议院举起右手宣誓就任美国副总统。他在众议院曾度过了25个年头，并一直在争取成为议长，但始终未能如愿。

> The original members of the United Nations shall be the states which, having participated in the United Nations Conference on International Organization at San Francisco, or having previously signed the Declaration by United Nations of 1 January, 1942, sign the present Charter and ratify it in accordance with Article 110.

联合国之创始会员国必须满足两个条件：第一，此前曾参加旧金山讨论国际组织之联合国大会，或者此前曾在1942年1月1日签署联合国宣言；第二，签订本宪章，并根据第110款批准本宪章。

翻译实践

一、翻译以下各句，注意英汉句型结构的差异。

1. He intends to take an action in grand style.
2. He arrived on Sunday night, tired and dusty.
3. This type of marriage is characterized by constant conflict, tension, and bitterness.
4. The nation's tradition, its instincts, and its interest make it opposed to Germany.
5. Education suggests both the process and the result of developing the mind's capacity and scope.
6. Small talk is what friends make when standing around doing nothing. Small talk serves as a good ice breaker when people do not know each other.
7. Primary commodities constitute the determining factor of employment, income, living standards and government development expenditure in the vast majority of developing countries.
8. Under the moral percept we should recoil at human cloning, because it inevitably entails using humans as means to other humans' ends—valuing them as copies of others we loved or as collections of body parts, not as individuals in their own right.

二、翻译以下各句，注意分句、合句译法的使用。

1. Characteristically, he was determined to act without clearly knowing what to do.
2. Illogically, he had expected a high mark without hard work.
3. She sat with her hands cupping her chin, staring at a corner of the little kitchen.
4. Man's warm blood makes it difficult for him to live long in the sea without some kind of warmth.
5. And a growing minority of scientists agreed at that time.
6. My mother was not wrong in predicting me too inexperienced to make a deal.
7. This presidential candidate was in a clear minority.
8. It was sufficient that there was tenderness in her eyes, weakness in her manner, good nature and hope in her thoughts.

9. Many years ago, when I was vicar of a small parish in the north of England, I remember hearing a sad story of a certain businessman.
10. But another operation on his eyes would bring possible ablepsia to him.
11. Stir and you are a dead man.
12. When the tourists climbed to the summit of Mt. Emei, they became very excited.
13. When we speak highly of your company, we are not merely being polite.
14. When mother was cooking, she heard the telephone ring.
15. It is New Year's Day. Go and see your father.

三、翻译以下各句，注意被动语态的译法。

1. That person cannot be relied upon.
2. But one basic difference of opinion concerns the question of whether or not the city as such is to be preserved.
3. Everything possible was done to conceal our movements from the enemy and to mislead them.
4. One hundred and eighty years ago the simple and sublime doctrine of equality was preached and taught and acted upon, but the doctrine has long been lost sight of.
5. Accounts are given of huge mountains sinking, of former plains seen heaved aloft, of fires flashing out amid the ruin.
6. Tom was dismissed by the manager of the company.
7. By evening the occupation was completed, and the people were chased off the streets by an eight o'clock curfew.
8. History is made by people.
9. Some books are to be tasted, others to be swallowed, and some few to be chewed and digested.
10. The school had been practically destroyed by the big fire.
11. The visitor was flattered and impressed.
12. The avenue was lined with neatly-spaced plane trees.
13. Mr. Xu is considered to be a responsible teacher.
14. She was caught in the downpour.
15. Problems should be resolved in good time.

四、翻译以下各句，注意名词性从句的译法。

1. Whether the unit will operate efficiently remains to be seen.
2. Whether this new tool of investigation will ultimately take us is beyond my

powers of prediction.

3. Whether life can exist on any planet other than the earth is very doubtful.
4. It is still to be discussed where the new substation will be built.
5. It therefore becomes more and more important that, if students are not to waste their opportunities, there will have to be much more detailed information about courses and more advice.
6. One might ask why the scientist feels so certain of the existence of these particles.
7. Dying patients, especially who are easiest to mislead and most often kept in the dark, can then not make decisions about the end of life: about whether or not they should enter a hospital, or have surgery; about where and with whom they should spend their remaining time; about how they should bring their affairs to a close and leave.
8. This is not a reasonable explanation of why these things happen.
9. We think it certain that economic development does have a considerable influence upon interpersonal relationship.
10. Mother left it to my own decision whether I should study abroad.
11. The assembly-line of the factory is where all the components are put together.
12. The first thing we need to do is clean the classroom.
13. This is where you are wrong.
14. This is why we decided to put the conference off.
15. We come to the conclusion that recognizable differences exist today between marine and non-marine forms.
16. There is no guarantee that they won't make the same mistake again.
17. The girls were surprised at the fact that ocean ships can sail up the Great Lakes.
18. Museums play a role of education for the simple reason that they provide people with a good opportunity to have a deeper understanding of their own country's tradition and cultures.
19. The question whether we should call in a specialist was answered by the family doctor.
20. At the end of last century, an important discovery was made that everything was built partly of electrons.

五、翻译以下各句,注意定语从句的译法。

1. They were sons of the men who had left their homes and taken to the mountains

with their broad swords by their sides. (G. R. Gammage: *History of the Chartist Movement*)

2. The moon is a world that is completely still and where utter silence prevails.
3. The principal person judged to be aimed at through the clause was one who had long previously attracted to himself a share of attention in many cities, whose influence was beginning to be felt amongst the working class, but who was able to boast of his descent from a race of kings. (G. R. Gammage: *History of the Chartist Movement*)
4. He was none of the long-winded prosy speakers, who seem to delight in talking chiefly because they give delight to nobody. (G. R. Gammage: *History of the Chartist Movement*)
5. I hope your success, which is an inspiration to me, will continue.
6. He blamed me for everything, which I thought very unfair.
7. There is something that keeps worrying me.
8. Shakespeare was a great English dramatist and poet whose name was known all over the world.
9. She was very patient towards the children, which her husband seldom was.
10. The two counties established formal diplomatic relation, which pave the way for the further communication.
11. They quarreled with each other every day, which led to their divorce.
12. Electronic computers, which have many advantages, cannot carry out creative work and replace man.
13. One will surely succeed who perseveres to the end.
14. The periodical physical examination must be given to a patient who has recuperated from hepatitis.
15. Men become desperate for work, any work, which will help them to keep alive their families.

六、翻译以下各句，注意状语从句的译法。

1. When I lived in the countryside, I used to carry some water for him.
2. My father had left for Canada just before the letter arrived.
3. It is five months since our boss was in Beijing.
4. He had no sooner arrived home than he was asked to start on another journey.
5. He had hardly fallen asleep when he felt a soft touch on his shoulder.
6. She could get away with anything, because she looked such a baby.
7. Since we live near the river, we can often go swimming.

8. You shouldn't get angry just because some people speak ill of you.
9. He won't be against us in the meeting provided that we ask for his advice in advance.
10. What if anything happened to me?
11. You can go swimming on condition that you don't go too far from the river bank.
12. How can you expect your children to be truthful when you yourself tell lies?
13. As long as we don't lose heart, we'll find a solution.
14. Even though it is not so strong as the earth's, the moon's gravity does something to the earth.
15. No matter what I say or how I say it, he always thinks I'm wrong.
16. Hard as he works, he makes little progress.
17. Say it louder so that everyone can hear you.
18. The murderer ran away as fast as he could, so that he might not be caught red-handed.
19. We must start at 5 o'clock in the morning so that we can get to the church on time.
20. Tom slipped into the room for fear that he should awake his wife.

七、翻译以下各句，注意长句的译法。

1. African farmers, meanwhile, have few practical means to defend their fruit. Chemical pesticides are expensive. And even for those who can afford them they are not that effective since, by the time a farmer spots an infestation, it is too late to spray.
2. Rural tourism in the country experienced a strong recovery in the second quarter of this year, with the total revenue increasing by nearly 149 percent from 69.5 billion yuan in the first quarter, and continued to pick up steam.
3. Should the human faculties that once led us to see ourselves as ontologically special—our capacity for moral conduct, our ability to make choices on the basis of reasons—be understood instead as marking the far end of a continuous spectrum of animal behavior, all of which can be explained in light of DNA and the evolutionary history that shaped it?
4. Shares in Walmart fell by nearly 5% before markets opened despite its revealing record-high Christmas sales. Like-for-like sales at the world's largest bricks-and-mortar retailer grew by 8.6% year-on-year in the quarter to the end of January, and operating income swelled by 3.1%. But markets recoiled

when it revealed that future earnings growth will be slowed by planned divestitures.
5. Nowhere are the stakes higher than in the Amazon basin—and not just because it contains 40 percent of Earth's rainforests and harbors 10 – 15 percent of the world's terrestrial species.
6. The elephants traveled approximately 500 km from their forest home in Yunnan's Xishuangbanna Dai Autonomous Prefecture before reaching Jinning district in Kunming, the provincial capital, at 9:55 pm Wednesday.

第八章　英汉应用语篇翻译

　　说到应用语篇的翻译,我们首先应该弄清楚什么是"语篇"。康宁认为:"语篇的概念源自于语篇功能学,或称语篇分析、篇章分析。英美国家的学者中用 discourse analysis 的居多,而欧洲大陆学者们多用 text linguistics。"[1] 关于语篇的宏观定义,目前主要有两种观点,一是从形式结构方面来看,语篇是大于句子的语言单位,由句子组成。[2] 李运兴认为:"语篇分析指对句或小句以上的语言结构的研究,也就是对对话或书面篇章这样一些较大语言单位的研究。"[3] 另一种观点则从功能的角度,认为语篇不是形式单位,而是一个语义单位。[4] 博格兰(Beaugrande)和德雷斯勒(Dressler)则把语篇解释为"交际活动"。[5] 本书所谈的语篇翻译多指大于句子的语言单位,包括谈话语和书面篇章等应用语篇的翻译。

　　翻译实践和翻译研究中的语篇概念应包括上述两种观点,一方面语篇具有特定语境中的交际功能,另一方面语篇属于超越句子语法的范畴。[6] 萧安溥认为:"语篇即篇章……是表达完整思想的一个完整结构单位,是形式和意义的统一体。"[7] 李运兴则将翻译中的语篇定义为"连贯而完整的较大的语言交际单位,如段落、整篇文章、会话等"[8]。

　　威尔斯(2001)认为,翻译应以语篇为基本单位。通俗地讲,人们在翻译时,要把理解和翻译的范围放大到句子以上的语篇结构。他还指出,语言交流总是以语篇形式而不是以句子形式出现的,翻译理应如此。谭载喜则指出:"译者

---

[1] 转引自康宁:《从语篇功能看汉语旅游语篇的翻译》,《中国翻译》,2005年第3期,第85页。
[2] 张美芳、黄国文:《语篇语言学与翻译研究》,《中国翻译》,2002年第3期,第3-6页。
[3] 李运兴:《语篇翻译引论》,中国对外翻译出版公司,2001年,第15页。
[4] See M. A. K. Halliday, R. Hasan: *Cohesion in English*, Longman, 1976.
[5] R. De Beaugrande, W. Dressler: *Introduction to Text Linguistics*, Longman, 1981, p. 3.
[6] 康宁:《从语篇功能看汉语旅游语篇的翻译》,《中国翻译》,2005年第3期,第85页。
[7] 萧安溥、李郊:《英汉翻译教程》,重庆大学出版社,2007年,第259-260页。
[8] 李运兴:《语篇翻译引论》,中国对外翻译出版公司,2001年,第16页。

所处理的不应该是单个的词或句子而应是语篇,除非句子本身具有语篇的地位。翻译是一项产生语篇的活动。它是两种语篇之间进行的如何使用语言表达法的一个过程。在这一过程中,词汇与语法这两个语言层次形成一种功能联合体,这联合体的构件不单是句子、从句、词组、单词和语素,更重要的是语篇。"① 因而,翻译就是翻译语篇。由此,他给翻译下了如下定义:"翻译是把源语篇变成最适当的对等的目标语篇。"②

在了解了语篇和翻译中语篇的基本概念之后,再来看看语境和翻译中的语境。英籍波兰裔语言学家马林诺夫斯基(B. Malinowski, 1923)将语境分为三种:话语语境(context of utterance)、文化语境(context of culture)和情景语境(context of situation)。话语语境,即语言的上下文,在书面语中指话语的上下文,在口语中指话语的前言后语。张敬指出:"文化语境"指说话者、交际者生活于其中的社会文化情景;"情景语境"指言语、交际行为发生时的具体语境。文化语境是更高一层的、更为抽象的语境层面,它不仅存在于口语交际中,也以语篇体裁的形式出现在用文字表达的语言符号中。③

理解了以上三种语境,再来看看翻译中的语境。李运兴认为:"(语境是)跨语言/文化交际事件发生时译者为实现交际意图所调动起来的心理世界因素和所摄入的语篇世界和外部世界的相关因素的总和。翻译语境是一种心理构架(psychological construct),是译者以自己的心理世界为基准,对语篇世界和外部世界的认知活动的体现。"④

他进而指出:"翻译研究的本体是语篇分析,而语篇分析必须和语境因素有效结合。忽视语境的语篇分析会使翻译研究变成对比语言学的分支,脱离语篇分析的语境描写也会使翻译研究泛化为文化研究的个案。"⑤ 因而,我们在翻译研究中,需高度重视语篇和语境,并在本质层面上将二者有机地联系起来。翻译的最终目的旨在获取两种语言的语篇在同一整体情景中所具有的相同意义和功能⑥。要达到这个目的,译者必须牢牢把握语篇和语境知识并在翻译实践中灵活地加以应用。也即是说,我们在从事翻译活动时,"无论是理解还是表达,虽然是从词句着手,但必须从整篇着眼"⑦。

根据英国文学理论家理查兹(Ivor Armstrong Richards, 1893—1979)的

---

① 谭载喜:《西方翻译简史》(增订版),商务印书馆,2004年,第254页。
② 谭载喜:《西方翻译简史》(增订版),商务印书馆,2004年,第254页。
③ 张敬:《对文化语境的认知与广告语篇的英译》,《中国科技翻译》,2010年第2期。
④ 李运兴:《再谈翻译语境的性质——答彭利元》,《中国翻译》,2008年第5期,第78页。
⑤ 李运兴:《论翻译语境》,《中国翻译》,2007年第2期,第22页。
⑥ 刘英蘋、耿智:《论语境类型与翻译》,《上海翻译》,2013年第1期,第20页。
⑦ 萧安溥、李郊:《英汉翻译教程》,重庆大学出版社,2007年,第259页。

"'语言的两种用途'的理论观点，语言大致可以分为'文学语言'与'非文学语言'两个大类。用语言构成的作品文本大致可以划分为'文学文本'与'非文学文本'两个大类。根据这样的分类，文本翻译也相应地可以划分为'文学翻译'和'非文学翻译'两个大类"①。相应地，我们将语篇分为"文学语篇"和"非文学语篇"两大类。其实，这里所说的"非文学语篇"也可以称为"应用语篇"。为了表达上更为通俗易懂和叙述上的方便起见，下文中就把"非文学语篇翻译"称为"应用语篇翻译"，即"应用文体翻译"，或简称为"应用翻译"。

"应用翻译"又可称"实用翻译"，国外理论界对此的说法为"practical translation""applied translation""pragmatic translation""technical translation"。纽马克在其专著《翻译教程》（*A Textbook of Translation*）中曾把应用翻译描述为"technical translation"，其涵盖的内容与我们所说的应用翻译基本相同。② 正如林本椿指出的那样："实用翻译是和文学翻译相对而言的，文学翻译，也可叫'literary'translation，主要是诗歌、小说、戏剧、散文等文学作品的翻译，但从广义上说'literary'translation 也包括传记、历史、哲学及其他人文学科的翻译。实用翻译，可以说是'nonliterary'translation，政府文书，外交公文，法律文件，科技信息，商务书信，旅游资料等方面的翻译基本上都是属于实用翻译"③。据此，可以认为：应用翻译可涉及除了文学和纯理论文本以外所有各类应用文体，如公文、广告、新闻报刊、对外宣传、科学技术等文体。

第一节 英汉应用文体翻译现状、理论及策略

应用文体并非专指某一种文体，而是指一种特定的文体类别。一般来说，应用文体是与文学文本相对应而存在的文体，或称为"非文学文本"。刘宓庆认为："举凡公函、书信、通知、请柬、启事、通告、海报、广告、单据、契约、合同以及迎送辞、协议书、备忘录、商品说明书等等都属于应用文之列。"④ 方梦之和毛忠明认为，公函、书信与合同、协议、通知、电报、演讲等均属应用文

---

① 朱徽：《汉英翻译教程》，重庆大学出版社，2006年，第179页。
② Peter Newmark：*A Textbook of Translation*，Shanghai Foreign Language Education Press，2001，pp. 152 - 153.
③ 林本椿：《漫谈汉英实用翻译》，《福建外语》，1997年第1期，第58页。
④ 刘宓庆：《文体与翻译》，中国对外翻译出版公司，2007年，第324页。

体①。概言之，应用翻译内容广泛，涉及除文学及纯理论文本以外的各个领域，包括政治、经济、法律、旅游、科技和文化等内容。

一、应用文体翻译概述

翻译不仅要译出原文的意思，而且还要译出原文的文体风格，翻译家应具有独特的风格。对此，王佐良曾认为："似乎可以按照不同文体，定不同译法。例如信息类译意，文艺类译文，通知、广告类译体……所谓体，是指格式、方式、措词等等，须力求符合该体在该语中的惯例，决不能'以我为主'，把商品广告译成了火气甚重的政治宣传品等等。"② 关于文体与翻译问题，林煌天也认为："无论从理论上讲，还是从实践的角度看，翻译家都应具有自己的风格。"③ 从翻译理论的角度来看，译者要传达原作的思想，必定会使用两种不同的语言，因而在翻译的过程中不可避免地会受到这两种语言相关的文化等多种因素的制约。其中最重要的两个制约因素是：第一，"译者对原作所表达的'思想'的理解的程度、精确性和方式"；第二，"译者把理解所得，转换成自己熟悉的语言时，往往会不自觉地体现译者自己的个性特色"④。作为主体的译者，在翻译的过程中，不仅会自然不自然地在理解原文时流露出自己的个性，还会在具体表达时显示出自己的个性，这就是译者风格形成的理论基础。从翻译实践的角度来看，我国现代和当代翻译史上的大家无一例外地都有自成一家的风格。比如，"鲁迅的译文凝重洗炼；朱生豪的译笔浑厚畅达，气势磅礴；傅雷的译品则圆熟流畅，干净利落，巴金的译文则明白晓畅、文气自然"⑤。而这些不同的风格，自然会反映不同译者的个性。

基于此，范先明认为，在翻译教学和翻译实践中，有必要注意文体的问题。概言之，"译者必须熟悉英汉各种文体类别的语言特征，才能在英汉语言转换中顺应原文的需要，做到量体裁衣，使译文的文体与原文的文体相适应，包括与原文作者的个人风格相适应"⑥。

一般说来，文体风格"不仅包括因时间、地理、阶级、性别、职业、年龄、情景等所引起的语言变体，如各种方言、正式用语、非正式用语等，还包括各种

---

① 方梦之、毛忠明：《英汉—汉英应用翻译教程》，上海外语教育出版社，2005 年，第 19 页。
② 王佐良：《新时期的翻译观———一次专题翻译讨论会上的发言》，《中国翻译》，1987 年第 5 期，第 2 - 3 页。
③ 林煌天：《中国翻译词典》，湖北教育出版社，1997 年，第 177 页。
④ 林煌天：《中国翻译词典》，湖北教育出版社，1997 年，第 177 页。
⑤ 林煌天：《中国翻译词典》，湖北教育出版社，1997 年，第 177 页。
⑥ 刘宓庆：《文体与翻译》，中国对外翻译出版公司，2007 年，第 6 页。

体裁的作品"①,如公文、广告、科技文、论述文、新闻报刊文章等。鉴于笔者已在第六章探讨了科技文体的翻译,本章主要分析除科技文体外的其他文体的翻译,包括应用文体翻译、论述文体翻译、新闻报刊文体翻译。

关于翻译的标准问题,国内外学者已有不少讨论。英国学者泰特勒曾提出的忠实、风格一致和通顺的标准;我国著名翻译家严复提出的"信、达、雅"三项标准;范仲英指出翻译的原则即"传意性、可接受性及相似性"三个标准,或曰"翻译三要素"②;辜正坤早在1982年就曾提出"翻译标准多元互补论"的标准。这些标准从宏观的角度阐释了翻译的原则,对一般翻译都有指导和借鉴意义。但就各类文体的翻译而言,我们首先需要了解各类文体的语言特点,并据此制定一套行之有效的翻译原则。

二、英汉应用文体翻译的现状

德国著名翻译理论家威尔斯(Wolfram Wilss)指出:"要说当今有多少人从事翻译,搞文学翻译的人少得不能再少了,翻译人员大多在交际领域的各个层面。"③ 这里,威尔斯提到的交际领域的翻译即指应用翻译。在《非文学翻译理论与实践》一书中,李长栓援引奈达和纽马克的说法指出:"文学翻译在全部翻译中所占的比例不超过5%……诗歌的翻译仅占全部翻译的0.5%。"④ 由此可知,应用翻译在整个翻译活动中的比重是非常高的。

我国的翻译产业,尤其是应用翻译产业已进入高速发展期。黄友义曾指出:"截至2009年12月,全国在营语言服务企业为15 039家。保守估计,翻译和本地化服务外包业务年产值超过120亿元。"⑤ 约10年后,至2019年6月底,全国在营语言服务企业达369 935家,语言服务年产值达372亿元⑥。由此可知,10年内语言服务企业数量增长了约24倍,语言服务年产值增长了210%。

香港中文大学陈善伟曾进行过研究,发现香港从事文学翻译的人只有4%左右,而绝大多数人则从事翻译实务,也即是应用翻译。

韩子满曾指出:"1999年的国际译联第十五届大会就得出一个结论,即'世

---

① 蒙兴灿、孔令翠:《实用英汉翻译》,四川大学出版社,2002年,第155页。
② 范仲英:《实用翻译教程》,外语教学与研究出版社,1994年,第59页。
③ Wolfram Wilss: *The Science of Translation: Problems and Methods*, Shanghai Foreign Language Education Press, 2004, p. 19.
④ 李长栓:《非文学翻译理论与实践》,中国对外翻译出版公司,2004年,第20页。
⑤ 黄友义:《在第四届全国应用翻译研讨会上的讲话(摘要)》,《上海翻译》,2011年第3期,第1页。
⑥ 《2019中国语言服务行业发展报告》,(2019-11-28)[2022-01-18],http://www.lmfygs.com/xingyezixun/583.html。

界翻译市场发生了重大变化,翻译工作与信息收集结合,它的范围扩大了,科技翻译、经贸与法律翻译占越来越大的比重。"①

2011年,方梦之曾对我国应用翻译取得的成就进行了梳理,涉及科技、经贸、旅游、医学、政经、新闻、法律、社科等门类的翻译研究成果,研究范围包括翻译理论、翻译标准、翻译方法与技巧等,同时还指出了应用翻译研究存在的问题,如翻译研究还滞后于实际需求,学科建设仍然是今后一个时期的重要任务②。

穆雷曾对全国八所翻译硕士专业学位点进行过调查,发现相关学校基本都开设了商务口译、法庭口译、外交口译、经贸翻译、法律翻译、科技翻译、传媒翻译等口译和笔译课程③。不言而喻,应用文体翻译仍然是未来翻译实践的主流。

三、功能目的论与英汉应用文体翻译

曹明伦认为:"人类的主动行为都有其目的,翻译行为自不例外。但翻译行为毕竟是一种特殊的人类主动行为,因此其目的也必然具有特性。"④ 德国"功能翻译论"(Functional Approach to Translation)代表人物诺德(Christine Nord)从功能的角度将翻译定义为:"翻译是创作使其发挥某种功能的译语文本。它与原语文本保持的联系将根据译文预期或所要求的功能得以具体化。翻译使由于客观存在的语言文化障碍而无法进行的交际行为得以顺利进行。"⑤ 在这个定义中,诺德认为:"原文和译文之间必须有一定的联系,这种联系的质量和数量由预期译文功能确定,它同时也为决定处于特定语境的原文中哪些成分可以'保留',哪些则可以或必须根据译语语境进行调整甚至'改写'(包括可选择的和必须进行的改写)提供了标准。"⑥ 目的论的代表人物弗米尔(Hans J. Vermeer)认为,"要以文本的目的(Skopos)为翻译的第一准则",他把翻译看作特定情况下的某种"有意图、有目的的行为"。⑦ 尽管"功能目的论"可以用来指导文学

---

① 韩子满:《应用翻译:实践与理论研究》,《中国科技翻译》,2005年第4期,第49页。
② 方梦之:《应用翻译研究30年(1980—2010)》,《上海翻译》,2012年第2期,第22-27页。
③ 穆雷:《中国翻译硕士教育研究》,浙江大学出版社,2019年,第213-214页。
④ 曹明伦:《文本目的——译者的翻译目的——兼评德国功能派的目的论和意大利谚语"翻译即叛逆"》,《天津外国语学院学报》,2007年第4期,第1页。
⑤ Christiane Nord: *Text Analysis in Translation*, GA, 1991, p. 28.
⑥ 方梦之、毛忠明:《英汉—汉英应用翻译教程》,上海外语教育出版社,2005年,第35页。
⑦ 方梦之、毛忠明:《英汉—汉英应用翻译教程》,上海外语教育出版社,2005年,第34页。

翻译和应用翻译，方梦之和毛忠明认为："相比较而言，它（功能目的论）对应用类语篇翻译的指导作用表现得更为明显。"①

纽马克则根据文本不同的内容和文体把文本划分为表达功能（expressive function）、信息功能（informative function）和呼唤功能（vocative function）三种。② 表达功能为主的文本主要包括文学作品、散文、自传、个人信件等，其目的在于表情达意，将个人的感情表达出来。以信息功能为主的文本包括非文学作品、教材、学术论文、报纸杂志上面的文章等，涉及语言之外的现实世界的现实生活。以呼唤功能为主的文本则旨在向读者呼吁，号召他们采取行动，去思考，去感受。这类文本通常涉及通知、宣传、口号和广告等内容。

从语言用途的角度划分，应用翻译则属于"特殊用途英语"（English for Specific Purposes，ESP）的范畴。③ "专门用途英语是现代英语的一种变体，涵盖的语篇体裁非常广泛，几乎包括了除文学诗歌类语篇之外的所有体裁。"④

四、英汉应用文体翻译的策略

关于应用翻译的原则和标准，方梦之曾概括如下："应用文体包罗广泛，不同的次语域具有不同的特点。信息性、劝导性和匿名性是绝大多数应用语篇具有的主要特点。根据不同的问题特点及翻译委托人的要求，应采用不同的翻译策略。"⑤

他还提出了应用翻译的三条原则——"达旨、循规、共喻"，从翻译理论的层面和高度提出了应用翻译需遵循的原则和采用的标准。⑥ 吕和发和周剑波认为方梦之提出的这三个原则能"在更大范围上提高对应用翻译实践和研究的适用性，提高理论的概括力和解释力，达旨——达到目的、传达要旨；循规——遵循译入语规范；共喻——使人明白畅晓。三者各有侧重，互为因果"⑦。

---

① 方梦之、毛忠明：《英汉—汉英应用翻译教程》，上海外语教育出版社，2005年，第44页。
② Peter Newmark：*A Textbook of Translation*，Shanghai Foreign Language Education Press，2001，pp. 39 - 42.
③ Tom Hutchinson，Alan Waters：*English for Specific Purposes*，Shanghai Foreign Language Education Press，2002，pp. 16 - 17.
④ 杨雪、谢建平：《情景语境视角下的ESP语篇翻译及其策略研究》，《上海翻译》，2011年第2期，第45页。
⑤ 方梦之：《我国的应用翻译：定位于学术研究》，《中国翻译》，2003年第6期，第48页。
⑥ 方梦之：《应用翻译教程》，上海外语教育出版社，2015年，第15页。
⑦ 吕和发、周剑波：《旅游翻译：定义、地位和标准》，《上海翻译》，2008年第1期，第32页。

林克难和籍明文经过多年的翻译教学潜心研究，提出了应用翻译"看、译、写"的三原则①。这三个原则的核心就是："译者应多读各种各样的应用英语的真实材料。'看'是英语翻译的基础；'译'即参照同类英语材料的写作格式、专门用语及表达方式，把想表达的内容要点译出来；'写'就是译者根据相关文体的格式用目的语把原文书写出来。"②"看、译、写"从翻译过程的角度对应用文体的翻译进行了较为具体的阐释，不失为应用文体翻译的一种方法。

　　林戊荪就应用翻译面临的新形势提出了应用翻译的"专业化、信息化、网络化"的原则③，重点指出了应用翻译在经济全球化、信息快速传播和因特网日益普及的今天的发展方向。

　　为了进一步加强应用翻译的研究，提高应用翻译的理论和实践水平，黄忠廉指出："建立应用翻译学可能且可行，已有可观成果，亦可持续研究。本学科的建立可以提升并解释译艺，上可升华为基本理论，下可直接指导实践，奠定译学基础。应用翻译学的分立研究，将升华整个译学研究。"④ 他曾呼吁创建应用译学。由此可见，加强应用翻译研究，具有非常重要的意义。

　　尽管不同文体会有不同的语言特征，但作为译者，首要的还是要实现原作的"文本目的"，减少读者的"理解成本"⑤，即曹明伦提出的要"让不懂原文的读者通过译文知道、了解甚至欣赏原文的思想内容及其文体风格"⑥。而要做到这一点，"就必须追求目标语文本与源语文本之间的意义之相当、语义之相近、文体之相仿、风格之相称"⑦。这里的"文体之相仿、风格之相称"即是应用文体翻译过程中必须要解决的问题。为了更为深入地探讨应用文体翻译过程中文体风格的具体实现问题，下文将主要以公文、广告、论述文、新闻报刊等应用文体的翻译为例，探讨应用文体的翻译策略。

---

① 林克难、籍明文：《应用翻译呼唤理论指导》，《上海科技翻译》，2003年第3期，第10页。
② 夏康明、范先明：《旅游文化汉英翻译概论：基于功能目的论视角下的跨文化旅游翻译研究》，中国社会科学出版社，2013年，第46－47页。
③ 林戊荪：《专业化、信息化、网络化及翻译理论》，《上海科技翻译》，2003年第3期，第1页。
④ 黄忠廉：《应用翻译学创建论》，《上海翻译》，2011年第2期，第7页。
⑤ 关于"理解成本"，详见本书第六章第二节。
⑥ 曹明伦：《英汉翻译二十讲》（增订版），商务印书馆，2019年，第435页。
⑦ 曹明伦：《文本目的——译者的翻译目的——兼评德国功能派的目的论和意大利谚语"翻译即叛逆"》，《天津外国语学院学报》，2007年第4期，第2页。

第二节 公文文体的翻译

公文文体有广义和狭义之分。总的来说，广义的公文文体指的是"政府（或机构）发布的各种公告、宣言、规章、法令、通告、启事、通报、指令以及各类法律文书"①。狭义的公文文体则通常指法律文本。本节主要从广义的角度来探讨公文文体的语言特点和翻译策略。

一、公文文体的语言特点

总的说来，公文文体的种类繁多，不同类别之间的差异很大。尽管如此，不同类别的公文文体之间也有一些共同的特点。

（一）用语准确、清楚

陈新认为："应用文的内容有很强的针对性，与实际的工作、学习、生活联系紧密，具有'实用'的特点，因此，应用文必须语言简洁，直接了当，条理清晰。"② 一般认为，"发布公文的目的都是为了阐明公文发布者的立场、观点或政策、措施。因而，发布的公文必须以'明白、准确、力戒晦涩'为第一要旨"③。表现在用词上，公文文体通常用语准确、不含糊，特别是政府法令及一般法律文书都应避免使用模棱两可的词。比如，尽管"declaration"（宣言）、"statement"（陈述）、"resolution"（决议）和"decision"（决定）等词意义相近，但却不能随便换用。另外，法学上的"诉讼"一词，在英语中虽有多种表达，但是却不能完全等同。"suit"是"case"的同义词，指诉讼或民事诉讼；"criminal suit"指刑事诉讼；"action"在诉讼词语中的含义是"诉讼"，而在法学通用术语中的含义则是"行为"。

（二）用语正式、规范

一般来说，公文文体常"给人以正统和严肃之感，究其原因在于其用词较为正式且多用古体词之故"④。如在一般文体中，常用"begin"表示"开始"，而在公文文体中则用"commence"；在一般文体中常用"end"表示"终止"，而在公文文体中则用"terminate"；在普通文体中，常用"buy"表示"购买"，

---

① 刘宓庆：《文体与翻译》，中国对外翻译出版公司，2007年，第137页。
② 陈新：《英汉文体翻译教程》，北京大学出版社，1999年，第27页。
③ 陈新：《英汉文体翻译教程》，北京大学出版社，1999年，第137－138页。
④ 蒙兴灿、孔令翠：《实用英汉翻译》，四川大学出版社，2002年，第156页。

而在公文文体中则用"purchase";在普通文体中常用"help"表示"帮助",而在公文文体中则用"assist";在普通文体中用"leave"表示"离开",而在公文文体中则用"depart";在普通文体中,用"want"表示要求,而在公文文体中则用"require"。公文文体换用更正式的词语或古体词的更多例子如:用"function"代替"act"或"work",用"residence"代替"home",用"state"代替"say",用"advert"代替"refer",用"initiate"代替"start",用"proceed"代替"go",用"render"代替"make"。

(三)程式规范,大量使用套语

"公文的目的和职能要求行文具有稳定的、例行的公文程式,以便使公务有条不紊地进行。合理的程式对公文来说是必需的。"① 沿用规范化、标准化的公文程式可以使办事者一看就知道公文的内容,这一程式化最显著的表现就是大量使用套语,如"This is to certify that, according to, be subjected to, in accordance with, provided that, with regard to"。

二、公文文体的翻译策略

由于公文文体通常都是书面语,行文一般以明晰、清楚为第一要旨,因而,在翻译的过程中,一定"要严密准确,措辞得当,既不可含混其词,也不可随意增删"②。总的来说,应注意以下四点。

(一)透彻理解原文

只要是翻译就涉及对原文的理解。可以认为,理解是一切翻译的基础。公文的翻译也不例外。刘宓庆指出:"公文倾向于使用生涩词、罕见词、长词、大词、抽象词,加以句子拖沓冗长,结构非常复杂,经常出现句子与句子环扣、包孕、插入等等影响译者连贯思考的句子组合形式,因此译者尤宜悉心领悟原文的总体精神和每一个句段的思想脉络与层次;必须反复阅读,不应仓促下笔。"③ 译者如果遇到上述情况,特别应该注意考虑到公文文体本身的特点,切不可因为自己的偏爱而改变严谨的翻译作风和态度。在任何情况下,译者都应首先透彻理解原文,努力实现翻译的"文本目的"。

(二)注意汉语语体

刘宓庆认为:"一般说来,英语公文用的是正式英语书面语体,有些公文用的则是庄严文体(The Frozen Style)。为使我们的译文与原文的文体相适应,翻

---

① 刘宓庆:《文体与翻译》,中国对外翻译出版公司,2007年,第138页。
② 孙致礼:《新编英汉翻译教程》(第二版),上海外语教育出版社,2011年,第82页。
③ 刘宓庆:《文体与翻译》,中国对外翻译出版公司,2007年,第145页。

译公文不应用口语词语,宜酌情使用文言连词及其他文言虚词。"① 比如,在公文中,我们用"兹、现"来代替普通用语中的"现在",用"之"来代替"他,它;的;此,这",用"颇"表示"很",用"至此"来代替"到现在,到这一步",用"均"来表示"都"。更多例子:用"就此"表示"就这一点;关于这一点",用"为此"表示"为这一点;为了这个",用"于"表示"在(至、对、由)于,给(以);在(……中)"等义,用"谨"表示谦恭之义,用"本"代替"我们这个"(如"本组织"即"我们这个组织"),用"上述"代替"上面所说的,上面提到的",用"略"代替"稍微(比……稍微高一点)",用"欠"代替"不够",用"未"代替"不一定是;不一定不可以"等。

  例子不胜枚举,笔者只略举数例,意在引起学习者的注意。从以上例子这些可以看出:公文文体在用词上的一个突出特征就是虚词比较凝练、简洁。同时,由于公文文体的句式较为复杂,而使用文言虚词恰好可以改善长句的分、接问题,因此,熟练使用汉语古体词,不失为一种翻译公文文体的方法之一。

(三)了解相关专业术语

  公文翻译涉及各类公告、宣言、规章、法令、通告、启事、通报、指令以及各种法律文书,特别是法律、军事、外交、行政及国际会议等都有相应的公文习语和相关术语。译者在翻译这些公文文本时必须先弄清楚相关的专业术语和公文习语,在翻译时才能得心应手,从而保证译文的质量。比如,在法律文本中,就经常会使用一些非常正式的词语,或是一些被赋予专门意义的普通词语。译者在翻译时就会遇到困难。譬如,"在合同中,不用 before 而用 prior,不用 after 而用 subsequent,不用 but 而用 provided that"②。除了使用正式词外,法律文本中还经常赋予一些旧词新义。正如庄绎传指出的那样:"除了法律术语,还有一些普通词语或习语出现在法律文章中,如不能正确理解,同样会造成误译。"③ 比如,"article"在普通文本中译为"文章,物品",在法律文本中则译为"条",复数则译作"条例";"action"在普通文本中译为"行动,行为",在法律文本中则译为"诉讼,起诉";"policy"在普通文本中译为"政策",在法律文本中则译为"保险单,保单";"collection"在普通文本中译为"收集,收藏",在法律文本中则译为"保险费,额外费用";"undertaking"在普通文本中译为"任务",在法律文本中则译为"承诺"等。④

---

① 刘宓庆:《文体与翻译》,中国对外翻译出版公司,2007 年,第 145 页。
② 孙万彪:《法律翻译教程》,上海外语教育出版社,2003 年,第 1 页。
③ 庄绎传:《英汉翻译教程》,外语教学与研究出版社,1999 年第 335 页。
④ 夏康明、孔令翠、代礼胜等:《WTO 英文法律文本语言特点与翻译研究》,中央文献出版社,2006 年,第 67 - 68 页。

（四）注意形式问题

公文文体翻译中的第四个问题是要注意公文的形式，主要包括公文的程式、格式、体例等。刘宓庆认为："处理形式上的问题，原则上是'客从主人'，以译文顺应原文，不打乱原文的句段或总体安排。保持原文的公文体例，有助于反映原件的风貌。"[1] 许多公文文件的程式、格式、体例已经固定，不容更改（比如联合国文件），译者在翻译这类文件时，应尽量按照原文的程式、格式和体例来进行翻译。比如，西方的毕业证书的格式、体例就非常固定，证书的开头通常为："THIS CERTIFICATE IS PROUDLY PRESENTED TO…"中文可以翻译成："这个证书授予……"。再如一则法律文本的翻译：

> The period mentioned in paragraph 1 may be extended provided that the competent authorities of the importing Member have determined, in conformity with the procedures set out in Articles 2, 3, 4 and 5, that the safeguard measure continues to be necessary to prevent or remedy serious injury and that there is evidence that the industry is adjusting, and provided that the pertinent provisions of Articles 8 and 12 are observed. (第1款所述的期限可以延长，只要进口成员的主管机关以符合第2条、第3条、第4条和第5条所列的程序已经确定保障措施对于防止或补救严重损害仍然有必要，且有证据表明该产业正在进行调整，且只要第8条和第12条的有关规定得到遵守。)[2]

翻译这段法律文本，应该注意以下三点：首先，应注意一些相关的法律术语的固定含义。如上所述，"article"译为"条"，"paragraph"译为"款"，"provided that"译为"只要……"。其次，应注意句式的使用。法律文本较为正式，其汉语译文不仅应注意精炼，还要注意语言的逻辑清晰。译文中的两个"且"字，清楚表述了法律条文可以延期的各种情况。最后，尽量保持原文的语序。译文没有调整原文语序，也正是出于这方面的考虑。在翻译该法律文本时，译者不仅没有调整原文的句式和体例，而且在原文的语序方面也没有作任何调整，很好地保持了原文的体例，反映了原文的风貌。

---

[1] 夏康明、孔令翠、代礼胜等：《WTO英文法律文本语言特点与翻译研究》，中央文献出版社，2006年，第146页。

[2] 夏康明、孔令翠、代礼胜等：《WTO英文法律文本语言特点与翻译研究》，中央文献出版社，2006年，第184页。

第三节　广告文体翻译

作为一种面向公众的信息交流手段，广告以付费的方式通过各种传播媒体向公众介绍产品、服务或观念；作为一种应用文体，广告在当今商品社会生活中真可谓是无处不在。因而，在应用文体翻译中，广告翻译也应该占有一席之地。

广告有广义的广告和狭义的广告之分。前者指商业广告，后者指非商业广告。方梦之认为："前者是以促进销售为目的的营利组织（如企业）的广告，后者如政府部门、宗教团体、慈善机构的非营利的公告、启事、观念广告等。"① 本节将主要探讨商业广告的语言特点及翻译策略。从词源学的角度，"广告"一词源于拉丁语"advertere"，意为"唤起大众对某种事物的注意，并诱导于一定方向所使用的一种手段"②。1300—1475年古英语时期，英语"Advertise"一词开始出现，其含义为"某人注意到某事"，后演变为"引起他人注意"。17 世纪英国商业兴盛时期，"Advertise"一词才广为通用。其后"Advertise"开始用来指一系列的广告活动，并逐渐演变成现代意义上的"Advertising"。③

著名的美国市场营销协会（American Marketing Association）对广告定义如下："Advertising is the non-personal communication of information usually paid for and usually persuasive in nature about products, services or ideas by identified sponsors through the various media."④ 将该定义译成汉语，即作为一种非人际的信息传播媒介，广告通常是以付费的方式由特定的赞助商通过各种媒体推销其产品、服务和理念。既然广告的目的主要是通过各种不同媒体向消费者推销产品、服务或观念，它必然有其自身的特点。下面，笔者就从语言本身的角度，简要分析一下英语广告的特点。

一、广告文体的语言特点

"广告英语就其语篇功能而言，主要是宣传某一产品，传播某一信息或观

---

① 方梦之：《译学辞典》，上海外语教育出版社，2004 年，第 126 页。
② 崔刚：《广告英语》，北京理工大学出版社，1993 年，第 1 页。
③ 韩光军：《现代广告学》，北京经济学院出版社，1996 年，第 1 页。
④ See Richard F. Taflinger: "A Definition of Advertising", (1996 - 05 - 28) [2013 - 03 - 06], http://public.wsu.edu/~taflinge/addefine.html.

念，引导和感召人们去采取某种行动。"① 为了实现这一目的，广告英语不论在用词、句法，还是在语体、修辞等方面都非常考究，语言特点十分鲜明。一般说来，广告英语在用词上有四大特点。

（一）用词简单，富于表现力

英语广告在用词上通常会使用一些简短的动词，如"come, go, have, take, know, buy, see, use, look, feel, love"等。究其原因，是因为英语广告力求简洁明了、浅显易懂、口语化、简短的用词正好和广告的宗旨相吻合。

尽管如此，英语广告也会频频出现大量褒义形容词，以加强描述性和吸引力。请看下面一则餐馆广告，其中有大量的形容词，把餐馆的美食表现得淋漓尽致，让人看了广告就可能有去光顾餐馆的想法。

Famous world-wide gourmet cuisine. Excellent daily specials and mouthwatering desserts. (世界有名的美食烹调。精美的每日特色饭菜和令人垂涎的点心。)②

再看下一则广告：

One world, one dream. (同一个世界，同一个梦想。)

北京奥运会广告，用词简单，寓意深刻，极富表现力，让人看了后对奥运会有了更多的联想。"同一个世界，同一个梦想"，集中体现了奥运会团结、友谊、进步、和谐、参与和梦想的奥林匹克精神的实质和普遍价值观，表达了全人类在奥林匹克精神的感召下，追求人类美好未来的共同愿望。该广告深刻反映了北京奥运会的核心理念，体现了"绿色奥运、科技奥运、人文奥运"三大理念。英文原文重复使用两个"one"，"world"和"dream"前后呼应，全句表述简洁，寓意深远，朗朗上口，便于传播。译文中用两个"同一个"表达，阐释了全人类同属一个世界，全人类共同追求美好梦想的这一主题。

（二）创造新词，引起新奇感

为增强广告的吸引力和趣味性，广告创意者经常会创造出一些读者或听众既熟悉又陌生的新词。

What could be delisher than fisher? (还有什么比钓鱼更有味?)③

在这个例子中，"delisher"一词，不仅和"fisher"一词相呼应，还能引起新奇感。又如下一则广告：

We know eggsactly how to sell eggs.

---

① 蒙兴灿、孔令翠：《实用英汉翻译》，四川大学出版社，2002年，第161页。
② 陈新：《英汉文体翻译教程》，北京大学出版社，1999年，第208页。
③ 陈新：《英汉文体翻译教程》，北京大学出版社，1999年，第210页。

这是一则销售禽蛋广告。该广告中的"eggsactly"一词就让观众既熟悉又陌生,看似像"exactly",但实际又不是。"eggsactly"来自英文"exactly",与后面的"egg"一词遥相呼应,这种别出心裁的构词游戏富含新奇感,给消费者留下深刻的印象。不过,要将这则广告翻译成汉语,难度自然不小,原来的那种意味也很难在汉译文中再现。我们只好大致翻译为"我们怎不知如何卖蛋"。类似含构词游戏的例子还有"fruice(fruit + juice),camcorder(camera + recorder),milka(milk)"等。①

再如,当我们看到以"-ex"结尾的商标如"kleenex"(一种手巾纸)和"rolex"(手表)会给我们一种新奇的感觉。在这两词中,"-ex"来自"excellent"一词,加上该后缀可以暗示产品的品质优良。②

(三)句式多样,多祈使句和省略句

为了唤起受众的注意,英语广告中大量使用祈使句。下面这则广告中使用祈使句既很简洁,又能起到很好的宣传作用。

So come into McDonald's and enjoy Big Mac Sandwich. (走进麦当劳,享用大三明治。)③

除了祈使句,英语广告还多用省略句。由于受到广告时间、空间及费用的限制,英语广告通常会省略掉句子的主语、谓语或其他成分。一般来说,只要不影响意思的表达,任何成分均可以省略。如一则手表的广告就是如此:

More than a timepiece. An acquisition. (不只是时钟,简直就是收益。)

这是一则美国名表"Piagit"的广告。在这则广告中,两个句子都是省略句。该广告可以完整地表述为: "Piagit watch is more than a timepiece. It is an acquisition."

(四)多用修辞手段,增强文学色彩

广告属于应用文体(或称为"非文学文体"),和文学作品有很大的不同。萧安溥认为:从文本本身的角度,文学文本的语言具有内指性和形象性。和社科、科技或日常语言指向外在客观世界或抽象概念不同,文学文本的语言主要指向自身;同时,文学语言所描述的形象能够给读者以赏心悦目的感觉。④作为应用文体的广告,虽然没有像文学作品那样丰富的形象性,却也具有文学文本所具有的内指性,这一特征主要表现在其语言的模糊性上。而这一模糊性最直接的表

---

① 蒙兴灿、孔令翠:《实用英汉翻译》,四川大学出版社,2002年,第162页。
② 陈新:《英汉文体翻译教程》,北京大学出版社,1999年,210页。
③ 陈新:《英汉文体翻译教程》,北京大学出版社,1999年,第213页。
④ 萧安溥、李郊:《英汉翻译教程》,重庆大学出版社,2007年,第338页。

现就是使用大量的修辞手段。英语广告中常用的修辞手法有许多,下面仅举其中较为常见的几种修辞手段。

1. 比喻(Allegory)

英语广告中常见的比喻有明喻和暗喻两种。一般来说,明喻表示用作比喻和被用作比喻的两种不同事物之间的相似关系,通常用"like""as""as if"等比喻词来连接。尽管暗喻也用来表示两种不同事物之间的相似关系,但和明喻不同的是,在把甲事物比作乙事物时,甲事物通常不出现,暗喻中不用"like""as""as if"等比喻词来连接。例如,下面关于法泽瓦特眼镜和金星电子的广告就分别使用了明喻和暗喻:

Featherwater: Light as a feather. (法泽瓦特眼镜:轻如羽毛。)[1]

Go for the Gold. The Brightest star in electronics. (选择金星,选择最亮电子之星。)[2]

2. 押韵(Rhyming)

英语中的头韵(Alliteration)和尾韵(Rhyme)两种修辞手段,也常见于英语广告中。头韵指词首重复,如"great"和"grew";尾韵则指词尾音素重复,如"great"和"bait"。头韵和尾韵的使用,极大地增加了广告的美感,让广告读起来节奏铿锵,朗朗上口,极大地增强了广告产品的宣传效果。

Big thrills. Small bills. (大刺激,小花费。)[3]

Hi-Fi, Hi-Fun, Hi-Fashion, only from Sony. (高保真,高乐趣,高时尚,只来自索尼。)[4]

在这两个例子中,"Hi-Fi""Hi-Fun""Hi-Fashion"三个词均以双元音/aɪ/开头,"thrill""small""bill"三个词都以辅音/l/结尾,分别押头韵和尾韵,读起来极具音乐感,使此广告极富诗意。

3. 双关(Pun)

所谓"双关",指利用语言中词的多义及同音(或发音相似)条件,有意使语句具有双重意义,造成言此意彼。双关这种"文字游戏"的使用,能使语言表达得含蓄、幽默,而且能加深语意,为广告增添无穷趣味,产生绝佳的宣传效果。比如一则经典的钟表广告如下:

Give a Timex to all, and to all a good time. (准确时间,度过好时光。)

在该则广告里,"不仅重复使用了'to all',而且运用'good time',它既表

---

[1] 陈新:《英汉文体翻译教程》,北京大学出版社,1999年,214页。
[2] 蒙兴灿、孔令翠:《实用英汉翻译》,四川大学出版社,2002年,第163页。
[3] 蒙兴灿、孔令翠:《实用英汉翻译》,四川大学出版社,2002年,第164页。
[4] 陈新:《英汉文体翻译教程》,北京大学出版社,1999年,215页。

示'准确时间'又表示'度过好时光'"①。双关这种"文字游戏"的使用,不仅丰富了此则钟表广告的语言,也对产品的宣传起到了良好的效果。又如一则香烟广告:

I'm More satisfied! (我更满意摩尔牌香烟!)②

在此则广告中,"More"一词既用作副词修饰后面的形容词"satisfied",又是摩尔牌(More)香烟的名称。"More"这一双关语用在该广告中,不仅强调"更满意",还指更满意摩尔牌香烟。

4. 拟人(Personification)

拟人通常把事物人格化,把本来不具备人的一些动作和感情的事物变成和人一样具有特定的动作和情感。将拟人用在商品广告上,经常能给商品广告以更多的人情味,使商品和广告更贴近消费者。比如"Almaden"葡萄酒广告就使用了拟人的修辞手段:

We are proud of the birthplaces of our children, the grapes of Almaden. (我们以孩子的出生地而自豪。)

该广告"把葡萄酒拟人化,人情味和亲切感便油然而生"③。又如:

Better late than the late. (迟到总比丧命好。)

这是一句向司机们宣传谨慎驾驶、安全行车的广告口号。它来自英语成语"Better late than never",意思为"晚来总比不来好"。此广告引用了成语的结构,而且还利用了"late"一词的双重意义。"late"除了表示"晚的、迟到的",在这里,"the late"指"the dead",就像"the late king"一词中的意思一样。④

5. 重复(Repetition)

在英语广告中,通常会重复一些词、词组、句子或句式,其目的是强调某一信息或加深人们对它的印象。例如,美国朗讯科技公司的一则广告就使用了重复的修辞手段:

More services, more data, more speed, more revenue;

Less cost, less time, less space, less complex;

Lucent can help make your network more profitable.⑤

(更多的服务,更多的数据,更多的速度,更多的收益;更少的花费,更少的时间,更少的空间,更少的繁杂;朗讯可使您在网上获取更多的

---

① 蒙兴灿、孔令翠:《实用英汉翻译》,四川大学出版社,2002年,第164页。
② 陈新:《英汉文体翻译教程》,北京大学出版社,1999年,214页。
③ 蒙兴灿、孔令翠:《实用英汉翻译》,四川大学出版社,2002年,第164页。
④ 蒙兴灿、孔令翠:《实用英汉翻译》,四川大学出版社,2002年,第164页。
⑤ 余静娴:《大学英语通用翻译教程》,对外经济贸易大学出版社,2014年,第217页。

利润。)

在这则广告中，反复使用"more"和"less"两个词对朗讯公司的通信产品进行了全面的宣传，突出了产品的优良网络性能。再如，大众汽车广告也使用了重复的修辞手段：

  We put them through water to make sure they don't leak. We put them through mud and salt to make sure they won't rust.① (我们将它们置于水中以确保它们不会渗漏，我们让它们穿过泥泞及盐水以确保它们不会生锈。)

在这则广告中，通过重复"We put them through... to make sure..."，加深了受众对大众汽车质量方面的印象。

二、广告文体的翻译策略

关于英汉广告的翻译，方梦之和毛忠明认为："广告英汉翻译应该遵循以下的基本原则：自然准确、简洁生动、易读易记。"② 笔者认为，除遵循上述原则外，还应以功能对等为翻译的基本原则。具体而言，广告文体的翻译策略主要有下面三个方面。

(一) 准确简洁

对于准确和简洁，方梦之和毛忠明指出："'准确'是指译文应当准确无误地传达原文的广告信息……'简洁'是指译文应尽可能用简练的文字传达原文尽可能多的信息。对原文中非信息成分、不符合译入语表达习惯的成分应该大胆省译，同时可利用各种固定词组、结构、短语和无动词分句构成不同的意象，唤起读者丰富的联想，力求做到言简意'繁'。"③ 可见，译者在翻译的过程中，不仅要做到准确无误地传达原文信息，还应该尽量做到言简意赅，化繁为简，做到语意表述清晰，语言明白晓畅，通俗易懂。

(二) 形象生动

所谓形象生动，是指译者"调用各种修辞手段和各种句式变化，做到译文形象生动，耐人寻味"④。既然如此，译者在"翻译时就必须明确原文中的词法、句法及修辞等特色，并在译文中有效地再现它们……译者应充分发挥自己的主观

---

① 蒙兴灿、孔令翠：《实用英汉翻译》，四川大学出版社，2002年，第164页。
② 方梦之、毛忠明：《英汉—汉英应用翻译教程》，上海外语教育出版社，2005年，第235页。
③ 方梦之、毛忠明：《英汉—汉英应用翻译教程》，上海外语教育出版社，2005年，第236页。
④ 方梦之、毛忠明：《英汉—汉英应用翻译教程》，上海外语教育出版社，2005年，第236页。

能动性，从广告的全篇大局着眼，进行适当的补偿和变通"①。例如，一则净水器的广告上写道：

It changed our well water to wonderful water.

在该句的翻译过程中，译者应特别注意头韵的使用。这则广告虽然可以译成"变井水为美妙的水"，但如果将它译成"变井水为纯净水"，将会更加形象生动地展现该广告的内涵。又如，以下是一则口红广告：

The most sensational place wear satin your lips.②

在这则广告中，口红被比作"satin"（缎子），意思是这种口红涂在嘴唇上就像穿上了柔顺、光亮、纤薄的绸缎一样，这种形象生动的描述，能让女性产生一种想尝试购买的欲望。

（三）功能对等

"广告翻译应以功能对等为准则，译文与原文有大致相同的宣传效果、信息传递功能和移情感召功能。鉴于译文读者的文化背景的不同，译者翻译时可有相对较大的自由度，即所译出的广告有时可含较多的再创造成分。"③ 在广告翻译实践中，一般来说，"可采用音译、释义及加注。采用音译并使汉字照顾到原产品的特色及国人的接受心理，则为最佳"④。在这一点上，著名的"Coca Cola"饮料的翻译就是一个极佳的例子。最初"Coca Cola"曾被译为"口渴口腊"，结果自然是少有人问津，而后来将其译作"可口可乐"就很快受到了消费者的青睐。另外，如果将日本名牌"Citizen"手表商标译为"市民，公民，居民"，其广告效果显然与"西铁城"相距甚远。

第四节 论述文体翻译

刘宓庆认为："在英语的书面语体中，与诗歌（Poetry）相对而言的是散文（Prose）。"⑤ 一般来说，散文可以分为三种："一是叙述文（Narration），二是描写文（Description），三是论述文，后者也称为议论文、政论文或论说文。"⑥ 在

---

① 蒙兴灿、孔令翠：《实用英汉翻译》，四川大学出版社，2002年，第166页。
② 阚淑香：《赏析英语广告的语言魅力》，《沧州师范专科学校学报》，2004年第1期，第61页。
③ 蒙兴灿、孔令翠：《实用英汉翻译》，四川大学出版社，2002年，第165-166页。
④ 蒙兴灿、孔令翠：《实用英汉翻译》，四川大学出版社，2002年，第166页。
⑤ 刘宓庆：《文体与翻译》，中国对外翻译出版公司，1986年，第94页。
⑥ 刘宓庆：《文体与翻译》，中国对外翻译出版公司，1986年，第94页。

这里，刘宓庆所说的论说文，即是论述文体（Exposition）。在书面语体中，论述文体应用非常广泛。其功用是"explain（解释、说明、阐明），或 state（说明、陈述）"①。从文体学的角度，论述文体应该称为议论文，其范围可以包括政论文、社科论著、研究报告、文献资料、报刊社论或评论以及正式演说、发言、讲座或报告等。本节将探讨论述文体的语言特点和翻译策略。

一、论述文体的语言特点

论述文体是书面语中应用较为广泛的一种文体。一般来说，其特点主要是语体正式、用词规范、句子复杂。具体而言，英语中的论述文体有以下三个特点。

（一）讲求理性，推理严密，语体较为正式

论述文体"重在以理服人，故文章讲求理性，逻辑推理严密，常常使用正式语"②。由于论述文体通常都比较正式，因而语言常给人严肃、庄重之感，因而从用词的角度来看，论述文体多选择书面语汇，即使是演讲也不会是一般的口语化文章，即使我们去除那些生僻晦涩的词语，演讲的语言依然能保持规范和严谨；从逻辑的角度讲，论述文体注重推理的严密性，不论是政论文、社科论著、研究报告、文献资料，还是报刊社论或评论，以及正式演说、发言、讲座或报告等，都是逻辑严密、语体正式的文献。

（二）用词比较端重、典雅、规范、严谨

"所谓'端重'，指论述文倾向于使用正式语体的词语，除非出于修辞效果上的考虑，一般不用俚俗语，忌讳'插科打诨'的语气（Tone），力求给人以持重感，避免流于谐谑、轻俏。所谓'典雅'，指论述文中常常使用许多'大词'，即含义比较抽象、概括，一般源出拉丁（和希腊）语、法语以及其他外来语的词。"③ 例如，"domestic"（家里的）通常用来代指"house"之意，"urban"（都市的）通常用来代替"town"之意。在论述文中，通常用"ocular"（眼的）代替"eye"，"oral"（嘴的）代替"mouth"，"lunar"（月亮的）代替"moon"，"stellar"（恒星的）代替"star"，"nasal"（鼻子的）代替"nose"，"mental"（内心的）代替"mind"，"filial"（儿子的）代替"son"，"medieval"（中世纪的）代替"the Middle Ages"，等等。

"所谓用词规范和严谨，一是指语法而言，一是指逻辑而言。"④ 如美国南方作家威廉·福克纳（William Faulkner）在诺贝尔文学奖颁奖典礼上的演讲词的

---

① 刘宓庆：《文体与翻译》，中国对外翻译出版公司，1986年，第94页。
② 蒙兴灿、孔令翠：《实用英汉翻译》，四川大学出版社，2002年，第188页。
③ 刘宓庆：《文体与翻译》，中国对外翻译出版公司，1986年，第94页。
④ 刘宓庆：《文体与翻译》，中国对外翻译出版公司，1986年，第95页。

开篇：

> I feel that this award was not made to me as a man, but to my work—a life's work in the agony and sweat of the human spirit, not for glory and least of all for profit, but to create out of the materials of the human spirit something which did not exist before.

> 我感到这份奖赏不是授予我个人的，而是授予我工作的——授予我一生从事关于人类精神的呕心沥血的工作的。我从事这项工作，不是为名，更不是为利，而是为了从人的精神的原料中创造出一些从前不曾有过的东西。①

在该演讲词中，"not... but..."句式连续使用两次，显得极为规范，同时使前后逻辑非常严谨，反映了作家能获此殊荣，是对他长期努力从事创造性工作的认可。

(三) 句子结构比较复杂，句型变化多样

总的来说，"论述文句子结构比较复杂，句型变化及扩展样式较多。由于论述文旨在解析思想、开发论点、辩明事理、展开论争，因此文章内容往往比较复杂；作者在阐发自己的观点时总是力求周密、深入，避免疏漏。因此文章的逻辑性往往较强，文句结构一般比较讲究，一般较重修辞、重发展层次和谋篇布局"②。请看卡尔·贝克（Carl Becket）在"The Technological Revolution"一文中的叙述：

> And finally a third result of the technological revolution is that, under the system of private property in the means of production and the price system as a method of distributing wealth, the greater part of the wealth produced, since it is produced by the machines, goes to those who own or control the machines, while those who work the machines receive that part only which can be exacted by selling their services in a market where wages are impersonally adjusted to the necessities of the machine process.

> 最后，技术革命的第三个结果便是：由于财富主要是由机器生产所创造的，而私有财产制度下，是把生产与价格体系作为财富分配的手段，因而，生产的财富大部分自然就分配给了控制机器的人；至于机器操作工人，则由于市场劳资的调节只考虑必要的机器操作，而不顾及操作者个人的差异，因而只能获得通过市场出售得以精确定价的那一部分。③

---

① 崔喜哲、陈瑞璞：《全球最励志英文演讲精选50篇：听演讲学英文》，中国水利水电出版社，2014年，第178页。
② 刘宓庆：《文体与翻译》，中国对外翻译出版公司，2007年，第95页。
③ See "Argumentative Writings",（2013-3-16）[2013-3-16], http://fld.hsu.edu.cn/UploadFiles/ArgumentativeWritings.htm.

在该段材料对技术革命第三个后果的叙述中,不仅句子结构复杂,句型变化也极为明显。从开头的表语从句到之后状语从句、定语从句的使用,把技术革命的后果表述得非常清楚。

二、论述文体的翻译策略

方梦之认为:"政论翻译一般要求概念正确、背景清楚、褒贬得当、逻辑严密、文白相当。"① 要真正做到这一点,首先就应该抓住文章的中心思想。

(一) 把握文章的中心思想

在翻译论述文体之前,译者首先应通读原文。在这一过程中,译者应侧重于从整体上把握原文的脉络,深入分析原文的篇章结构,理清段与段之间的关系。"论述文重逻辑论证,因此翻译这类文章首先必须反复通读原文全文,抓住文章的中心思想,分析文章的总体结构和谋篇布局的脉络;进而弄清作者的每一个论点和每一个论证环节,即作者逻辑推论的层次,因为语言只是思维的'外'壳,只有弄清作者逻辑思维的层次,才能比较清楚地理解作者为什么要采取这样的句型和章法来体现自己的思想。"② 下面,仅举林肯《葛底斯堡演讲》的第二段来说明这一点。

> Now we are engaged in a great civil war, testing whether that nation or any nation so conceived and so dedicated, can long endure. We are met on a great battlefield of that war. We have come to dedicate a portion of the field, as a final resting place for those who here gave their lives that that nation might live. It is altogether fitting and proper that we should do this.

> 现在我们正在从事一场伟大的内战,以考验这个国家,或者说以考验任何一个孕育于自由而奉行上述原则的国家是否能够长久的存在下去。我们在这场战争中的一个伟大战场上集会。烈士们为使这个国家能够生存下去而奉献了自己的生命,我们在此集会是为了把这个战场的一部分奉献给他们作为最后的安息之所。我们这样做是完全应该而且非常恰当的。③

从该段译文中可以看出:因为是"内战",所以林肯并未区分敌我,不论是敌是友都是"为了使这个国家能够生存下去"。只有理解了这一中心意思,我们把该段第三句翻译成"烈士们为使这个国家能够生存下去而奉献了自己的生命,我们在此集会是为了把这个战场的一部分奉献给他们作为最后的安息之所"才显得更为恰当。

---

① 方梦之:《译学辞典》,上海外语教育出版社,2004年,第128页。
② 蒙兴灿、孔令翠:《实用英汉翻译》,四川大学出版社,2002年,第189-190页。
③ 张培基等:《英汉翻译教程》,上海外语教育出版社,1980年,第282页。

(二) 准确掌握关键词含义

译者在把握文章中心思想之后,下一个要考虑的就是准确掌握词的含义,特别是文中关键词的含义。"由于论述文用词比较严谨、端重,特别是多用比较抽象、比较具有概括性的词,因此词的正确理解和翻译就成为翻译论述文的首要任务。翻译者必须注意研究如何辨析词义,正确判断词在具体的上下文中的含义,必须比较熟练地掌握各种译词的手段,避免由于译词不当,造成行文上的阻滞梗节(Grittiness)。"① 在准确理解原文中心思想的基础上,译者在翻译时还要特别注意关键词的正式程度和使用域。对此,蒙兴灿和孔令翠指出:"一般说来,要选用正式程度稍高的书面语汇……如翻译的是政论文,切记要掌握好作者的观点及用词的分寸。如翻译的是演讲稿,则应注意选词既要正式又要易懂,应为潜在的读者或听众所易于接受,句子也不要太长,以免影响听众对信息的吸收和消化。"② 以下仍以林肯的《葛底斯堡演讲》为例:

> But in a large sense, we cannot dedicate—we cannot consecrate—we cannot hallow—this ground. The brave men, who struggled here, have consecrated it far above our poor power to add or detract.

> 但是,从更广泛的意义上来说,这块土地我们不能够奉献,不能够圣化,不能够神化。那些曾在这里战斗过的勇士们,活着的和去世的,已经把这块土地圣化了,这远不是我们微薄的力量所能增减的。③

在翻译该部分时,译者需特别注意"consecrate"和"hallow"这两个词。虽然两词均有"使……神圣"之义,翻译时却需注意应尽量使用正式的语汇,同时又不能太啰嗦,句式也不应过长。基于以上考虑,译者将其译为"不能够圣化,不能够神化",可谓独具匠心。

(三) 对译文加注和释义

翻译英文论述文体,除注意以上两个方面外,还应该注意:"如果原文作者引经据典,译者可采取加注和释义。如译一般文,则以上两种方法可视情况选用。如翻译演讲稿或发言稿,应以后一种方法为主……当然,如果我们翻译一篇演讲或发言稿,只为他人参考或为了研究等别的目的,那么译者在处理典故时,不妨多用加注的方法。"④ 比如美国总统布什在清华大学演讲中有这样一段:

> My visit to China comes on an important anniversary, as the Vice President

---

① 刘宓庆:《文体与翻译》,中国对外翻译出版公司,2007年,第96页。
② 蒙兴灿、孔令翠:《实用英汉翻译》,四川大学出版社,2002年,第190页。
③ 张培基等:《英汉翻译教程》,上海外语教育出版社,1980年,第282页。
④ 蒙兴灿、孔令翠:《实用英汉翻译》,四川大学出版社,2002年,第190-191页。

mentioned. Thirty years ago this week, an American President arrived in China on a trip designed to end decades of estrangement and confront centuries of suspicion. President Richard Nixon showed the world that two vastly different governments could meet on the grounds of common interest, in the spirit of mutual respect. As they left the airport that day, Premier Zhou Enlai said this to President Nixon: "Your handshake came over the vastest ocean in the world—25 years of no communication."

我这次访华恰逢重要的周年纪念日,副主席刚才也谈到了,30 年前的这一周,一个美国总统来到中国,他访华之旅的目的是结束两国长达数十年的隔阂和数百年的相互猜疑。尼克松总统向世界显示了两个迥然不同的政府能够本着相互的利益、相互的尊重来到一起。那天他们离开机场的时候,周恩来总理对尼克松总统说了这样一番话,他说:"你与我的握手越过了世界上最辽阔的海洋,这个海洋就是互不交往的 25 年。"①

该段的最后一句是:"你与我的握手越过了世界上最辽阔的海洋,这个海洋就是互不交往的 25 年。"译者可以对该句稍加注释,使读者更易理解。比如,可以注解如下:1947 年美国考察团到延安,当时周恩来、朱德等接见了该考察团,此后 25 年,中美高层断绝了往来,至 1972 年尼克松总统访华,正好 25 年。

第五节 新闻报刊文体的翻译

关于新闻报刊文体问题,孙致礼认为:"新闻文体是英语中另一常见的实用文体,有广义、狭义之分:狭义指新闻报道,广义则指报纸杂志上登载的各类文章。"② 不论是从广义的角度还是从狭义的角度,新闻报刊文体都会涉及政治、经济、科技、教育、文化、军事、外交、法律等众多领域。新闻报刊的主要功能是"快速报道和传播国内外的重大事件,这一社会职能以及新闻工作者长期以来在新闻报道中所形成的语言模式,使新闻报刊英语形成了自己的特色"③。本节主要探讨新闻报刊文体的语言特点和翻译策略。

---

① 中国网:《布什清华演讲全文》,(2002 - 02 - 22) [2002 - 08 - 01], http://www.china.com.cn/chinese/kuaixun/110470.htm。
② 孙致礼:《新编英汉翻译教程》,上海外语教育出版社,2003 年,第 113 页。
③ 蒙兴灿、孔令翠:《实用英汉翻译》,四川大学出版社,2002 年,第 195 页。

一、新闻报刊文体的语言特点

一般来说，英语新闻报刊中使用的语体种类十分丰富。刘宓庆认为："报刊中的文章体裁通常包括新闻报道、新闻电讯、社论（述评、评论）、特写、学术性或科技性文章、文艺性作品、广告类文字材料等等。报刊上也经常刊载政府机构，国际国内组织或团体的公报、公约等法律文书。"① 他进而指出："不论在英语或汉语中都实际上不存在任何'统一的报刊文体'。"② 正因如此，按新闻报刊材料各体式所具有的"记实性"，即某一类材料包含了多少"事实"或"消息"，英美新闻理论一般将新闻文体分成三个梯级："第一个梯级为新闻电讯和报导（News Reporting），或称 Pure Hard News（纯硬性新闻），'记实性'最强。第三个梯级为 Pure Soft News（纯软性新闻），'记实性'最弱，'娱乐性'（Entertainment）最强。中间梯级范围最广，'记实性'与'娱乐性'兼而有之。而且二者之间的比重又千差万别。中间梯级中各式文章在英美报刊中有一个涵义比较广泛的名称，即 Feature Articles（特写），简称 Features。'特写'的形式繁多，可以笼统地分为两大类即'报纸特写'（Newspaper Features）与'杂志特写'（Magazine Features）。"③ 从语言层面来看，新闻报刊文体在用词和句法方面独具特色，下面仅从词汇、句法、语篇三个层面对新闻报刊文体的语言特点略做简述。

（一）词汇层面

新闻英语有其独特的词汇，或曰"新闻词语（Journalistic Words），这些词语用在报刊中，在特定的上下文限制下，常常有新闻文体的特色，具有其特定的涵义"④。如："media"一词，意为"the press and TV network"，主要指"报刊和广播电视等媒体"；"story"一词，意为"news item"或"news report"，主要指"新闻"或"新闻报道"；"crunch"意为"crisis"，指"危机"（如"oil crunch"指石油危机）；"probe"指"新闻调查"，"pact"指"协议""条约"。更多的例子如："bar"意为"阻止"（prevent），"ban"意为"禁止"（prohibition），"bid"意为"企图"（attempt），"boost"意为"增加、提高"（increase, raise），"clash"意为"不一致"（disagreement），"stance"意为"姿态"（stance），"cut"意为"减少"（reduction），"loom"意为"出现"（appear），"move"意为"计划，决定"（plan, decision），"voice"意为"表

---

① 刘宓庆：《文体与翻译》，中国对外翻译出版公司，1986 年，第 1 页。
② 刘宓庆：《文体与翻译》，中国对外翻译出版公司，1986 年，第 1 页。
③ 刘宓庆：《文体与翻译》，中国对外翻译出版公司，2007 年，第 9–10 页。
④ 刘宓庆：《文体与翻译》，中国对外翻译出版公司，2007 年，第 10 页。

示"(express),"viable"意为"可行的"(workable),等等。总的来说,新闻报刊文体用词有如下四方面的趋势。

1. 多用短词及缩略语

"新闻英语的另一个词汇特色是青睐小词、短词和广泛采用缩略形式,特别是在标题制作上,尤显突出。新闻标题必须具备吸引读者,提挈内容的功效,因此特别强调简明扼要,经济达意。"① 例如,为了节省篇幅,新闻报刊英语通常会使用短词。如上文提到的"media, story, pact, bar, bid, clash, cut, loom, move, probe, voice"等词即是极好的例子。这些短词表意清楚,节约空间。如:

World eyes mid-East peace talks (世界关注中东和平谈判)②

在该例中,"eye"相当于"watch"或"observe",意为"关注"。该词形体短小,极其简练,能有效地节省空间。

START announced to begin June 29 (裁减战略武器谈判于6月29日开始)

EEC Warns Nuke Arms Spread (欧共体警告核武器扩散)③

在以上例子中,"START"一词是"Strategic Arms Reduction Talks"的缩写,意为"裁减战略武器谈判";"Nuke"一词是"Nuclear"的全称,指"核武器"。这些缩略词的使用,都是为了节省空间。

2. 惯用新词

"新闻英语中常用一些新词(包括旧词赋予新义)和临时新造一些词,以使文章生动活泼,给人以新奇之感,使读者乐之好之。"④ 例如:

When the Good Samaritan and I informed the woman that an ambulance was on its way, she perked up, saying that she did not want an ambulance but would like to go home. (New York Times)

刘宓庆指出:该句中的"Good Samaritan"一词出自西方寓言,来源于《圣经》,指"乐于助人者"。该典故的使用可以给句子带来新奇感,增强趣味性。⑤ 更多的例子如:"Reaganomics"指"里根经济学","Euromart"指"欧洲共同市场","Masscult"指"大众文化","sitcom"指"情景戏剧","supercrat"指"高级官员","Jazznik"指"爵士乐迷"。⑥

3. 借用行业用语和外来语

新闻英语在用词上的另一个显著特征是广泛借用社会各界的行业用语和外来

---

① 陈新:《英汉文体翻译教程》,北京大学出版社,1999年,第152页。
② 陈新:《英汉文体翻译教程》,北京大学出版社,1999年,第152页。
③ 陈新:《英汉文体翻译教程》,北京大学出版社,1999年,第152-153页。
④ 蒙兴灿、孔令翠:《实用英汉翻译》,四川大学出版社,2002年,第196页。
⑤ 刘宓庆:《文体与翻译》,中国对外翻译出版公司,2007年,第11页。
⑥ 蒙兴灿、孔令翠:《实用英汉翻译》,四川大学出版社,2002年,第196页。

语,如科技、教育、体育、军事、商业、文学、艺术方面的词语,"其目的是力图反映现代新闻语言与当代现实生活的'融合性';力图适应各种阅读趣味,唤起各类读者的'亲切感'(Sense of Togetherness)"①。例如:

> US airlines accused SIA of selling below-cost air-tickets in an attempt to strengthen its foothold in the Pacific service.
>
> The intermezzo between the first and second sessions of the conference steering committee was in any sense unpredictable.②

在以上两个例子中,"foothold"是军事用语,指"据点","intermezzo"是音乐用语,指"间奏曲、插曲"。

除借用行业用语外,新闻报刊英语还时常借用外来词(loan words)。这些外来词在新闻报刊文体中经常出现,已逐渐成为英语词汇的一部分。如:"blitz〔德〕闪电似的动作,encore〔法〕再演,加演,percent〔拉丁〕百分之……,visa〔法〕签证等。但仍有相当一部分外来语尚未完全英语化,在书写时多用大些字母或斜体形式标出。"③例如:

> The Second World War was another huge *Volkerwanderung*, it was accompanied by a vast dislocation of people.
>
> 第二次世界大战又是一次大规模的"民族迁移",随之而来的是千百万人流离失所。

该句中"Volkerwanderung"一词来源于德语,意为"民族迁徙"。④

4. 大量使用套语

为了客观、公正地报道消息,英美报刊记者在报道或分析某人某事时,通常会大量使用套语。比如"it"作形式主语的主语从句就经常用在新闻报道中。例如:"It is said that..."意为"据说……","it has been proved that..."意为"已经证明……","It is alleged that..."意为"据称……","it has been estimated that..."意为"据估计……","according to..."意为"据……报道……",等等。

此外,新闻报刊英语除在开头部分标明报刊社或新闻社名称外,还要说明消息的来源,以表明该新闻的客观性。请看下面两则新闻:

> The US National Football League (NFL) has chose the New York region as the site for the 2014 Super Bowl, letting out Miami and Tampa in the cold, according to AP

---

① 刘宓庆:《文体与翻译》,中国对外翻译出版公司,2007年,第14-15页。
② 刘宓庆:《文体与翻译》,中国对外翻译出版公司,2007年,第15页。
③ 陈新:《英汉文体翻译教程》,北京大学出版社,1999年,第149页。
④ 陈新:《英汉文体翻译教程》,北京大学出版社,1999年,第149-150页。

reports Tuesday. (新华网，2010-05-26)

A total of 11.2 million Chinese children had benefited from the country's nutrition improvement program by the end of 2020, according to the Chinese Center for Disease Control and Prevention. (China Daily, 2021-05-03)

在以上新闻报道中，"according to AP reports..." "according to the Chinese Center for Disease Control and Prevention" 即为新闻套语，意为 "据美联社报道……" "据中国疾病预防控制中心报道……"。

(二) 句法层面

新闻报刊英语在句法方面的特点主要是句式富于变化，多采用扩展简单句，多用直接引语和间接引语，多用省略句；在时态和语态方面，多用现在时和主动语态。

1. 句式富于变化

新闻报刊英语多采用扩展的简单句，即所谓 "the expanded simple sentences"。"简单句常常可以使读者思路更清晰……记者易于在短促的时间内将事实交代清楚。特别是，连续使用简单句，使句与句之间不致产生行文上的纠葛，很有助于明白地叙述事件的发展，使事件发展和叙述的层次感很强。"① 具体来说，新闻报刊英语经常使用定语（如不定式、分词短语、定语从句作定语）、状语（如不定式、分词短语作状语，状语从句等）、同位语（如短语、同位语从句等）等补加成分，修饰限定成分。这样不仅可以确保句式不复杂，还可以用比较小的篇幅表达较为完整的意思，既能把众多的信息包容到一个或两个句子里面，又能更好地节省新闻报道占用的空间。试看下列两则报道：

> More than anyone else, it was Prime Minister Zhu Rongji who closed the deal with the United States, bringing China's 13 year campaign to join the World Trade Organization to within sight of its goal.
>
> 不是别人，正是朱镕基总理结束了谈判而和美国达成协议，中国为加入世贸组织所付出的13年的努力也看到了胜利的曙光。②
>
> Bucking the trends are much of the Middle East and Sub-Sahara Africa.
>
> 撒哈拉南部非洲和中东许多地区的情况与这些趋势正相反。③

以上第一例中，不仅使用了定语从句，还使用了分词短语和不定式短语，使该则报道不仅简洁，而且用较小的篇幅表达了较完整的思想内容。第二例为倒装句，该句正常的语序为："Much of the Middle East and Sub-Sahara Africa are

---

① 刘宓庆：《文体与翻译》，中国对外翻译出版公司，2007年，第18页。
② 蒙兴灿、孔令翠：《实用英汉翻译》，四川大学出版社，2002年，第197-198页。
③ 陈新：《英汉文体翻译教程》，北京大学出版社，1999年，第154页。

bucking the trends."通过变换句式，新闻语言更加生动活泼，可以提升读者的阅读趣味。

新闻报刊英语还经常使用省略句。省略主要见于新闻标题中，被省略的部分通常是冠词、助动词、连词和介词等。请看以下例子：

101 Killed in American Plane Crash (美一飞机坠毁　一百零一人遇难)

House and Senate Pursuing Efforts to Reduce Deficit (参、众议院努力减少赤字)

以上第一例中，"killed"前省略了助动词"are"，"American"前省略了冠词"an"；第二例的省略就更多了，除冠词和助动词的省略外，主语也有省略，其中"House"应为"The House of Representatives"，"Senate"前省略了定冠词"the"，"pursuing"前省略了助动词"are"，"efforts"和"deficit"前都省略了定冠词"the"。

新闻报刊英语除经常使用扩展简单句和省略句外，还多使用直接引语和间接引语。这一特色为新闻报道增添了真实性、可靠性、客观性。如《中国日报》2022年7月25日的一报道如下：

　　Amid unprecedented global challenges, including the COVID-19 pandemic, China will further advance peace and development in the world as guided by Xi Jinping Thought on Diplomacy, senior Chinese officials and renowned scholars said.

　　They made the comments at a high-end symposium in Beijing on Sunday as they emphasized the need for countries to work together with China on shoring up multilateralism and global unity, and on countering unilateralism and hegemony.

　　A number of recent turbulent events, changes and unexpected incidents in the world have shown the efficacy and foresight of Xi's main thoughts on the international situation, State Councilor and Foreign Minister Wang Yi said at the symposium.

　　……

　　Over the past 10 years, Chinese diplomats have been spreading the global vision of Xi Jinping Thought on Diplomacy and flying high the banner of building the community with a shared future for mankind, he noted.

　　Chinese diplomatic missions "have been calling upon nations to offset division with greater unity, replace confrontation with cooperation and constantly boost the influence and charm of Chinese philosophy and Chinese solutions", Wang said.

　　From the Global Development Initiative and the Global Security Initiative to his ideas on advancing global governance reform, Xi has shown how new ideas are realized in an action-oriented approach, said Sun Yeli, deputy head of the Publicity

Department of the CPC Central Committee.

……

Xi's insight absorbs the widely recognized basic principles of international relations and epitomizes the largest common grounds across the globe, he said.

"Development is a master key" resolving various problems, and countries cannot achieve peace, security and stability without mutual respect, openness and win-win cooperation, said Lin Shangli, deputy director of the Policy Research Office of the CPC Central Committee.

Qian Hongshan, deputy head of the International Department of the CPC Central Committee, said that as inspired by Xi's Thought on Diplomacy, the country and the Party's diplomatic missions are bolstering their foresight and long-term perspective, and the Party's international influence has been on the rise.

Xi's insight calls for respect for countries' efforts in exploring development paths that suit their own national conditions and promotes exchanges and mutual learning of various cultures for common progress, Qian added.①

在该则新闻报道中,既用了直接引语,也用了间接引语,从不同层面真实、客观地表明了习近平外交思想科学系统、与时俱进、胸怀天下,具有引领时代的世界意义。

2. 多用现在时和主动语态

新闻报刊标题中经常使用一般现在时和现在进行时,这一特点不仅能表明新闻报刊的即时性,还能给读者以真实、客观的印象。方梦之曾指出:"英文报刊新闻标题需言简意赅,不可能采用英语中的所有时态形式来浓缩新闻事实。英文标题中常见的动词形态有三种:一般现在时、一般将来时和现在进行时。"②

UK's Oldest Person Dies at 115 (英国第一寿星谢世 享天年百岁又十五)
Deposits, Loans Rising in HK (香港储蓄与贷款额节节攀升)

以上两例分别使用了一般现在时和现在进行时,不仅给人以"现实感",还给人以"新鲜感"和"直接感"。③

---

① Zhang Yunbi. "Xi's diplomacy insight lauded at symposium", China Daily, (2022 – 07 – 25) [2022 – 07 – 26]. https://www.chinadaily.com.cn/a/202207/25/WS62dddb1ca310fd2b29e6e161.html.
② 方梦之、毛忠明:《英汉—汉英应用翻译教程》,上海外语教育出版社,2005 年,第 179 页。
③ 方梦之、毛忠明:《英汉—汉英应用翻译教程》,上海外语教育出版社,2005 年,第 179 – 180 页。

此外，"英语新闻文体倾向于用主动语态，辅以被动语态"①。一般来说，新闻报刊在叙事时多用主动语态句。其主要句式有三种："SV（subject + verb）""SVP（subject + verb + predicative）""SVO（subject + verb + object）"。但为了叙述更加客观和便利，新闻报刊英语中也经常会使用被动语态。

（三）语篇层面

除以上词汇层面和句法层面的特点外，在语篇层面上，新闻报刊英语也有其明显的特点。"先是标题，再接导语，然后进入正文。标题总是十分简洁，有时简洁到意义不明（这多为作者的有意安排）。"② "导语（Lead），一般以尽量简明的表述方式概括主要事实或提引主要事件。"③ 导语之后是正文（Body），正文是新闻报道中最重要的一个部分，需要较为详细地交代清楚新闻事件发生的前因后果。当然，在叙述方式上，可以采用顺叙法（the chronological method），也可以采用倒叙法（the flashback method）。在写作方式上，该部分通常"按事实的重要性递次发展，呈'倒金字塔形结构'（The Inverted Pyramid Form）。消息内容要求尽可能解答五个 W 和一个 H 的问题，即：What 何事？——发生了什么事？Where 何地？——在什么地方发生的？When 何时？——在什么时间发生的？Who 何人？——事件牵涉到什么人？Why 何故？——事情为什么会发生？How 如何？——事情是怎样发生、发展的？"④ 尽管如此，并非每一篇新闻报道都要求回答以上五个问题。之所以这样写作，目的是给读者和编辑以便利，使其可以自由取舍。

二、新闻报刊文体的翻译策略

翻译英语新闻报道，要顾及其文体特点。方梦之认为："新闻翻译的一般要求是：语义显豁、朴质平易、求新求异、符合习惯。"⑤ 如下例：

A free kick by Uruguayan star forward Paz in the 20th minute force Colombia to take the offensive and Sarmiento headed home an equaliser in the 40th minute. (比赛进行到第 20 分钟，乌拉圭队明星、前锋帕斯在罚任意球时破门入网，迫使哥伦比亚队采取攻势。第 40 分钟时，萨米恩托顶球入门，扳成平局。)⑥

---

① 刘宓庆：《文体与翻译》，中国对外翻译出版公司，2007 年，第 19 页。
② 蒙兴灿、孔令翠：《实用英汉翻译》，四川大学出版社，2002 年，第 198 页。
③ 刘宓庆：《文体与翻译》，中国对外翻译出版公司，2007 年，第 21 页。
④ 刘宓庆：《文体与翻译》，中国对外翻译出版公司，2007 年，第 21-22 页。
⑤ 方梦之：《译学辞典》，上海外语教育出版社，2004 年，第 131 页。
⑥ 方梦之：《译学辞典》，上海外语教育出版社，2004 年，第 131 页。

在翻译时,译者使用了"破门入网""顶球入门""扳成平局"等足球比赛报道中常用的一些词语,不仅语义清楚,而且非常符合译语的表达习惯。基于新闻报刊文体的语言特点,在翻译方面,我们应该着重注意以下三个方面。

(一)准确翻译新闻词语

如上所述,新闻报刊英语不仅多用短词及缩略语,惯用新词,还大量借用行业语和外来语,使用套语。正因如此,我们在翻译时,首先要准确理解新闻词语的含义。

1. 正确理解短词及缩略语的含义

考虑到篇幅,新闻报刊用语通常喜欢使用短词及缩略语。在翻译这些词时,不仅应该做到准确,还应该和原文一样保持简洁。例如:

With jobs cuts, New York is losing war of brooms (纽约裁减清洁工,环境卫生恶化)

Big biz eats others, small fry are eaten (企业大鱼吃小鱼)[①]

在以上第一例中,译者将"cuts"意为"裁减",不仅简洁,而且达意;第二例中,"biz"是"business"的缩略词,故翻译时应译为"企业"。

2. 准确理解各类新词的特定含义

2005年,方梦之、毛忠明在《英汉—汉英应用翻译教程》一书中指出:"据统计,英语词汇现在正以每季度一千多个新词的速度增长,从而使英语成为世界上更新最快的语言之一。这些新词总是最先出现在报刊等新闻媒体中。"[②] 对此,方梦之提出了相应的翻译策略:直译、意译、音译、音义混译等。

(1)直译:如将"Internet bar"译为"网吧","information superhighway"译为"信息高速公路","business tourism"译为"商务旅游","genetic engineering"译为"基因工程","information technology"译为"信息技术"。

(2)意译:如"3G"译为"第三代(手机技术)","walkman"译为"随身听","copyleft"译为"(对有版权的软件)任意复制改动","creative destruction"译为"(高科技公司的)推陈出新","word of mouse"译为"鼠语(指通过按鼠标在网上传播的信息)"等。

(3)音译:如"Internet"译为"因特网","clone"译为"克隆","cool"译为"酷","hacker"译为"黑客","talk show"译为"脱口秀"等。

(4)音义混译:如"yuppie"译为"雅皮士","AIDS"译为"艾滋病","beeper"译为"BP机","genebank"译为"基因库","hula-hoop"译为"呼

[①] 陈新:《英汉文体翻译教程》,北京大学出版社,1999年,第153-154页。
[②] 方梦之、毛忠明:《英汉—汉英应用翻译教程》,上海外语教育出版社,2005年,第196页。

拉圈"，"sauna"译为"桑拿浴"，"Dink"（double income, no kids）译为"丁克族"等。

3. 准确理解行业语和外来语的含义

刘宓庆认为："英语新闻文体用词范围广、变化多，特别是新词语层出不穷。这是因为新闻报导涉及社会政治生活、金融商业活动、军事冲突、科技发展、外交斗争、文化体育动态以及宗教、法律、刑事、家庭等等各个方面的情况。可以说凡人类的物质世界、精神世界以及自然界所发生的一切事件无一不在新闻报导的关注之中。"[①] 正因如此，在翻译新闻报刊英语时，译者应特别注意各行各业的用语及外来术语。例如，在英国法律名词中，"recorder"一词可以指"法官，刑事法官，律师或事务律师"，而不能翻译成"录音机，记录官"等义。究竟是哪一层含义，译者应根据上下文做出判断。"proceedings"一词也是一个法律名词，指具体的诉讼案件，可译成"诉讼"，而不能译为"程序，手续，会议录，议事录或会议文件"等义。另外，在计算机用语中，"resolution"应译为"分辨率"，而不能译作"坚定，决心，决定，决议"等义。

4. 准确翻译新闻报刊中的常见套语

正如本节开头所述，为了客观、真实地做出报道，新闻报刊中经常使用大量套语。在翻译的过程中，译者务必准确翻译这些套语，以便让读者清楚了解消息的来源。比如："according to (eyewitness, AP reports, sources concerned, etc.)"应翻译为"据（目击者、美联社报道、有关方面等）"，"informative sources or well informed source"应翻译为"消息灵通人士"，"with guarded reserve"应翻译为"持审慎态度"，"no comments"应翻译为"无可奉告"，"quoted as saying (cited as saying)"应翻译为"援引……的话来说"，"preferred not to be identified"应翻译为"不愿透露姓名的"，等等。另外，对于新闻报刊的来源方面的套语，也要准确翻译。例如：

Hong Kong (CNN) - President Xi Jinping promised citizens his government will pursue the "Chinese dream," in a keynote speech as the National People's Congress came to a close on Sunday. "We must make persistent efforts, press ahead with indomitable will, continue to push forward the great cause of socialism with Chinese characteristics, and strive to achieve the Chinese dream of great rejuvenation of the Chinese nation," Xi said, according to state news

---

① 刘宓庆：《文体与翻译》，中国对外翻译出版公司，2007年，第24页。

agency Xinhua.①

该则新闻中出现的套语如下：（1）"Hong Kong（CNN）..."，可以译为"美国有线新闻网香港报道……"；（2）"according to state news agency Xinhua"，可以译为"据中国新华社报道"。

总之，在新闻报刊文体翻译的过程中，务必基于其本身的特点，使用适合的词汇，"避免使用激情词语"②。因为不论新闻报刊涉及政治、经济、法律、宗教，还是军事、外交、文化、教育等领域，都要以提供"事实"和报道"消息"为目的。因而，在"翻译时应密切注意原文的语调。除非顺应原文的需要，翻译新闻材料应避免使用感叹句，忌用汉语感叹词。在任何情况下译文中都不应掺杂译者的爱、憎及讥笑、嘲讽等个人感情。译者与原作者一样，也应当是一个'calm fact-teller'（冷静的叙事者）"③。

（二）注意新闻报刊英语中的语法现象

在新闻报刊英语翻译的过程中，不可避免会遇到一些特殊的语法现象，比如扩展简单句、特殊的时态和语态等。

1. 注意原文的句法现象

翻译新闻报刊时，要注意原文中的一些特殊句法现象。如新闻英语中经常使用扩展简单句，请看如下报道：

> More than anyone else, it was Prime Minister Zhu Rongji who closed the deal with the United States, bringing China's 13-year campaign to join the World Trade Organization to within sight of its goal.
>
> 不是别人，正是朱镕基总理结束了谈判而和美国达成协议，中国为加入世贸组织所付出的13年的努力也看到了胜利的曙光。④

该句虽然较长，实际只是一个扩展简单句。主语部分较为复杂，且由一个定语从句"who closed the deal with the United States"修饰，之后的现在分词短语作状语补充说明"closed the deal"的内容。这一句法现象译者需引起重视。此外，新闻报刊英语中还经常有省略现象，例如：

> Largest Chinese trade delegation to visit US in Nov.

---

① Hilary Whiteman："China Leaders Vow Fairness, Frugality as Nation Strives for 'Chinese Dream'"，(2013 - 03 - 17)［2013 - 03 - 18］，http://edition.cnn.com/2013/03/17/world/asia/china - xi - li - npc - address/index.html?hpt = hp_ c1.
② 刘宓庆：《文体与翻译》，中国对外翻译出版公司，2007年，第25页。
③ 刘宓庆：《文体与翻译》，中国对外翻译出版公司，2007年，第25 - 26页。
④ 蒙兴灿、孔令翠：《实用英汉翻译》，四川大学出版社，2002年，第197 - 198页。

Deposits, loans rising in HK.①

在以上第一例中，"to"前省略了系动词"is"，该句中"is to"翻译为"将……"，该句可译为"中国最大的贸易代表团11月即将访美"。第二例中，"rising"的前面省略了系动词"are"，"are rising"表示"正在回升"，该句译为"存贷款额在港回升"。

2. 尽量译好原文时态和语态

上述两例不仅说明了新闻报刊英语中的省略现象，还反映了新闻报刊英语中的时态问题。新闻报刊文体中有时用一般现在时表示已经发生的动作，即所谓"历史现在时"（Historical Present Tense）。关于这一点，陈新在《英汉文体翻译教程》一书中就曾指出："用一般现在时表达已发生的动作，目的是增强报道的直接感和同时感。"② 例如：

A Ground War Begins (一场地面战打响了)

US Journalism suffers rough year in credibility (一年来美国新闻界信誉下降)③

以上两例均用一般现在时表示过去发生的事情，让人仿佛正在亲历事件的发生，能给人以身临其境的感觉。

在语态方面，新闻报刊英语虽然经常使用主动语态，但被动语态有时也会出现。例如：

Two international standards for high-speed railway infrastructure design and power supply, which were mainly drafted and developed by China, have been published by the International Union of Railways, demonstrating the nation's contribution to promoting the internationalization of high-speed railway standards. (China Daily，2022-07-19)

国际铁路联盟发布了两项主要由中国主导起草和制定的高速铁路基础设施设计和供电国际标准，表明中国为推动高速铁路标准国际化做出了贡献。

在该句中，"have been published"为过去分词短语，表示被动。这一现象在新闻报刊英语中也较为常见。

（三）注意新闻报刊英语中的语篇现象

在新闻报刊英语翻译过程中，除应该准确翻译新闻词语，注意相应的语法现象，还应该注意其中的语篇现象。在新闻语篇中，标题、导语都是较为程式化的。刘宓庆认为："'新闻英语'（Journalese）在文体学家眼中属于贬义词，原因是大体说来新闻文体'充满陈词滥调，充满含混的词，夸夸其谈，模棱两

---

① 陈新：《英汉文体翻译教程》，北京大学出版社，1999年，第162页。
② 陈新：《英汉文体翻译教程》，北京大学出版社，1999年，第162页。
③ 陈新：《英汉文体翻译教程》，北京大学出版社，1999年，第162页。

可'。作为翻译者,我们则不能因其浮华(Slick)与粗俗(Rough)而掉以轻心,对我们来说,翻译新闻报导是一件非常严肃的工作,不能因为原文的语言质量差而敷衍塞责。"① 比如,新闻报刊英语中有大量的松散句(Loose Sentence),翻译时就要引起注意,尽量做到重内容,轻形式。请看如下例子:

> But in any case, it seems evident that printing with movable type in Europe had a connection with the earlier development of block printing, which itself stems back to China.
> 但无论如何,有一点似乎是显而易见的,欧洲的活字印刷与刻版印刷的早期发展有联系,而刻版印刷术的发明创造则源于中国。②

翻译该句时,应该注意以下两点:(1)"it seems evident that..."译为"显然"而不宜翻译成"……是显而易见的",目的是使译文语义更加"显豁";(2)"which"引导的定语从句的先行词不是"block printing",而是"the earlier development of block printing"。基于以上两点,笔者将该句改译如下:但无论如何,欧洲的活字印刷显然与刻版印刷的早期发展有联系,而刻版印刷术的发明创造则源于中国。

翻译实践

一、将下列公文翻译成汉语

1. **Excerpts from** 3281（XXIX）**Charter of Economic Rights and Duties of States**③

   Chapter I Fundamentals of International Economic Relations

   Economic as well as political and other relations among States shall be governed, inter alia, by the following principles:

   (a) Sovereignty, territorial integrity and political independence of States;

   (b) Sovereignty equality of all States;

   (c) Non-aggression;

   (d) Non-intervention;

   (e) Mutual and equitable benefit;

   (f) Peaceful coexistence;

   (g) Equal rights and self-determination of peoples;

   (h) Peaceful settlement of disputes;

---

① 刘宓庆:《文体与翻译》,中国对外翻译出版公司,2007年,第25页。
② 刘宓庆:《文体与翻译》,中国对外翻译出版公司,2007年,第82-83页。
③ 钟述孔:《英汉翻译手册》,世界知识出版社,1997年,第258-260页。

(i) Remedying of injustice which have been brought about by force and which deprive a nation of the natural means necessary for its normal development;

(j) Fulfillment in good faith of international obligations;

(k) Respect for human rights and fundamental freedoms;

(l) No attempt to seek hegemony and spheres of influence;

(m) Promotion of international social justice;

(n) International co-operation for development;

(o) Free access to and from the sea by land-locked countries within the framework of the above principles.

2. **Rules of Procedure of the UN General Assembly**[①]

   Point of order

   ### Rule 71

   During the discussion of any matter, a representative may rise to a point of order, and the point of order shall be immediately decided by the President in accordance with the rules of procedure. A representative may appeal against the ruling of the President. The appeal shall be immediately put to the vote, and the President's ruling shall stand unless overruled by a majority of Members present and voting. A representative rising to a point of order may not speak on the substance of the matter under discussion.

   Time-limit on speeches

   ### Rule 72

   The General Assembly may limit the time to be allowed to each speaker and the number of times each representative may speak on any question. Before a decision is taken, two representatives may speak in favour of, and two against, a proposal to set such limits. When the debate is limited and a representative exceeds his allotted time, the President shall call him to order without delay.

   Closing of list of speakers, right to reply

   ### Rules 73

   During the course of a debate, the President may announce the list of speakers and, with the consent of the General Assembly, declare the list closed. He may, however, accord the right of reply to any Member if a

---

① 钟述孔：《英汉翻译手册》，世界知识出版社，1997年，第261-263页。

speech delivered after he has declared the list closed makes this desirable.

Adjournment of debate

Rule 74

During the discussion of any matter, a representative may move the adjournment of the debate on the item under discussion. In addition to the propose of the motion, two representatives may speak in favour, and two against, the motion, after which the motion shall be immediately put to the vote. The President may limit the time to be allowed to speakers under this rule.

二、请将下列广告译成汉语①

1. The Prose without the con.
2. Every time we compete, you win.
3. Things go better with Coca-Cola.
4. Feel Good, Fast Food.
5. Drive carefully—The life you save may be your own.
6. Get the card that gets you the car.
7. At 60 miles an hour the loudest noise in this new Rolls-Royce comes from the electric clock.
8. Divide and Conquer

The still-photo feature on digital camcorders is handy in a pinch, but it hasn't changed how we pack for vacation. One reason: No one who's planning to take only a few snapshots wants to lug around a camcorder. Enter the nifty Panasonic NV-EX21, which consists of two detachable parts. When you're not planning to shoot video, remove the base and pocket what's left: an 11-ounce camera that takes 1-mega-pixel photos. Price: $1,700.

三、请将下列两段演讲材料译成汉语

1. **Gettysburg Address**②

    Four score and seven years ago our fathers brought forth on this continent, a new nation, conceived in Liberty, and dedicated to the proposition that all men are created equal.

    Now we are engaged in a great civil war, testing whether that nation or any nation so conceived and so dedicated, can long endure. We are met on a great battlefield of that war. We have come to dedicate a portion of the field,

---

① 蒙兴灿、孔令翠:《实用英汉翻译》,四川大学出版社,2002年,第166－167页。
② 张培基等:《英汉翻译教程》,上海外语教育出版社,1980年,第192－193页。

as a final resting place for those who here gave their lives that that nation might live. It is altogether fitting and proper that we should do this.

But, in a larger sense, we cannot dedicate—we cannot consecrate—we cannot hallow—this ground. The brave men, living and dead, who struggled here, have consecrated it, far above our poor power to add or detract. The world will little note, nor long remember what we say here but it can never forget what they did here. It is for us the living, rather, to be dedicated here to the unfinished work which they who fought here have thus far so nobly advanced. It is rather for us to be here dedicated to the great task remaining before us—that from these honored dead we take increased devotion to that cause for which they gave the last full measure of devotion—that we here highly resolve that these dead shall not die in vain—that this nation, under God, shall have a new birth of freedom—and that government of the people, by the people, for the people, shall not perish from the earth.

2. Nobel Prize Acceptance Speech[①]

I feel that this award was not made to me as a man, but to my work—life's work in the agony and sweat of the human spirit, not for glory and least of all for profit, but to create out of the materials of the human spirit something which did not exist before. So this award is only mine in trust. It will not be difficult to find a dedication for the money part of it commensurate with the purpose and significance of its origin. But I would like to do the same with the acclaim too, by using this moment as a pinnacle from which I might be listened to by the young men and women already dedicated to the same anguish and travail, among whom is already that one who will some day stand here where I am standing.

Our tragedy today is a general and universal physical fear so long sustained by now that we can even bear it. There are no longer problems of the spirit. There is only the question: When will I be blown up? Because of this, the young man or woman writing today has forgotten the problems of the human heart in conflict with itself which alone can make good writing because only that is worth writing about, worth the agony and the sweat.

He must learn them again. He must teach himself that the basest of all

---

① 崔喜哲、陈瑞璞:《全球最励志英文演讲精选50篇:听演讲学英文》,中国水利水电出版社,2014年,第178-179页。

things is to be afraid; and, teaching himself that, forget it forever, leaving no room in his workshop for anything but the old verities and truths of the heart, the old universal truths lacking which any story is ephemeral and doomed—love and honor and pity and pride and compassion and sacrifice. Until he does so, he labors under a curse. He writes not of love but of lust, of defeats in which nobody loses anything of value, of victories without hope and, worst of all, without pity or compassion. His griefs grieve on no universal bones, leaving no scars. He writes not of the heart but of the glands.

Until he relearns these things, he will write as though he stood among and watched the end of man. I decline to accept the end of man. It is easy enough to say that man is immortal simply because he will endure: that when the last ding-dong of doom has clanged and faded from the last worthless rock hanging tideless in the last red and dying evening, that even then there will still be one more sound: that of his puny inexhaustible voice, still talking. I refuse to accept this. I believe that man will not merely endure: he will prevail. He is immortal, not because he alone among creatures has an inexhaustible voice, but because he has a soul, a spirit capable of compassion and sacrifice and endurance. The poet's, the writer's, duty is to write about these things.

It is his privilege to help man endure by lifting his heart, by reminding him of the courage and honor and hope and pride and compassion and pity and sacrifice which have been the glory of his past. The poet's voice need not merely be the record of man, it can be one of the props, the pillars to help him endure and prevail.

四、将下列两则新闻译成汉语

1.

[Marrakesh, April 15, AFP] The "Uruguay Round" of GATT, which took a herculean negotiating process of seven years seven months and 27 days, dropped the curtain today following the adoption of the AGREEMENT Establishing the World Trade Organization (WTO), to which some 40 Agreements and Decisions **are annexed**.

The Agreements so annexed include (1) G. A. T. T, 1994; (2) Multilateral Agreements on Trade in Goods; (3) Agreement on Agriculture; (4) Agreement on Trade-Related Investment Measures; (5) Agreement on Textiles and Clothing; (6) General Agreement on Trade in Services, covering financial services such as banking and insurance services as well as shipping, etc.;（7）Agreement on Trade-Related Aspects of Intellectual Property Rights, covering patent, trade marks, copy right, etc.;（8）Agreement on Subsidies and Countervailing Measures, etc.

The WTO is expected to come into being in January 1995, to replace the GATT 1947. More than 120 Member States of the United Nations, including China, signed the Agreement Establishing the World Trade Organization.①

2. 2022 Discover China Cultural Tour launched in Beijing

The launching ceremony of 2022 Discover China Cultural Tour was held in Beijing on July 18.

Hu Heping, minister of culture and tourism, attended the event with 58 diplomats from 40 countries. Before the ceremony, Hu met with 12 ambassadors on-site.

Hu said at the ceremony that China puts a high value on culture and tourism communication, and is ready to strengthen the cooperation with other countries.

To achieve this goal, Hu put forward four proposals during the ceremony. The first is to maintain the culture diversity by promoting mutual appreciation, exchanges and mutual learning among different civilizations and cultures, laying a solid foundation for enhancing friendship between peoples and building new international relations, as well as advancing the human progress.

Second, follow the development trend of digitalization, networking and intellectualization, and promote the construction of online communication channels, developing culture and tourism in an innovative and intelligent manner.

The third one is to deepen the cultural trade and tourism cooperation, and take advantage of market mechanisms, to optimize and upgrade cultural products and services, as well as revitalize cultural industries and tourism.

The last point is to improve the communication mechanism and enrich the cultural exchange, as well as perfect the communication platform and broaden the cooperation channels, to expand the influence of communication and fuel cultural cooperation.

According to Hu, China has signed cultural cooperation agreements with

---

① 钟述孔:《英汉翻译手册》,世界知识出版社,1997年,第222-223页。

157 countries and established 41 bilateral and multilateral cultural and tourism cooperation mechanisms, forming a global intergovernmental cooperation network.

At the ceremony, the Ministry of Culture and Tourism also announced the tour routes of 2022 Discover China Cultural Tour. Guests from home and abroad viewed the exhibition Treasures of China at the China National Arts and Crafts Museum and China Intangible Cultural Heritage Museum.

2022 Discover China Cultural Tour will run through the end of this year. During the event, foreign diplomats will travel to eight provinces and regions, including Yunan, Hunan, Hebei, Gansu, Qinghai, Xinjiang, Guangxi, and Hainan to experience Chinese culture.[①]

[①] Chinaculture. org. "2022 Discover China Cultural Tour launched in Beijing". (2022-07-20) [2022-07-21]. China Daily, http://www.chinadaily.com.cn/a/202207/20/WS62d7c789a310fd2b29e6d765.htm.

翻译实践参考译文

第一章　（略）

第二章

一、

1. 热线　　2. 连锁商店　　3. 圆桌会议　　4. 战争洗礼
5. 摊牌　　6. 武装到牙齿　　7. 掉鳄鱼眼泪　　8. 君子协定
9. 冷战　　10. 热狗　　11. 禽流感　　12. 基因疗法
13. 黑马　　14. 拦路虎　　15. 拍马屁　　16. 昙花一现
17. 餐桌转盘　　18. 棋逢对手。/将遇良才。　　19. 绝交信，分手信
20. 雨后春笋　　21. 风烛残年，行将就木　　22. 万事通，博而不精的人
23. 他那是癞蛤蟆想吃天鹅肉。
24. 一个和尚挑水吃，两个和尚抬水吃，三个和尚没水吃。

二、

1. 当你遇到了挫折，并不一定丧失了成功的机会。
2. 失败没有压垮我们，仅仅为了成功而奋斗本身就给人生以极大乐趣。一定要坚持下去。
3. 科威特人一方面很傲慢自负，另一方面又难以消除对伊拉克的企图的恐惧。这种复杂的因素左右着科威特人对设置禁飞区的态度。
4. 这对异族男女（丈夫是白人，妻子是黑人）八年前结的婚。对此，双方的家庭都曾十分震撼，而且都不赞成这桩婚事。不相识的人总以惊异的眼光打量他俩，还说些难听的话语。所有这一切他俩都挺过来了。
5. 诗人约翰·济慈仅26岁便与世长辞了，作家们对此深感遗憾。他们过了26岁之后，便会不无戏谑地叹息自己一生无所作为。
6. 昨天狂风暴雨肆虐（英格兰）南部沿海和威尔士，造成很大的人员伤亡和财产损失。这当中包括：一名女学生在狂风中丧生，两名男子在波涛汹涌的大海里失踪……
7. 这些由联邦政府在20世纪60年代大量拨款建立起来的诊所现在已经衰败不堪了。病人就诊要等很长时间，医务人员配备不足，只能穷于应付，有时还向病人发脾气。
8. 机器的发明使世界进入一个新纪元，即工业时代，金钱成了主宰一切的权威。
9. 安德鲁·莫顿写的一本关于黛安娜王妃的书最近发行了平装本。书中有一章叙述了查尔斯与黛安娜两人协议分居的事。他们曾与查尔斯的父母有过几次激烈的辩论，但最终这个分居协议未被首肯。

10. 夕阳西下，绚丽无比的晚霞映照着幽静的苏合街角。在这难忘的黄昏，医生和女儿一起坐在梧桐树下。（马红军译）

11. 于是大鱼垂死奋斗，破水而出，跃入半空，又长，又宽，又雄伟，又美丽。

12. 他这样做并不是因为没有校对人员，而是因为他不想让报纸上出现任何错误。

13. 假如我们当中有人还在怀疑美国是个一切皆有可能的地方，还在怀疑我们建国元勋的梦想现在是否仍有生命力，还在怀疑我们民主的力量，今天晚上你们有了答案。（刘士聪译）

第三章

1. 一见到那个女孩，我就想到她的父母。

2. 不要背后说人坏话。

3. 他们三十年的友情毁于一旦。

4. 他搜查了房间却一无所获。

5. 这本书是每个学习英语的人都需要的。

6. 考试成绩优秀的学生并不一定是最聪明的。

7. 由于没有收到他的信，我给他打了电话。

8. 假如多给些照顾，那些树会长得更好。

9. 他虽然年轻，却很能干。

10. 你的头发该理了。

11. 如果我是你，我会再试一次。

12. 我听了你的解释还是一点都不懂。

13. 从他的口音就知道他是个外国人。

14. 欲速则不达。

15. 虽然需要五本书，但我们只有三本。

16. 她高兴给他取什么名字就取什么名字。

17. 春天阳光和煦。

18. 他丢了整整一千元。

19. 你希望人家怎样待你，你就要怎样待人。

20. 我们离不开空气，犹如鱼儿离不开水。

21. 虽然他尽了努力，但他的工作总做得不尽如人意。

22. 他们从来没见过他这么忙。

23. 我没等多久他就来了。

24. 我不许他进我的屋子。

25. 他承认这种控告是正当的。

第四章

一、

1. 中东的紧张局势已引起了全世界的关注。

2. 她感到一种爱国之情在胸中油然而生。

3. 老木最易燃，老酒最甘甜，老友最可信，老书最宜观。

4. 朵朵鲜花开满庭院。

5. 那是一个外事活动频繁的时刻。
6. 那是一个戏剧繁荣的时刻。
7. 他是一个像马克·吐温笔下那个勇敢、善良哈克贝利·费恩式的人物。
8. 在这座城市，玛丽经历了一系列的怪事，就像爱丽丝梦游仙境所经历的那样。
9. 理论固然重要，实践更为重要。
10. 骄兵必败。

二、

1. 在背后说我们好话的人，才是一个好的朋友。
2. 活到老，学到老。
3. 北京的冬天比上海冷得多。
4. 伊拉克人怨声载道。
5. 金属和非金属受热都会膨胀。
6. 夜色渐浓，我们决定在寺庙过夜。
7. 2003年中东见证了（爆发了）以寻找违禁武器为名实为掠夺石油的战争。
8. 模具的尺寸应稍大一点。
9. 今年在北京申请工作的大学生达到几万人。
10. 不同的人有不同的观点。

三、

1. 她生动地描绘了她未来的生活。
2. 乡村的严酷现实要求建立更多的学校。
3. 他不抽烟，但他的父亲却嗜烟如命。
4. 我们的时代是深刻政治变革的见证。
5. 在人民的眼里，他是绝对权力的化身。
6. 这门课设计的目的是使学生接触到尽可能多的翻译技巧。
7. 他的言行证明他是诚实的。
8. 他们在机场盛大热情的接待给我们留下了深刻的印象。
9. 新冠的消息打破了和平安宁的校园生活。
10. 钢含碳量越高，硬度和强度就更大。
11. 冰的密度比水小，因此漂浮在水面上。
12. 他有口才，有风度。
13. 她好像太不懂世道常情了。
14. 老人躺在床上，彻夜未眠。
15. 我非常挂念她。
16. 他跑出去时，忘记穿鞋了。
17. 次日早晨，谈话一结束，你就会去查查词典。
18. 那些年是共和党执政。（in = in power，和out相对）
19. 欧共体是达到这个目的的最佳工具。
20. 他们沿着大街向前走，经过许多商店，走过一个大广场，越过一条河流，穿过桥头的大厅，然后进了一幢大房子。

第五章

1. 他在最后一刻得以上台，被称为奇迹。
2. 你高兴的话，可以给他们提点忠告。不过这只是对牛弹琴，因为他们不识好歹。
3. 他俩老是吵架，于是决定暂时分居。
4. 如果我有一百万美元，那日子将会是多么惬意。
5. 他是一个真正的怀疑主义者——在没有亲眼看到之前，他就是不相信我赢得了那辆车。
6. 利奥在不良的环境中成长，却出淤泥而不染。
7. 爱神丘比特瞄准了他，正好射中了他的心。
8. 金钱给我们带来了快乐，但有时候它也是灾祸之源。
9. 这是市场经济的致命弱点。
10. 但即便是在撒切尔主义的严格统治下，政客们仍然觉得社会阶级这张王牌值得一打。

第六章

一、

1. 彩色图形适配器
2. 二分之一视频适配器
3. 超级视频图形适配器
4. 宽屏视频图形适配器
5. 宽屏扩展视频图形适配器
6. 超级扩展视频图形适配器
7. 宽屏超级扩展视频图形适配器
8. 高级扩展视频图形适配器
9. 宽屏高级扩展视频图形适配器
10. 昆腾扩展视频图形适配器

二、

1. 二分量视频接口（S端子）
2. 分量视频接口（色差端子）
3. 刺刀螺母连接器
4. 数位视讯接口
5. 高清晰度多媒体接口
6. 高清数字显示接口
7. 复合视频广播信号

三、

1. 通用分组无线业务
2. 宽带码分多址移动通信接入技术
3. 通用移动通信接入技术
4. 时分多址移动通信接入技术
5. 码分多址2000规范移动通信接入技术
6. 同步码分多址无线接入技术
7. 高速下行链路分组接入技术
8. 高速上行链路分组接入技术
9. 增强型移动宽带技术
10. 频分双工长期演进技术
11. 时分双工长期演进技术
12. GSM
13. TDMA
14. Wi-Fi
15. WiMAX

四、

1. 扭曲向列型液晶屏
2. 超扭曲向列型液晶屏
3. 双层超扭曲向列型液晶屏
4. 超精高亮液晶屏
5. 薄膜二极管液晶屏
6. 有机发光二极管液晶屏
7. 薄膜晶体管液晶屏

五、

1. 数字影碟
2. 高清晰度多功能光碟
3. 高清晰度数字视频光碟
4. 红光高画质影音光碟
5. 高清晰度数字影碟
6. 蓝光数字影碟
7. 新一代多功能光碟

六、

1. Firmware
2. Software
3. 存储器/内存
4. 实用程序
5. 晶体管
6. 集成电路
7. Multiprogramming
8. Motherboard
9. 分辨率
10. 按位计数法
11. Binary
12. 电子数字积分计算机
13. 可编只读存储器
14. Enhanced Graphics Adapter
15. 喷墨打印机
16. Computer-Output Microfilm
17. 缺省（默认）配置
18. Batch Processing
19. 初始化/预置
20. 内存驻留程序
21. 点阵式打印机
22. Liquid Crystal Displays
23. 键盘发送接收系统（装置）
24. Hierarchical Network
25. 联机事务处理
26. User Interface
27. 虚拟地址扩展系统
28. Hypertext Transfer Protocol/HTTP
29. 同步动态随机存取存储器
30. 双倍速率同步动态随机存储器
31. 随机存取存储器
32. 只读存储器

七、

1. 微星主板 BIOS 设置

  CLICK BIOS 工具由微星公司（MSI）开发，它提供了一个可视化的用户界面，用户可以通过鼠标和键盘来设置 BIOS（基本输入输出系统）参数。

  通过 CLICK BIOS 用户可以改变 BIOS 设置，检测 CPU 温度，选择设备优先启动的设备并查看系统信息，例如：中央处理器（CPU）名称、内存（DRAM）容量、操作系统（OS）版本和 BIOS 版本。

  用户还可以从备份中导入数据资料也可以与朋友分享导出数据资料。

  进入 BIOS 设置

  按下计算机电源开关后，系统将会开始加电自检（POST）过程。

  当屏幕上出现以下信息时，按下 DEL 键即可进入 BIOS：

  按 DEL 键进入设定，按 F11 进入启动菜单

  如果此信息在您做出反应前就消失了，而您仍需要进入 BIOS，请关机后再开机或按机箱上的 Reset 键重启系统。

  您也可以同时按下 Ctrl、Alt 和 Delete 键来重启系统。

  MSI 另外提供了两种方法进入 BIOS 设置。

您可以在"微星快速启动（MSI Fast Boot）"功能屏上点击"进入基本输入输出系统（GO2BIOS）"选项栏，或在主板上按下"GO2BIOS"按钮（选项），以便下次启动系统时可以直接进入 BIOS 设置。

2. 人工智能正在改变中国

随着中国互联网用户荣升世界第一，人工智能相关技术商业化科技公司逐渐在世界上崭露头角。

这一现状也吸引了国外众多人才回到中国，抓住难得的发展机会。

宋岩是人工智能领域专家。三个月前，他辞去在美国西雅图微软的工作，回到中国。

他说："我能感觉到中国人工智能的热潮。中国有更多的机会，有各种人工智能的应用。这里正在发生很多事情。"

自动驾驶是宋岩提到的众多人工智能应用之一。对于打车应用程序和汽车租赁公司来说，无人驾驶汽车可能是未来的发展方向。

中国最大的汽车租赁公司首席执行官刘亚霄告诉本报记者，他们公司预计自动驾驶将取代目前的出租车和打车服务，因为"智能无人驾驶汽车不会违反交通法规，因此会比人类司机更安全高效"。

至于安全问题，中国的汽车制造商正在努力制定一套安全标准，以缓解人们的担忧。

长安汽车研究中心副主任何文说："现在每个公司都有不同的标准和规定，这很混乱。我们希望能制定一套无人驾驶系统开发的统一标准。"

在中国，人工智能引发了很多想象。但腾讯副总裁姚星认为，这项技术仍处于萌芽阶段。

姚星说："在詹姆斯·瓦特发明蒸汽机之前，没有人知道它的威力。我们相信，人工智能是第三次工业革命的基本动力。我们现在正在积蓄力量，等待大变革的到来。"

中国最大的社交平台和游戏公司——腾讯正在开发一个名为"绝艺"的项目，类似于谷歌的"阿尔法围棋机器人"。该公司还在尝试将人工智能融入游戏中，让人工智能机器人最终会像专业电子游戏玩家一样思考、行动并做出实时决策。

在中国硅谷深圳，人工智能已经通过建设智能城市初露锋芒。这一人工智能系统不仅可以显示来自政府、警察局、税务部门及医保服务等权威机构的信息，还可以为用户提供实时交通信息、医院挂号服务及其他信息。

宋岩表示，除了所有这些目前正在中国得到广泛应用的令人惊叹的人工智能技术，更加重要的是，中国企业对自己的前景不再急功近利。"让人高兴的是，中国公司越来越有耐心，让研究人员做他们的基础研究。"

他说，人工智能的各方面发展迅猛，相信中国很有可能兑现承诺，在 2030 年成为人工智能的全球领导者。

第七章

一、

1. 他想轰轰烈烈地大干一场。

2. 他星期日晚上到了，风尘仆仆，精疲力竭。
3. 这种婚姻关系的特点是冲突不断、关系紧张、怨恨不已。
4. 该民族的历史传统、民族本能和民众爱好都使其与德国势不两立。
5. 教育同时意味着培养智能和拓宽视野的过程和结果。
6. 朋友们相聚无所事事的时候会闲谈，陌生人见面为打破沉寂的时候也会闲谈。
7. 在大多数发展中国家，初级商品都关系到就业收入、生活水平和政府发展费用。
8. 按照这一道德戒律，我们应避免克隆人的做法，因为这种做法必然会造成把人作为他人达到目的的手段，把人看作一个个所爱之人的复制品，或者看作一组组的人体器官，而不是看作一个个具有独立人格的人。

二、

1. 他仍然是老脾气，没弄清楚到底去做什么，就采取了行动。
2. 他想不努力就能得高分，这是不合情理的事情。
3. 她坐在那儿双手托着下巴，眼睛凝视着小厨房的一角。
4. 人的血液是热的。如果得不到一定的热量，人就难以长期在海水中生活。
5. 越来越多的科学家当时接受这种观点，虽然从数量上说，他们仍是少数。
6. 我母亲预料我缺乏经验，得不到这笔生意。她算是没说错。
7. 这位总统候选人属于少数派，这是明摆着的事实。
8. 只要她眼睛里含情脉脉，举止里透露着娇柔，思想里洋溢着善良和希望，这就够了。
9. 许多年前，我在英格兰北部的一个小教区当牧师。当时我听人讲起过一个商人的悲惨经历。
10. 但是如果对他的眼睛再进行手术的话，很可能会导致失明。
11. 你动一下就别想活命。
12. 登上峨眉山山顶时游客们很兴奋。
13. 我（方）对贵公司的高度评价不仅仅是出于礼貌。
14. 妈妈做饭时听到了电话铃声。
15. 过年了，去看看你爸爸吧！

三、

1. 那人不可信。
2. 但是，一个最主要的问题是，像目前这样的大城市是否还要保存下去。
3. 我们已采取了一切可能的措施，以便对敌人隐瞒我们的活动情况并误导敌人。
4. 180年前人们鼓吹传授朴素崇高的平等原则并身体力行，但是现在这个原则早已被遗忘。
5. 大山沉陷、平原升起、火焰喷射，周围是一片废墟，这些都有记载。
6. 汤姆被公司经理开除了。
7. 至傍晚，占领已告完成。八点钟开始的宵禁把人们从街道赶走。
8. 历史是人民创造的。
9. 书有可浅尝者，有可吞食者，少数则须咀嚼消化。
10. 大火把这所学校几乎完全毁掉了。
11. 这位客人受宠若惊，深为感动。

12. 马路两旁是整齐的梧桐树。
13. 大家认为徐老师是位负责的老师。
14. 她叫大雨淋着了。
15. 问题要及时加以解决。

四、
1. 这台设备是否有效运行要等以后再看。
2. 我不能预测的是，这种新型的研究工具最终会把我们带向何方。
3. 很值得怀疑的是，生命是否能在地球以外的其他任何星球存在。
4. 新的变电站修在何处，这点仍需商议。
5. 因此，如果要学生好好利用他们上大学的机会，就应该为他们提供大量关于课程方面更为详尽的信息和更多的建议。这个问题显得越来越重要了。
6. 有人可能会问，为什么科学家如此确定这些粒子的存在。
7. 濒临死亡的病人——特别是最容易受骗，也经常被蒙在鼓里的病人——不能做出有关临终的种种选择：是否要住进医院，或进行手术；在何处与何人度过所剩的一点点时间，以及如何处理完自己的事务后与世长辞。
8. 这不是这些事情为什么发生的一个合理解释。
9. 我们认为经济的发展必然对人际关系产生相当大的影响。
10. 妈妈让我自己决定是否出国留学。
11. 工厂的装配线是供所有元件装配拼合的地方。
12. 我们需要做的第一件事就是打扫教室。
13. 这正是你错的地方。
14. 这就是我们推迟会议的原因。
15. 我们所得出的结论是：在今天，海洋生物的形态和非海洋生物的形态之间存在着明显的差异。
16. 不能保证他们以后不再犯同样的错误。
17. 巨大的海轮可以开到五大湖，让女孩们感到吃惊。
18. 博物馆发挥教育作用的原因很简单，它们给人们提供了一个好机会，让其更深入地了解祖国的传统和文化。
19. 我们是否请专家由家庭医生来定。
20. 上个世纪末有一个重要的发现，即一切东西都有一部分是由电子构成。

五、
1. 他们是那些抛妻别子、身带大刀进入深山的绿林好汉的后代。
2. 月亮是一个声断音绝的世界，是一个万籁俱寂的世界。
3. 人们断定这一条款针对的主要对象就是这个人：此人在许多城市已受到注意，在工人阶级中已开始产生影响，但却夸耀自己是王族的后裔。
4. 他绝不是长篇大论、令人感觉乏味的演说家。那种演说家似乎只想通过讲话来愉悦自己，却不给别人带来快乐。
5. 我希望你取得成功。你的成功对我来说是个鼓舞。

6. 他把一切错误都归罪于我，我认为这很不公平。
7. 有一件事老使我不安。
8. 莎士比亚是英国伟大的戏剧家和诗人之一，他名字全世界都知道。
9. 她对孩子们很耐心，她丈夫却很少这样。
10. 两国正式建立了外交关系，从而为双方进一步的交流铺平了道路。
11. 他们夫妻二人天天吵架，最终导致了离婚。
12. 虽然电子计算机有很多优点，但它们不能进行创造性的工作，也代替不了人。
13. 只要坚持到底，就必然获得成功。
14. 肝炎患者虽然痊愈，但仍须定期进行健康检查。
15. 人们极其迫切地要求工作，不管什么工作，只要它能维持一家人的生活就行。

六、

1. 我住在农村时，常常为他担水。
2. 我父亲恰好在信到之前去加拿大了。
3. 我们老板离开北京有五个月了。
4. 他刚到家，就被邀请开始另一段旅程。
5. 他刚要入睡就感到肩膀上被轻轻一触。
6. 因为她看上去简直还是个娃娃，所以什么事都怪罪不到她头上。
7. 我们住在靠河的地方，所以可以常去游泳。
8. 你不要因为有人说你坏话而生气。
9. 如果我们提前征求一下他的意见，他就不会在会上反对我们。
10. 要是我有个三长两短，那可怎么办呢？
11. 你只有在不远离河岸的条件下才可以下水游泳。
12. 如果你自己讲假话，怎么能期待你的孩子说真话呢？
13. 只要我们不灰心，就能找到解决的办法。
14. 尽管月球引力不如地球引力那么大，但对地球仍有影响。
15. 无论我说什么或怎么说，他总认为我是错的。
16. 尽管他学习很努力，但几乎没取得什么进步。
17. 大声说，以便大家都能听到你。
18. 凶手尽快地跑开，以免被人当场抓住。
19. 为了能准时赶到教堂，我们必须清晨5点出发。
20. 为了不惊醒妻子，汤姆悄悄溜进房间。

七、

1. 但与此同时，非洲果农（面对果蝇侵袭）几乎无计可施。化学杀虫剂十分昂贵，即便买得起，杀虫剂（灭蝇）效果也不理想，因为当果农发现（有果蝇）侵袭后再喷洒时往往为时已晚。
2. 今年一季度，全国乡村旅游总收入695亿元，第二季度形势大为好转，环比增长达149%，而且恢复势头持续强劲。
3. 人类的一些能力，比如我们的道德行为和基于理性做出选择的能力，曾经一度让人们将自己看作是特殊的存在,但是,我们可否将这些能力理解为连续动物行为图谱的一个极端标志？而这些动物行为,都可以根据 DNA 及其衍生演进史做出解释。

4. 尽管沃尔玛披露圣诞节销售额创下纪录,但是在股市开盘前该公司股票还是下跌了近 5%。从去年第四季度到今年 1 月底,这家世界上规模最大的实体零售企业销售额同比增长了 8.6%,营收增长了 3.1%。但是,当该公司披露有关资产剥离计划将导致未来营收增速放缓时,市场对此做出了消极（厌恶）反应。

5. 亚马孙流域面临的风险最高,不仅因为这里的热带雨林占到地球雨林面积的 40%,同时还因为世界上 10%－15% 的陆地物种都栖息于此。

6. 从云南西双版纳傣族自治州的森林家园出发,行进了大约 500 公里后,象群于周三晚上 9 点 55 分抵达云南省会昆明市的晋宁区。

第八章

一、

1. 3281（XXIX）各国经济权利和义务宪章（节录）①

第一章 国际经济关系的基本原则

各国间的经济关系,如同政治和其他关系一样,除其他外还要受下列原则指导：

(1) 各国的主权、领土完整和政治独立；

(2) 所有国家主权平等；

(3) 互不侵犯；

(4) 互不干涉；

(5) 平等互利；

(6) 和平共处；

(7) 各民族平等权利和自决；

(8) 和平解决争端；

(9) 对于以武力造成的、使得一个国家失去其正常发展所必需的自然手段的不正义情况,应予补救；

(10) 真诚地履行国际义务；

(11) 尊重人权和基本自由；

(12) 不谋求霸权和势力范围；

(13) 促进国际社会正义；

(14) 促进国际合作以谋求发展；

(15) 内陆国家在上述原则范围内进出海洋的自由。

2. 联合国大会议事规则②

程序问题

第 71 条

代表可在讨论任何事项时提出程序问题,主席应立即按议事规则对该程序问题做出裁决。

---

① 钟述孔：《英汉翻译手册》,世界知识出版社,1997 年,第 260－261 页。

② 钟述孔：《英汉翻译手册》,世界知识出版社,1997 年,第 263－264 页。

代表可对主席的裁决提出异议,主席应立即将此异议付诸表决。主席的裁决,除非被半数出席并参加表决的会员国所推翻,否则仍应有效。提出程序问题的代表不得就所讨论事项作实质发言。

发言时间的限制

第 72 条

　　大会可限制每一发言者的发言时间和每一代表对任何问题的发言次数。在对规定上述限制的动议做出决定前,可由两名赞成和两名反对这项动议的代表发言。在有限制的辩论中,如某一代表发言超过规定时间,主席应立即敦促他遵守规则。

发言报名截止,答辩权

第 73 条

　　主席可在辩论过程中宣布发言者的名单,并可在获得大会同意后宣布发言报名截止。但在主席宣布发言报名截止后,会上如有发言引起答辩问题时,主席可准许任何会员国行使答辩权。

暂停辩论

第 74 条

　　代表在讨论任何事项的过程中可提出暂停辩论所讨论项目的动议。除原提议人外,得由两名赞成和两名反对这项动议的代表发言,然后应立即将该动议付诸表决。主席对于根据本条规定发言者,可限制其发言时间。

二、

1. 文章不会混淆视听,使人受骗。
2. 每次我们竞赛,你总赢。
3. 饮用可口可乐,事事如意。
4. 快餐,感觉就是好。
5. 安全驾驶——救人即救己。
6. 有卡就有 car。
7. 在时速 60 英里时,这辆新款劳斯莱斯车内最大的声响来自它的电子钟。
8. 化整为零的摄录一体机

　　数码摄录一体机的静物摄影摄像功能在必要时是很方便的,但却并没有改变我们在外出度假时收拾行李的习惯。原因是:只为拍几幅快照,没有人愿意带上一部摄录一体机。现在漂亮的松下 NV-EX21 登场了,它由两个可以拆开的部分组成。当你不打算拍录像的时候,可将底座拆除,然后把剩余部分分装进衣兜:一个仅重 11 盎司的相机,却能拍出 1 兆像素的照片。该款相机售价为 1700 美元。

三、

1. 葛底斯堡演讲①

　　87 年前,我们的先辈们在这个大陆上创立了一个国家,一个孕育于自由之中,奉行一切

---

① 张培基等:《英汉翻译教程》,上海外语教育出版社,1980 年,第 282 - 283 页。范先明改译。

人生来平等的原则的新国家。

现在，我们正在从事一场伟大的内战，以考验这个国家，考验任何一个孕育于自由而奉行上述原则的国家是否能够长久地存在下去。我们在这场战争中的一个伟大战场上集会。烈士们为使这个国家能够生存下去而奉献了自己的生命，我们在此集会是为了把这个战场的一部分奉献给他们作为最后的安息之所。我们这样做是完全应该而且非常恰当的。

但是，从更广泛的意义上来说，这块土地我们不能够奉献，我们不能够圣化，我们不能够神化。曾在这里战斗过的勇士们，活着的和去世的，已经把这块土地神圣化了，这远不是我们微薄的力量所能增减的。全世界将很少注意到，也不会长期地记起我们今天在这里所说的话，但全世界永远不会忘记勇士们在这里所做过的事。毋宁说，倒是我们这些还活着的人，应该在这里把自己奉献于勇士们已经如此崇高地向前推进但尚未完成地事业。倒是我们应该在这里把自己奉献于仍然留在我们面前的伟大任务，以便使我们从这些光荣的死者身上汲取更多的献身精神，来完成他们已经彻底为之献身的事业；以便使我们在这里下定最大的决心，不让这些死者白白牺牲；以便使国家在上帝的福佑下得到自由的新生，并且使这个民有、民治、民享的政府永世长存。

2. 诺贝尔奖致辞①

我感觉，这个奖不是授予我个人，而是授予我的工作，它是对我呕心沥血、毕生从事人类精神探索工作的肯定。我的这项工作不为名，更不图利，而是要从人类精神的原始素材里创造出前所未有的东西。因此，这份奖金只不过是托我保管而已。做出符合这个奖赏的原意与目的，且与其奖金部分等价的献辞并不难，但我还是愿意利用这个时刻，利用这个举世瞩目的讲坛，向那些可能听到我说话并已献身于同一艰苦劳动的男、女青年们致敬。他们中肯定有人有一天也会站到我现在站着的地方的。

我们今天的悲剧是人们普遍存在一种身体上的恐惧。这种恐惧由来已久，以致我们已经习惯了。现在不存在精神上的问题，唯一的问题是：我什么时候会被炸得粉身碎骨？正因如此，今天从事写作的男、女青年已经忘记了人类内心的冲突。然而，只有接触到这种内心冲突才能产生出好的作品，因为这是唯一值得写、值得呕心沥血地去写的题材。

他一定要重新认识这些问题。他必须使自己明白世间最可鄙的事情莫过于恐惧，他必须使自己永远忘却恐惧，在他的工作室里除了心底古老的真理之外，不允许任何别的东西有容身之地。没有这古老的普遍真理，任何小说都只能是昙花一现，不会成功；这些真理就是爱情、荣誉、怜悯、自尊、同情与牺牲等情感。若是他做不到这样，他的努力终归白费。他不是写爱情而是写情欲，他写的失败是没有人失去可贵东西的失败，他写的胜利是没有希望的胜利，更糟地是，甚至是没有怜悯或同情的胜利。他不是为遍地白骨而悲伤，所以留不下任何的痕迹。他不是在写心灵而是在写器官。

在他重新懂得这些之前，他写作时就犹如站在处于世界末日的人类中去观察世界末日的来临。我不接受世界末日的说法。因人类能忍受一切而存在而说人类是不朽的，这很容易。说最后一次钟声已经敲响，消失在无潮水冲刷之际，消失在落日余晖之中，消失在最后一块

---

① 崔喜哲、陈瑞璞：《全球最励志英文演讲精选50篇：听演讲学英文》，中国水利水电出版社，2014年，第178-179页。范先明改译。

无用的礁石旁时,即使在那时还会有一个声音,一个微弱、不断的说话声,这也很容易。但是我不能接受这种说法。我相信人类不仅能忍受一切而存在,而且能战胜一切而永存。人之不朽不是因为在动物中唯独他能永远发言,而是因为他有灵魂,有同情心,有牺牲和忍耐精神。诗人或作家的责任就是把这些写出来。

诗人或作家的特殊荣耀就是(通过)去鼓舞人的斗志以达到不朽,使人记住过去曾经有过的光荣——人类曾有过的勇气、荣誉、希望、自尊、同情、怜悯与牺牲精神。诗人的声音不应只是人类的记录,而应是使人类永存并得到胜利的支柱和基石。

四、

1. 　　〔法新社马拉格什4月15日电〕经过7年7个月零27天艰苦谈判的关贸总协定"乌拉圭回合",在今天通过了关于建立世界贸易组织的协定后,终于落下帷幕;该协定包含了约40项协定和决定,作为它的附件。

　　这些附件包括:(1)1994年关税和贸易总协定;(2)关于货物贸易的多边协定;(3)关于农业的协定(**按:原文如此**);(4)与贸易有关的投资措施协定;(5)纺织品和服装协定;(6)关于服务性贸易的总协定,包括诸如银行业、保险业等的金融服务协议以及航运服务协定等;(7)与贸易有关的知识产权协定,包括专利、商标、版权等;(8)补贴和补偿措施协定……

　　"世界贸易组织"预计将于1995年1月成立,以取代1947年成立的关贸总协定。包括中国在内的120多个联合国成员国,签署了建立世界贸易组织的协定。

　　〔注〕这种新闻报道通常着眼于"抢时间",其用词不一定完全准确,宜照其原文译出。(必要时,**加按语**,例如可加上:"原文如此。")①

2. 　　　　　　　　2022"发现中国之旅"活动在京启动
　　7月18日,2022年"发现中国之旅"启动仪式在京举办。

　　中国文化和旅游部部长胡和平出席活动并致辞。来自40个国家的58位文化和旅游外交官共同出席。启动仪式前,胡和平会见了出席活动的12位大使。

　　胡和平在致辞中表示,中国政府高度重视对外文化和旅游交流工作,中方愿与各方一道,努力推动国际文化和旅游交流合作蓬勃发展。

　　为此,胡和平提出四点倡议:一是维护世界文化多样性,促进不同文明、多彩文化彼此欣赏、交流互鉴,为增进各国人民友谊、构建新型国际关系、促进人类进步事业奠定坚实基础。

　　二是顺应数字化、网络化、智能化发展趋势,推进线上传播渠道建设,以科技创新和数智革命赋能,大力发展文化和旅游。

　　三是在深化文化贸易和旅游合作上下功夫,用好用活市场机制,促进文化产品和服务优化升级,推动文化产业和旅游业重塑和振兴。

　　四是健全交流机制、丰富交流内容、完善合作平台、拓宽合作渠道,扩大交流成果成效、助力合作走深走实。

　　胡和平说,中国已与157个国家签订文化合作协定,建立41个双边和多边文化和

---

① 钟述孔:《英汉翻译手册》,世界知识出版社,1997年,第223-224页。范先明改译。

旅游合作机制，形成覆盖全球的政府间合作网络。

启动仪式上，文化和旅游部发布2022"发现中国之旅"主题线路。中外嘉宾在中国工艺美术馆、中国非物质文化遗产馆参观"中华瑰宝"展览。

据悉，本次"发现中国之旅"活动将持续至2022年底，各国驻华外交官将走进云南、湖南、河北、甘肃、青海、新疆、广西、海南8个省区，感悟中华文化、感知时代中国。①

---

① 沈啸、黄高原：《2022"发现中国之旅"活动在京启动》，（2022-07-20）[2022-07-21]，光明网，https：//m.gmw.cn/baijia/2022-07/19/35893256.html。范先明改译。

英汉译音表[1]

[1] 陆谷孙：《英汉大词典》（第 2 版），上海译文出版社，2007 年，第 2396 页。

主要参考文献

包惠南. 文化语境与语言翻译 [M]. 北京：中国对外翻译出版公司, 2003.
包惠南. 中国文化与汉英翻译 [M]. 北京：外文出版社, 2004.
曹明伦. 翻译之道：理论与实践 [M]. 修订版. 上海：上海外语教育出版社, 2013.
曹明伦. 文本目的——译者的翻译目的——兼评德国功能派的目的论和意大利谚语"翻译即叛逆" [J]. 天津外国语学院学报, 2007 (4)：1-5.
曹明伦. 以所有译其所无, 以归化引进异质——对新世纪中国译坛异化归化大讨论的回顾与反思 [J]. 西南民族大学学报, 2011 (4)：114-119.
曹明伦. 英汉翻译二十讲 [M]. 增订版. 北京：商务印书馆, 2019.
曹明伦. 英汉翻译实践与评析 [M]. 成都：四川人民出版社, 2007.
陈福康. 中国译学理论史稿 [M]. 修订本. 上海：上海外语教育出版社, 2000.
陈清贵, 陈压美. 英语笔译综合能力教材：2 级 [M]. 北京：新世界出版社, 2020.
陈清贵, 杨显宇. 翻译教程 [M]. 成都：电子科技大学出版社, 2006.
陈新. 英汉文体翻译教程 [M]. 北京：北京大学出版社, 1999.
陈炎. 中国"诗性文化"的五大特征 [J]. 理论学刊, 2000 (6)：115-120.
辞海编辑委员会. 辞海 [M]. 7 版. 上海：上海辞书出版社, 2020.
崔刚. 广告英语 [M]. 北京：北京理工大学出版社, 1993.
崔喜哲, 陈瑞璞. 全球最励志英文演讲精选 50 篇：听演讲学英文 [M]. 北京：中国水利水电出版社, 2014.
道安. 鞞婆沙序 [M] // 罗新璋, 陈应年. 翻译论集. 北京：商务印书馆, 2009.
丁振琴. 英诗汉译的原则、策略及其他——诗人翻译家屠岸先生访谈录 [J]. 中国翻译, 2017 (3)：56-61.
范先明. 3G 领域常用英语术语阐释 [J]. 英语知识, 2008 (12)：29-31.
范先明. DVD 技术英语术语的汉译 [M] // 连真然. 译苑新谭（第一辑）. 成都：四川人民出版社, 2009：215-223.
范先明. 辜正坤翻译思想研读 [M]. 北京：中国对外翻译出版有限公司, 2012.
范先明. 近代哲学翻译家贺麟：理论、实践及影响 [J]. 上海翻译, 2016 (3)：9-15, 93.
范先明. 理解成本与科技术语的翻译对策——对"零翻译"概念的思考 [J]. 乐山师范学院学报, 2019 (2)：65-69.
范先明. 论 4G 领域通信术语的汉译及科技术语数据库建设的必要性 [M] // 连真然. 译苑

新谭（第四辑）．成都：四川人民出版社，2012：238-245.

范先明．视频显示接口英文术语释义［J］．英语知识，2010（10）：28-30.

范先明．数字电视常用接口英语术语阐释［J］．英语知识，2009（12）：24-26.

范先明．外来术语翻译中的误译探源——以"idéologie"一词的翻译为例［J］．上海翻译，2020（1）：68-71.

范先明．液晶屏幕常用英语术语释义［J］．英语知识，2007（12）：31-32.

范先明．异化·归化·第三空间：对霍米·巴巴文化翻译观的再思考［J］．乐山师范学院学报，2013（4）：49-54.

范先明．译林驰骋六十载　翻译理论创新高［N］．天府边城·五凤溪，2019-01-20（03）.

范仲英．实用翻译教程［M］．北京：外语教学与研究出版社，1994.

方梦之，毛忠明．英汉—汉英应用翻译教程［M］．上海：上海外语教育出版社，2005.

方梦之．我国的应用翻译：定位于学术研究［J］．中国翻译，2003（6）：47-49.

方梦之．译学辞典［M］．上海：上海外语教育出版社，2004.

方梦之．应用翻译教程［M］．上海：上海外语教育出版社，2015.

方梦之．应用翻译研究30年（1980—2010）［J］．上海翻译，2012（2）：22-27.

方梦之．应用翻译研究：原理、策略与技巧［M］．上海：上海外语教育出版社，2013.

方梦之．中国译学大辞典［M］．上海：上海外语教育出版社，2011.

冯庆华．实用翻译教程（英汉互译）［M］．3版．上海：上海外语教育出版社，2010.

冯伟年．新编实用英汉翻译实例评析［M］．北京：清华大学出版社，2006.

傅雷．《高老头》重译本序［M］//《翻译通讯》编辑部．翻译研究论文集（1949—1983）．北京：外语教学与研究出版社，1984.

傅雷．高老头重译本序［M］//罗新璋，陈应年．翻译论集．北京：商务印书馆，2009.

辜正坤．从中西语文比较看中西文化与翻译［M］//王欣．纵横：翻译与文化之间（Ⅱ）．北京：外文出版社，2011.

辜正坤．翻译标准多元互补论［J］．中国翻译，1989（1）：70-78.

辜正坤．翻译标准多元化互补论［M］//杨自俭，刘学云．翻译新论．武汉：湖北教育出版社，1994.

辜正坤．互构语言文化学原理［M］．北京：清华大学出版社，2004.

辜正坤．中西诗比较鉴赏与翻译理论［M］．北京：清华大学出版社，2003.

谷约．漂亮的体育英文［M］．北京：世界知识出版社，2003.

郭建中．当代美国翻译理论［M］．武汉：湖北教育出版社，2000.

韩光军．现代广告学［M］．北京：北京经济学院出版社，1996.

韩子满．应用翻译：实践与理论研究［J］．中国科技翻译，2005（4）：48-51，61.

何江波．英汉翻译理论与实践教程［M］．长沙：湖南大学出版社，2010.

贺麟．鲁一士《黑格尔学述》译序［J］．国风，1933（5）：17-19.

胡壮麟，朱永生，张德录．系统功能语法概论［M］．长沙：湖南教育出版社，1989.

华先发．新实用英译汉教程［M］．武汉：湖北教育出版社，2000.

黄友义．在第四届全国应用翻译研讨会上的讲话（摘要）［J］．上海翻译，2011（3）：1-2.

黄忠廉. 翻译本质论 [M]. 武汉：华中师范大学出版社，2000.
黄忠廉. 翻译变体研究 [M]. 北京：中国对外翻译出版公司，2000.
黄忠廉. 应用翻译学创建论 [J]. 上海翻译，2011（2）：7-10.
贾玉新. 跨文化交际学 [M]. 上海：上海外语教育出版社，1997.
姜亚军. 科技英语构词的新趋势和科技英语新词的翻译 [J]. 渭南师专学报，1996（4）：67-70.
凯鲁亚克. 在路上 [M]. 文楚安，译. 桂林：漓江出版社，2001.
阚淑香. 赏析英语广告的语言魅力 [J]. 沧州师范专科学校学报，2004（1）：61-62.
康宁. 从语篇功能看汉语旅游语篇的翻译 [J]. 中国翻译，2005（3）：85-89.
孔令翠，蒙兴灿. 实用汉英翻译 [M]. 成都：四川大学出版社，2002.
李长栓. 非文学翻译理论与实践 [M]. 北京：中国对外翻译出版公司，2004.
李洪彩. 店名文化传播研究 [M]. 北京：知识产权出版社，2018.
李丽洁，米海敏. 专门用途英语教学研究 [M]. 北京：现代出版社，2018.
李瑞华. 英汉语言对比文化研究 [M]. 上海：上海外语教育出版社，1996.
李双玲. 浅析英语动物习语的翻译 [J]. 中国校外教育，2007（10）：37.
李行健. 现代汉语规范词典 [Z]. 北京：外语教学与研究出版社，2004.
李运兴. 论翻译语境 [J]. 中国翻译，2007（2）：17-23.
李运兴. 语篇翻译引论 [M]. 北京：中国对外翻译出版公司，2001.
李运兴. 再谈翻译语境的性质——答彭利元 [J]. 中国翻译，2008（5）：78-79.
连淑能. 英汉对比研究 [M]. 北京：高等教育出版社，1993.
连淑能. 英汉翻译教程 [M]. 北京：高等教育出版社，2006.
廖七一. 当代西方翻译理论探索 [M]. 南京：译林出版社，2000.
林本椿. 漫谈汉英实用翻译 [J]. 福建外语，1997（1）：58-63.
林煌天. 中国翻译词典 [M]. 武汉：湖北教育出版社，1997.
林克难，籍明文. 应用翻译呼唤理论指导 [J]. 上海科技翻译，2003（3）：10-12.
林戊荪. 专业化、信息化、网络化及翻译理论——写在2003全国应用翻译研讨会召开之前 [J]. 上海科技翻译，2003（3）：1.
林以亮. 林以亮论翻译 [M] // 金圣华. 齐向译道行. 北京：商务印书馆，2011.
林语堂. 论翻译 [M] // 罗新璋. 翻译论集. 北京：商务印书馆，1984.
刘炳善. 英国经典散文选 [M]. 北京：外语教学与研究出版社，2020.
刘宓庆. 当代翻译理论 [M]. 北京：中国对外翻译出版公司，2005.
刘宓庆. 翻译基础 [M]. 上海：华东师范大学出版社，2008.
刘宓庆. 文体与翻译 [M]. 2版. 北京：中国对外翻译出版公司，2007.
刘英蘋，耿智. 论语境类型与翻译 [J]. 上海翻译，2013（1）：18-20.
刘重德. 文学翻译十讲 [M]. 北京：中国对外翻译出版公司，1991.
鲁迅. "题未定"草 [M] // 罗新璋. 翻译论集. 北京：商务印书馆，1984.
鲁迅. 鲁迅全集（第六卷）[M]. 北京：人民文学出版社，2005.
陆谷孙. 英汉大词典 [Z]. 2版. 上海：上海译文出版社，2007.

陆谷孙. 英汉大词典［Z］. 上海：上海译文出版社，2001.

吕和发，周剑波. 旅游翻译：定义、地位和标准［J］. 上海翻译，2008（1）：30 – 33.

吕叔湘. 中国人学英语［M］. 北京：中国社会科学出版社，2005.

马建忠. 拟设翻译书院议［M］// 罗新璋，陈应年. 翻译论集. 北京：商务印书馆，2009.

马娟. 测绘专业英语［M］. 武汉：武汉大学出版社，2013.

马敏. 从对神的塑造看中国神话与希腊神话比较［J］. 理论学习，2008（1）：58 – 59.

蒙兴灿，孔令翠. 实用英汉翻译［M］. 成都：四川大学出版社，2002.

穆雷. 中国翻译硕士教育研究［M］. 杭州：浙江大学出版社，2019.

平洪，张国扬. 英语习语与英美文化［M］. 北京：外语教学与研究出版社，2000.

钱理群. 鲁迅作品十五讲［M］. 北京：北京大学出版社. 2005.

钱钟书. 林纾的翻译［M］// 七缀集. 上海：上海古籍出版社，2001.

全国科学技术名词审定委员会. 计算机科学技术名词［Z］. 2 版. 北京：科学技术出版社，2002.

邵志洪. 翻译理论、实践与评析［M］. 上海：华东理工大学出版社，2003.

沈福祥，伏力. 英美文化与英汉翻译［M］. 北京：外文出版社，2006.

司显柱，曾剑平. 英译汉教程［M］. 北京：北京大学出版社，2006.

思果. 翻译研究［M］. 北京：中国对外翻译出版公司，2001.

宋兆霖. 双城记［M］. 杭州：浙江文学艺术出版社，1992.

宋志平. 英汉语形合与意合对比研究综观［J］. 东北师大学报（哲学社会科学版），2003（2）：92 – 98.

孙宝凤. 英语翻译多维视角探究［M］. 北京：九州出版社，2018.

孙万彪. 法律翻译教程［M］. 上海：上海外语教育出版社，2003.

孙迎春. 译学与易学：说象［M］// 连真然. 译苑新谭（第三辑）. 成都：四川人民出版社，2011.

孙致礼. 翻译：理论与实践探索［M］. 南京：译林出版社，1999.

孙致礼. 新编英汉翻译教程［M］. 2 版. 上海：上海外语教育出版社，2011.

孙致礼. 新编英汉翻译教程［M］. 上海：上海外语教育出版社，2003.

谭载喜. 奈达论翻译［M］. 北京：中国对外翻译出版公司，1984.

谭载喜. 文化对比与翻译［J］. 中国翻译，1986（5）：7 – 9.

谭载喜. 西方翻译简史［M］. 增订版. 北京：商务印书馆，2004.

王鸿滨. 语言学通论［M］. 北京：中国广播电视出版社，2017.

王克非. 翻译文化史论［M］. 上海：上海外语教育出版社，1997.

王力. 王力文集第 1 卷：中国语法理论［M］. 济南：山东教育出版社，1984.

王力. 中国文法学初探［M］. 北京：商务印书馆，2000.

王林. 多元化权力因素下的译文产出——以严复译作《天演论》为例［J］. 作家，2012（9）：185 – 186.

王林. 论权力话语对翻译的影响——以严复译作《天演论》为例［J］. 山东文学，2010（4）：173 – 175.

王文斌. 英语词法概论［M］. 上海：上海外语教育出版社，2007.

王寅. 英汉语言宏观结构区别特征［J］. 外国语，1990（6）：24，36－40.

王振亚. 语言与文化［M］. 北京：高等教育出版社，1999.

王佐良. 翻译中的文化比较［J］. 中国翻译，1984（1）：2－6.

王佐良. 新时期的翻译观———一次专题翻译讨论会上的发言［J］. 中国翻译，1987（5）：2－4.

魏志成. 英汉语比较导论［M］. 上海：上海外语教育出版社，2010.

夏康明，范先明. 旅游文化汉英翻译概论：基于功能目的论视角下的跨文化旅游翻译研究［M］. 北京：中国社会科学出版社，2013.

夏康明，孔令翠，代礼胜，等. WTO英文法律文本语言特点与翻译研究［M］. 北京：中央文献出版社，2006.

萧安溥，李郊. 英汉翻译教程［M］. 重庆：重庆大学出版社，2007.

谢小红. 漫谈科技英语新词及翻译［J］. 南昌大学学报（人文社会科学版），2002（4）：145－147.

许建平，张荣曦. 跨文化翻译中的异化与归化问题［J］. 中国翻译，2002（5）：36－39.

许钧. 法汉翻译教程［M］. 上海：上海外语教育出版社，2007.

许钧. 翻译概论［M］. 北京：外语教学与研究出版社，2009.

许渊冲. 翻译的艺术（增订本）［M］. 北京：五洲传播出版社，2006.

许渊冲. 中国古诗词六百首［M］. 北京：新世界出版社，1994.

许云峰. 新概念的表达与新词汇的翻译［J］. 中国科技翻译，1996（2）：11－14.

严复. 天演论［M］. 北京：商务印书馆，1981.

严复. 天演论·译例言［M］// 罗新璋，陈应年. 翻译论集. 北京：商务印书馆，2009.

姚宗立. 经典散文欣赏［M］. 武汉：武汉测绘科技大学出版社，1997.

杨红. 被动语态的翻译研究［J］. 中国科技翻译，2010（3）：57－59.

杨雪，谢建平. 情景语境视角下的ESP语篇翻译及其策略研究［J］. 上海翻译，2011（2）：45－50.

叶子南. 高级英汉翻译理论与实践［M］. 2版. 北京：清华大学出版社，2008.

《易学百科全书》编辑委员会. 易学百科全书［Z］. 上海：上海辞书出版社，2018.

伊玲. 英语科技新词特点及翻译刍议［J］. 西北农林科技大学学报（社会科学版），2001（4）：84－87.

余静娴. 大学英语通用翻译教程［M］. 北京：对外经济贸易大学出版社，2014.

余志远. 英语国家概况［M］. 北京：外语教学与研究出版社，1996.

张岱年，方克力. 中国文化概论［M］. 北京：北京师范大学出版社，2008.

张道真. 实用英语语法［M］. 北京：外语教学与研究出版社，2012.

张今. 文学翻译原理［M］. 开封：河南大学出版社，1987.

张敬. 对文化语境的认知与广告语篇的英译［J］. 中国科技翻译，2009（2）：29－31.

张美芳，黄国文. 语篇语言学与翻译研究［J］. 中国翻译，2002（3）：5－9.

张美芳. 中国英汉翻译教材研究［M］. 上海：上海外语教育出版社，2003.

张宁. 英汉习语的文化差异及翻译[J]. 中国翻译, 1999 (3): 24-26.

张培基, 喻云根, 李宗杰, 等. 英汉翻译教程[M]. 上海: 上海外语教育出版社, 1980.

张培基. 英汉翻译教程[M]. 上海: 上海外语教育出版社, 2002.

张佩瑶. 从"软实力"的角度自我剖析《中国翻译话语英译选集(上册): 从早期到佛典》的选、译、评、注[J]. 中国翻译, 2007 (6): 36-41.

张秀枫. 鲁迅小说全编[M]. 北京工业大学出版社. 2005.

张哲. 5G技术解读: 常见相关术语解释[EB/OL]. (2018-05-23) [2021-02-20]. https://www.ithome.com/html/it/361236.htm.

赵元任. 语言问题[M]. 北京: 商务印书馆, 1980.

中国网. 布什清华演讲全文[EB/OL]. (2002-02-22) [2002-08-01]. http://www.china.com.cn/chinese/kuaixun/110470.htm.

钟述孔. 英汉翻译手册[M]. 北京: 世界知识出版社, 1997.

周方珠. 英汉翻译原理[M]. 修订版. 合肥: 安徽大学出版社, 2002.

朱徽. 汉英翻译教程[M]. 重庆: 重庆大学出版社, 2006.

朱丽, 于海江. 牛津·外研社英汉汉英词典[Z]. 北京: 外语教学与研究出版社, 2010.

庄绎传. 英汉翻译教程[M]. 北京: 外语教学与研究出版社, 1999.

BEAUGRANDE R DE, DRESSLER W. Introduction to text linguistics [M]. London: Longman, 1981.

BELL R T. Translation and translating: Theory and practice [M]. London: Longman Group UK Limited, 1991.

CATFORD J. A linguistic theory of translation [M]. London: Oxford University Press, 1965.

CERI J, TANIA B, JEFFRIES A. The new inside out [M]. Shanghai: Shanghai Foreign Language Teaching Press, 2011.

CHRISTIAN E N. Text analysis in translation [M]. Amsterdam, Atlanta: GA, 1991.

DI J, NIDA E. On translation [M]. Beijing: China Translation & Publishing Corporation, 1984.

DICKENS C. A tale of two cities [M]. London: Penguin Classics, 2003.

FIRTH J R. Essays and studies [M]. London: Oxford University Press, 1951.

GENTZLER E. Contemporary translation theories [M]. Shanghai: Shanghai Foreign Language Education Press, 2004.

HALLIDAY M A K, HASAN R. Cohesion in English [M]. London: Longman, 1976.

HORNBY A S. Oxford advanced learner's English-Chinese dictionary [Z]. 4th ed. Beijing: The Commercial Press, 2014.

HUTCHINSON T, WATERS A. English for specific purposes [M]. Shanghai: Shanghai Foreign Language Education Press, 2002.

KATAN D. Translating cultures: An introduction for translators, interpreters and mediators [M]. Shanghai: Shanghai Foreign Languages Education Press, 2004.

KELLER H. Three days to see [M]. Beijing: Sino-Culture Press, 2010.

LARSON M L. Meaning-based translation: A guide to cross-language equivalence [M]. Lanhan:

University Press of America, Inc., 1984.

MARCELWU. Tech prediction for 2008 [EB/OL]. (2008-04-17) [2010-06-09]. http://kouyitianxia.5d6d.net/viewthread.php? action=printable&tid=1045.

MUNDAY J. Introducing translation studies: Theories and applications [M]. Shanghai: Shanghai Foreign Language Education Press, 2001.

NEWMARK P. A textbook of translation [M]. London: Prentice Hall, 1988.

NEWMARK P. A textbook of translation [M]. Shanghai: Shanghai Foreign Language Education Press, 2001.

NEWMARK P. Approaches to translation [M]. Shanghai: Shanghai Foreign Language Education Press, 2001.

NIDA E A, TABER C R. The theory and practice of translation [M]. Leiden: E. J. Brill, 1969.

NIDA E A, TABER C R. The theory and practice of translation [M]. Leiden: E. J. Brill, 1982.

NIDA E A. Language and culture: Context in translating [M]. Shanghai: Shanghai Foreign Language Education Press, 2001.

NIDA E A. Language, culture, and translating [M]. Shanghai: Shanghai Foreign Language Education Press, 1998.

NIDA E A. Towards a science of translating [M]. Leiden: E. J. Brill, 1964.

RACKHAM A. Aesop's fables [M]. JONES V S V, trans. Hertfordshire: Wordsworth Editions Limited, 1994.

SAPIR E. Language: An introduction to study of speech [M]. Beijing: Foreign Language Teaching and Research Press, 2001.

SCHULTE R, BIGUENET J. Theories of translation: An anthology of essays from Dryden to Derrida [M]. Chicago and London: University of Chicago Press, 1992.

SCHUMPETER. "The eclipse of the public company" [J/OL]. The economist, (2010-08-19) [2013-04-05]. http://www.economist.com/node/16843627.

SHUTTLEWORTH M, COWIE M. Dictionary of translation studies [Z]. Shanghai: Shanghai Foreign Language Education Press, 2004.

TAFLINGER R F. A definition of advertising [EB/OL]. (1996-05-28) [2013-03-06]. http://public.wsu.edu/~taflinge/addefine.html.

TYTLER A F. Essay on the principles of translation [M]. London: J. M. Dent & Sons Limited, 1907.

VENUTI L. The translator's invisibility: A history of translation [M]. Shanghai: Shanghai Foreign Language Education Press, 2004.

WEBSTER M. Marriam-Webster English dictionary [Z]. Beijing: Encyclopedia of China Publishing House, 2010.

WEBSTER M. Merriam-Webster's collegiate dictionay [Z]. 11th Ed. Springfield: Merriam-

Webster, Inc., 2003.

WEBSTER M. Neologism [EB/OL]. (2021-02-15) [2021-02-15]. https://www.merriam-webster.com/dictionary/neologism.

WEHMEIER S. Oxford advanced learner's English-Chinese dictionary [Z]. 6th ed. Beijing: The Commercial Press, 2004.

WHITEMAN H. China leaders vow fairness, frugality as nation strives for "Chinese dream" [N/OL]. (2013-03-17) [2013-03-18]. http://edition.cnn.com/2013/03/17/world/asia/china-xi-li-npc-address/index.html?hpt=hp_c1.

WILSS W. The science of translation: Problems and methods [M]. Shanghai: Shanghai Foreign Language Education Press, 2004.